MEILI XIANGCUN JIANSHE SHIJIAN

TU/LU

美丽乡村建设实践

图/录

浙江安吉 2017

王合文　吴卓珈　编著

绿水青山就是金山银山

践行『两山』思想，建设美丽乡村纪实

中国建筑工业出版社

图书在版编目（CIP）数据

美丽乡村建设实践图录.浙江安吉 2017 / 王合文，吴卓珈编著.
北京：中国建筑工业出版社，2018.6
ISBN 978-7-112-22336-7

Ⅰ.①美… Ⅱ.①王…②吴… Ⅲ.①城乡建设 – 安吉县 –2017–
图集 Ⅳ.① F299.27-64

中国版本图书馆 CIP 数据核字（2018）第 121165 号

责任编辑：杨　虹　尤凯曦
书籍设计：付金红
责任校对：王　瑞

美丽乡村建设实践图录

浙江安吉 2017

王合文　吴卓珈　编著

*

中国建筑工业出版社出版、发行（北京海淀三里河路9号）
各地新华书店、建筑书店经销
北京雅盈中佳图文设计公司制版
天津图文方嘉印刷有限公司印刷

*

开本：880×1230毫米　1/16　印张：15　字数：340千字
2018 年 6 月第一版　2018 年 6 月第一次印刷
定价：108.00元
ISBN 978-7-112-22336-7
　　　　　（32211）

编委会

主　　编：王合文　浙江省安吉县规划局

　　　　　吴卓珈　浙江建设职业技术学院

副 主 编：祝　容　浙江建设职业技术学院

参　　编：唐　宁　浙江省安吉县规划局

　　　　　陈梦菲　浙江建设职业技术学院

　　　　　梁　歌　上海财经大学

　　　　　钟　强　浙江省安吉县规划局

　　安吉是"两山"理念的诞生地，是中国美丽乡村的发源地和国家标准制订地，自2008年在全国率先开展美丽乡村建设以来，始终坚持将美丽乡村建设作为实现县域发展的重要战略手段；始终践行"两山"理念，做好"美丽乡村"经营与转化，实现"绿水青山"变"金山银山"，持续不断地对美丽乡村建设经营进行创新和完善，安吉的美丽乡村建设主要包含以下四点，一是"目标分解、规划引领、考核跟进"，明确四项目标"村村优美、家家创业、处处和谐、人人幸福"，坚持规划引领以"立意上求高度、平面上求广度、类别上求纬度、推进上求经度"为架构，"尊重自然美、侧重现代美、注重个性美、构建整体美"，构建美丽乡村规划主旨，形成"一张图管理"创建，推行联动考核"一个标准、三个档次、捆绑考核、动态管理"；二是"年度计划、个性设计、项目管理"科学推进；三是"党政主导、农民主体、社会参与"合力共建；四是"村庄建设、村庄管理、村庄经营"三位一体推进，明确具体实施范围及责任主体，按照"公共卫生保洁好、园林绿化养护好、基础设施维护好"总体要求，着重强化经费保障和监督考核，积极推动县域村庄物业管理常态化，制定出台《安吉县中国美丽乡村长效管理暂行办法（修订）》等加强管理，强化经营，践行"两山"理念指引的"乡村振兴"目标，不断深化美丽乡村建设，进一步夯实美丽优势，强化"景美村靓"，持续深抓美丽乡村经营，着力将"绿水青山"变"金山银山"，发展美丽经济，深化"民富村强"，全面深挖美丽乡村内涵，达到全民共享美丽成果，实现"人和村美"，一步步增强人民的获得感。

　　本书将安吉美丽乡村建设实践中的政策、事件、成果，特别是典型案例汇编成书，以图鉴的方式充分详实地记录了安吉美丽乡村建设的进程，第1章是两山思想的概述，首先明确两山思想的主要内容及发展历史；第2章是美丽乡村建设概述，说清楚了什么是美丽乡村建设，美丽乡村建设本质是什么的问题；第3章是安吉美丽乡村建设规划构想，概述了安吉的美丽乡村建设情况；第4章、第5章、第6章、第7章从政策、规划建设、经济发展、文化提升这四个角度详述了安吉的美丽乡村建设实践，收录了较为典型的实践案例；第8章是编著者对美丽乡村建设的评价与未来展望。本书以图文并茂的方式记录和整理了安吉进行美丽乡村建设实践的过程，特别是部分美丽乡村建设概念和设计图纸代表了设计建设者不断探索创新的智慧结晶，经过细致的收集、整理、研究和总结，仅供读者深入了解安吉美丽乡村建设的全过程，同时也供加入美丽乡村建设这一历史进程的其他县、镇、村借鉴和交流。

目　录

"绿水青山就是金山银山"的两山思想概述

1.1 两山思想的发展历程

（1）两山思想的提出

在人类历史发展进程中，人们越来越清晰地认识到，经济社会快速发展决不能以环境的破坏、资源的浪费为代价。面对如何解决经济发展与环境保护兼顾的问题，早在13年前，习近平同志通过实地调研，深入基层，深入群众，将理论在实践中进一步深化，在实践中化为现实，提出了"绿水青山就是金山银山"的科学论断。

2005年8月15日，时任浙江省委书记的习近平同志在浙江安吉余村考察时，提出了"绿水青山就是金山银山"的科学论断。在对安吉余村的调研中，当听到村里下决心关掉了石矿，停掉了水泥厂，习近平同志给予了高度的肯定，称他们这是高明之举。他说，"一定不要再去想走老路，还是要迷恋过去那种发展模式。所以刚才你们讲到下决心停掉一些矿山，这个都是高明之举，绿水青山就是金山银山。我们过去讲既要绿水青山，也要金山银山，实际上绿水青山就是金山银山，本身，它有含金量。"

图 1-1　两山会址

调研余村 9 天之后，习近平以笔名"哲欣"在《浙江日报》头版"之江新语"栏目中发表《绿水青山也是金山银山》短评，文中指出，我们追求人与自然的和谐，经济与社会的和谐，通俗地讲，就是既要绿水青山，又要金山银山。文中，他还论述了绿水青山与金山银山的辩证关系，"绿水青山可带来金山银山，但金山银山却买不到绿水青山。绿水青山与金山银山既会产生矛盾，又可辩证统一。"环境如水，发展似舟。水能载舟，亦能覆舟。"绿山青山就是金山银山"科学论断阐述了经济发展与环境保护的"舟水关系"。

（2）两山思想的理论发展

2013 年 9 月，习近平同志在哈萨克斯坦纳扎尔巴耶夫大学发表演讲并回答学生们提出的问题，在谈到环境保护问题时他指出："我们既要绿水青山，也要金山银山。宁要绿水青山，不要金山银山，而且绿水青山就是金山银山。"短短几句话，掷地有声，向世界传达了中国绿色发展的理念。

"我们既要绿水青山，也要金山银山。"习近平同志的论述将"绿水青山"放在"金山银山"前面，反映了两者之间孰轻孰重的关系。在两者的辩证关系上，习近平同志的认识永远是"干在实处，走在前列"。

"金山银山却买不到绿水青山"，"宁要绿水青山，不要金山银山"，这清楚地表达了生态环境优先的态度，在"绿水青山"和"金山银山"发生矛盾时，必须将"绿水青山"放在首位，不能走以"绿水青山"换"金山银山"的老路。这一阐述为经济发展划定了生态保护的红线，亮出了中国绿色发展的决心。

"绿水青山就是金山银山"，即以"绿水青山"带动经济发展，创造"金山银山"，习近平总书记多次阐述"保护环境就是保护生产力，改善环境就是发展生产力"，这一阐述切实把绿色发展理念融入经济社会发展各方面，把生态文明建设摆在了中国特色社会主义五位一体总体布局的战略位置。2016 年 9 月，习近平总书记在出席 G20 工商峰会时指出："在新的起点上，我们将坚定不移推动绿色发展，谋求更佳质量效益。"

这三句话从不同角度诠释了经济发展与环境保护之间的辩证统一关系，既有侧重又不可分割，构成了有机整体。习近平同志在剖析"绿水青山"与"金山银山"的关系时曾说："在实践中对绿水青山和金山银山这'两座山'之间关系的认识经过了三个阶段：第一个阶段是用绿水青山去换金山银山，不考虑或者很少考虑环境的承载能力，一味索取资源。第二个阶段是既要金山银山，但是也要保住绿水青山，这时候经济发展和资源匮乏、环境恶化之间的矛盾开始凸显出来，人们意识到环境是我们生存发展的根本，要留得青山在，才能有柴烧。第三个阶段是认识到绿水青山可以源源不断地带来金山银山，绿水青山本身就是金山银山，我们种的常青树就是摇钱树，生态优势变成经济优势，形成了浑然一体、和谐统一的关系，这一阶段是一种更高的境界。"

1.2 两山思想的内涵——大力推进生态文明建设

两山思想的提出把生态环境保护摆在更加突出的位置，肯定了建设生态文明是关系人民福祉、关系民族未来的大计，生动形象地表达了我们党和政府大力推进生态文明建设的鲜明态度和坚定决心。在新时期，我们应当要按照尊重自然、顺应自然、保护自然的理念，贯彻节约资源和保护环境的基本国策，把生态文明建设融入经济建设、政治建设、文化建设、社会建设各方面和全过程，建设美丽中国，努力走向社会主义生态文明新时代。

（1）良好生态环境是最公平的公共产品，是最普惠的民生福祉

随着社会发展和人民生活水平不断提高，人民群众对干净的水、清新的空气、安全的食品、优美的环境等的要求越来越高，生态环境在群众生活幸福指数中的地位不断凸显，环境问题日益成为重要的民生问题。正像有人所说的，老百姓过去"盼温饱"现在"盼环保"，过去"求生存"现在"求生态"。

习近平总书记指出："良好生态环境是最公平的公共产品，是最普惠的民生福祉。"保护生态环境，关系最广大人民的根本利益，关系中华民族发展的长远利益，是功在当代、利在千秋的事业，在这个问题上，我们没有别的选择。必须清醒认识保护生态环境、治理环境污染的紧迫性和艰巨性，清醒认识加强生态文明建设的重要性和必要性，以对人民群众、对子孙后代高度负责的态度，加大力度，攻坚克难，全面推进生态文明建设，实现中华民族永续发展。

（2）保护生态环境就是保护生产力

2013年5月，习近平总书记在中央政治局第六次集体学习时指出，"要正确处理好经济发展同生态环境保护的关系，牢固树立保护生态环境就是保护生产力、改善生态环境就是发展生产力的理念，更加自觉地推动绿色发展、循环发展、低碳发展，决不以牺牲环境为代价去换取一时的经济增长。"这一重要论述，深刻阐明了生态环境与生产力之间的关系，是对生产力理论的重大发展，饱含尊重自然、谋求人与自然和谐发展的价值理念和发展理念。

保护生态环境就是保护生产力，绿水青山和金山银山绝不是对立的，关键在人，关键在思路。要创新发展思路，发挥后发优势。因地制宜选择好发展产业，让绿水青山充分发挥经济社会效益，切实做到经济效益、社会效益、生态效益同步提升，实现百姓富、生态美有机统一。

（3）以系统工程思路抓生态建设

习近平总书记强调，环境治理是一个系统工程，必须作为重大民生实事紧紧抓在手上。要按照系统工程的思路，抓好生态文明建设重点任务的落实，切实把能源资源保障好，把环境污染治理好，把生态环境建设好，为人民群众创造良好生产生活环境。

要牢固树立生态红线的观念。生态红线，就是国家生态安全的底线和生命线，这个红线不能突破，一旦突破必将危及生态安全、人民生产生活和国家可持续发展。我国的生态环境问题已经到了很严重的程度，非采取最严厉的措施不可，不然不仅生态环境恶化的总态势很难从根本上得到扭转，而且我们设想的其他生态环境发展目标也难以实现。习近平总书记强调："在生态环境保护问题上，就是要不能越雷池一步，否则就应该受到惩罚。"要精心研究和论证，究竟哪些要列入生态红线，如何从制度上保障生态红线，把良好生态系统尽可能保护起来。对于生态红线全党全国要一体遵行，决不能逾越。

优化国土空间开发格局。国土是生态文明建设的空间载体，要按照人口资源环境相均衡、经济社会生态效益相统一的原则，统筹人口分布、经济布局、国土利用、生态环境保护，科学布局生产空间、生活空间、生态空间，给自然留下更多修复空间，给农业留下更多良田，给子孙后代留下天蓝、地绿、水净的美好家园。加快实施主体功能区战略，严格实施环境功能区划，构建科学合理的城镇化推进格局、农业发展格局、生态安全格局，保障国家和区域生态安全，提高生态服务功能。要坚持陆海统筹，进一步关心海洋、认识海洋、经略海洋，提高海洋资源开发能力，保护海洋生态环境，扎实推进海洋强国建设。

全面促进资源节约。大部分对生态环境造成破坏的原因是来自对资源的过度开发、粗放型使用，如果竭泽而渔，最后必然是什么鱼也没有了。扬汤止沸不如釜底抽薪，建设生态文明必须从资源使用这个源头抓起，把节约资源作为根本之策。要大力节约集约利用资源，推动资源利用方式根本转变，加强全过程节约管理，大幅降低能源、水、土地消耗强度。控制能源消费总量，加强节能降耗，支持节能低碳产业和新能源、可再生能源发展，确保国家能源安全，努力控制温室气体排放，积极应对气候变化。加强水源地保护，推进水循环利用，建设节水型社会。严守十八亿亩耕地保护红线，严格保护耕地特别是基本农田，严格土地用途管制。加强矿产资源勘查、保护、合理开发，提高矿产资源勘查合理开采和综合利用水平。大力发展循环经济，促进生产、流通、消费过程的减量化、再利用、资源化。

加大生态环境保护力度。良好生态环境是人和社会持续发展的根本基础。要以解决损害群众健康突出环境问题为重点，坚持预防为主、综合治理，强化水、大气、土壤等污染防治，着力推进重点流域和区域水污染防治，着力推进颗粒物污染防治，着力推进重金属污染和土壤污染综合治理，集中力量优先解决好细颗粒物（PM2.5）、饮用水、土壤、重金属、化学品等损害群众健康的突出问题，切实改善环境质量。实施重大生态修复工程，增强生态产品生产能力，推进荒漠化、石漠化综合治理，扩大湖泊、湿地面积，保护生物多样性，提高适应气候变化能力。

（4）实行最严格的生态环境保护制度

建设生态文明是一场涉及生产方式、生活方式、思维方式和价值观念的革命性变革。实现这样的根本性变革，必须依靠制度和法治。我国生态环境保护中存在的一些突出问题，大都与体制不完善、机制不健全、法治不完备有关。习近平总书记指出："只有实行最严格的制度、最严密的法治，才能为生态文明建设提供可靠保障。"必须建立系统完整的制度体系，用制度保护生态环境、推进生态文明建设。

要完善经济社会发展考核评价体系。科学的考核评价体系犹如"指挥棒"，在生态文明制度建设中是最重要的。要把资源消耗、环境损害、生态效益等体现生态文明建设状况的指标纳入经济社会发展评价体系，建立体现生态文明要求的目标体系、考核办法、奖惩机制，使之成为推进生态文明建设的重要导向和约束。要把生态环境放在经济社会发展评价体系的突出位置，如果生态环境指标很差，一个地方一个部门的表面成绩再好看也不行。

要建立责任追究制度。资源环境是公共产品，对其造成损害和破坏必须追究责任。对那些不顾生态环境盲目决策、导致严重后果的领导干部，必须追究其责任，而且应该终身追究。不能把一个地方环境搞得一塌糊涂，然后拍拍屁股走人，官还照当，不负任何责任。要对领导干部实行自然资源资产离任审计，建立生态环境损害责任终身追究制。

要建立健全资源生态环境管理制度。健全自然资源资产产权制度和用途管制制度，加快建立国土空间开发保护制度，健全能源、水、土地节约集约使用制度，强化水、大气、土壤等污染防治制度，建立反映市场供求和资源稀缺程度、体现生态价值和代际补偿的资源有偿使用制度和生态补偿制度，健全环境损害赔偿制度，强化制度约束作用。加强生态文明宣传教育，增强全民节约意识、环保意识、生态意识，营造爱护生态环境的良好风气。

1.3 新时期新举措

在 2017 年 10 月 18 日，习近平总书记在党的十九大报告中提出要"加快生态文明体制改革，建设美丽中国"。

人与自然是生命共同体，人类必须尊重自然、顺应自然、保护自然。人类只有遵循自然规律才能有效防止在开发利用自然上走弯路，人类对大自然的伤害最终会伤及人类自身，这是无法抗拒的规律。

我们要建设的现代化是人与自然和谐共生的现代化，既要创造更多物质财富和精神财富以满足人民日益增长的美好生活需要，也要提供更多优质生态产品以满足人民日益增长的优美生态环境需要。必须坚持节约优先、保护优先、自然恢复为主的方针，形成节约资源和保护环境的空间格局、产业结构、生产方式、生活方式，还自然以宁静、和谐、美丽。

（1）推进绿色发展。加快建立绿色生产和消费的法律制度和政策导向，建立健全绿色低碳循环发展的经济体系。构建市场导向的绿色技术创新体系，发展绿色金融，壮大节能环保产业、清洁生产产业、清洁能源产业。推进能源生产和消费革命，构建清洁低碳、安全高效的能源体系。推进资源全面节约和循环利用，实施国家节水行动，降低能耗、物耗，实现生产系统和生活系统循环链接。倡导简约适度、绿色低碳的生活方式，反对奢侈浪费和不合理消费，开展创建节约型机关、绿色家庭、绿色学校、绿色社区和绿色出行等行动。

（2）着力解决突出环境问题。坚持全民共治、源头防治，持续实施大气污染防治行动，打赢蓝天保卫战。加快水污染防治，实施流域环境和近岸海域综合治理。强化土壤污染管控和修复，加强农业面源污染防治，开展农村人居环境整治行动。加强固体废弃物和垃圾处置。提高污染排放标准，强化排污者责任，健全环保信用评价、信息强制性披露、严惩重罚等制度。构建政府为主导、企业为主体、社会组织和公众共同参与的环境治理体系。积极参与全球环境治理，落实减排承诺。

（3）加大生态系统保护力度。实施重要生态系统保护和修复重大工程，优化生态安全屏障体系，构建生态廊道和生物多样性保护网络，提升生态系统质量和稳定性。完成生态保护红线、永久基本农田、城镇开发边界三条控制线划定工作。开展国土绿化行动，推进荒漠化、石漠化、水土流失综合治理，强化湿地保护和恢复，加强地质灾害防治。完善天然林保护制度，扩大退耕还林还草。严格保护耕地，扩大轮作休耕试点，健全耕地草原森林河流湖泊休养生息制度，建立市场化、多元化生态补偿机制。

（4）改革生态环境监管体制。加强对生态文明建设的总体设计和组织领导，设立国有自然资源资产管理和自然生态监管机构，完善生态环境管理制度，统一行使全民所有自然资源资产所有者职责，统一行使所有国土空间用途管制和生态保护修复职责，统一行使监管城乡各类污染排放和行政执法职责。构建国土空间开发保护制度，完善主体功能区配套政策，建立以国家公园为主体的自然保护地体系。坚决制止和惩处破坏生态环境的行为。

"美丽乡村"建设概述

2.1 "美丽乡村"建设的发展历程

（1）2005年10月，党的十六届五中全会提出建设社会主义新农村的重大历史任务，提出了"生产发展、生活宽裕、乡风文明、村容整洁、管理民主"的具体要求。"美丽乡村"不只是外在美，更要美在发展，要不断壮大集体经济、增加村财收入，进而更好地为民办实事，带领农民致富，推动"美丽乡村"建设向更高层级迈进，真正成为惠民利民之举。

（2）2007年10月，党的十七大顺利召开，会议提出"要统筹城乡发展，推进社会主义新农村建设"。

（3）2008年，浙江省安吉县响应"两山思想"科学论断的号召，结合省委"千村示范、万村整治"的"千万工程"，在全县实施以"双十村示范、双百村整治"为内容的"两双工程"的基础上，立足县情提出"中国美丽乡村建设"，出台《安吉县建设"中国美丽乡村"行动纲要》，以建设生态文明为前提，以打造农业强、农村美、农民富、城乡和谐发展的中国美丽乡村为目标，计划用10年左右时间，把安吉建设成为"村村优美、家家创业、处处和谐、人人幸福"的现代化新农村样板，构建全国新农村建设的"安吉模式"，被一些学者誉为"社会主义新农村建设实践和创新的典范"。

（4）2010年6月，受安吉县"中国美丽乡村"建设的成功影响，浙江省全面推广安吉经验，把美丽乡村建设升级为省级战略决策。浙江省农业和农村工作办公室为此专门制订了《浙江省美丽乡村建设行动计划（2011—2015年）》，力争到2015年全省70%县（市、区）达到美丽乡村建设要求，60%以上乡镇整体实施美丽乡村建设。广东省增城、花都、从化等市县从2011年开始也启动美丽乡村建设，2012年海南省也明确提出将以推进"美丽乡村"工程为抓手，加快推进全省农村危房改造建设和新农村建设的步伐。"美丽乡村"建设已成为中国社会主义新农村建设的代名词，全国各地正在掀起美丽乡村建设的新热潮。

（5）十一五期间，以党的十七大、十七届三中全会、十七届四中全会精神为指导，深入实施科学发展观，全面贯彻新农村建设二十字方针，积极引导建设"环境优美、生活甜美、社会和美"的"安吉模式"的"中国美丽乡村"。

（6）2012年11月，党的十八大第一次提出了"美丽中国"的全新概念，强调必须树立尊重自然、顺应自然、保护自然的生态文明理念，明确提出了包括生态文明建设在内的"五位一体"社会主义建设总布局。

（7）在 2013 年中央一号文件《中共中央国务院关于加快发展现代农业、进一步增强农村发展活力的若干意见》中，写道"把解决好农业、农村、农民问题作为全党工作重中之重，把城乡发展一体化作为解决三农问题的根本途径"，第一次提出了要建设"美丽乡村"的奋斗目标，进一步加强农村生态建设、环境保护和综合整治工作，努力建设美丽乡村。

（8）2013 年 7 月，为贯彻落实党的十八大精神，在总结浙江省美丽乡村建设经验基础上，中央财政依托一事一议财政奖补政策平台启动了全国美丽乡村建设试点，选择浙江、贵州、安徽、福建、广西、重庆、海南等 7 省市作为首批重点推进省份，各级财政预计投入 30 亿元，确定在 130 个县（市、区）、295 个乡镇开展美丽乡村建设试点，占 7 省的县、乡总数的比重分别为 25.7%、3.7%，1146 个美丽乡村作为全国美丽乡村建设试点正在有序建设之中。

（9）2014 年 10 月 25 日浙江省安吉县通过了全国首个美丽乡村标准化示范区验收。

（10）2015 年，安吉成功举办"两山"重要思想十周年纪念系列活动，安吉美丽乡村建设进入新境界，领衔制定的《美丽乡村建设指南》在京发布，标志着安吉模式从省级规范上升为国家标准。

（11）2017 年 10 月 18 日，党的十九大会议上谈到新时代中国特色社会主义思想和基本方略时，再次强调了建设美丽中国的目标，提出"坚持人与自然和谐共生。建设生态文明是中华民族永续发展的千年大计。必须树立和践行绿水青山就是金山银山的理念，坚持节约资源和保护环境的基本国策，像对待生命一样对待生态环境，统筹山水林田湖草系统治理，实行最严格的生态环境保护制度，形成绿色发展方式和生活方式，坚定走生产发展、生活富裕、生态良好的文明发展道路，建设美丽中国，为人民创造良好生产生活环境，为全球生态安全作出贡献。"

2.2 "美丽乡村"建设模式

国家农业部于 2013 年启动了"美丽乡村"创建活动，于 2014 年 2 月正式对外发布美丽乡村建设十大模式，为全国的美丽乡村建设提供范本和借鉴。具体而言这十大模式分别为：

（1）产业发展型模式
主要在东部沿海等经济相对发达地区，其特点是产业优势和特色明显，农民专业合作社、龙头企业发展基础好，产业化水平高，初步形成"一村一品"、"一乡一业"，实现了农业生产聚集、农业规模经营，农业产业链条不断延伸，产业带动效果明显。

（2）生态保护型模式
主要是在生态优美、环境污染少的地区，其特点是自然条件优越，水资源和森林资源丰富，具有传统的田园风光和乡村特色，生态环境优势明显，把生态环境优势变为经济优势的潜力大，适宜发展生态旅游。

（3）城郊集约型模式

主要是在大中城市郊区，其特点是经济条件较好，公共设施和基础设施较为完善，交通便捷，农业集约化、规模化经营水平高，土地产出率高，农民收入水平相对较高，是大中城市重要的"菜篮子"基地。

（4）社会综治型模式

主要在人数较多，规模较大，居住较集中的村镇，其特点是区位条件好，经济基础强，带动作用大，基础设施相对完善。

（5）文化传承型模式

是在具有特殊人文景观，包括古村落、古建筑、古民居以及传统文化的地区，其特点是乡村文化资源丰富，具有优秀民俗文化以及非物质文化，文化展示和传承的潜力大。

（6）渔业开发型模式

主要在沿海和水网地区的传统渔区，其特点是产业以渔业为主，通过发展渔业促进就业，增加渔民收入，繁荣农村经济，渔业在农业产业中占主导地位。

（7）草原牧场型模式

主要在我国牧区半牧区县（旗、市），占全国国土面积的40%以上。其特点是草原畜牧业是牧区经济发展的基础产业，是牧民收入的主要来源。

（8）环境整治型模式

主要在农村脏乱差问题突出的地区，其特点是农村环境基础设施建设滞后，环境污染问题，当地农民群众对环境整治的呼声高、反应强烈。

（9）休闲旅游型模式

休闲旅游型美丽乡村模式主要是在适宜发展乡村旅游的地区，其特点是旅游资源丰富，住宿、餐饮、休闲娱乐设施完善齐备，交通便捷，距离城市较近，适合休闲度假，发展乡村旅游潜力大。

（10）高效农业型模式

主要在我国的农业主产区，其特点是以发展农业作物生产为主，农田水利等农业基础设施相对完善，农产品商品化率和农业机械化水平高，人均耕地资源丰富，农作物秸秆产量大。

2.3 "美丽乡村"建设内涵

"美丽乡村"建设载体是"乡村"，要以农民为主体。事实上，农村地区占据了中国的绝大部分领土，农村常住人口也占据总人口数的一半左右，农业农村农民问题是关系国计民生的根本性问题，必须始终把解决好"三农"问题作为全党工作重中之重，"美丽乡村"的核心是乡村产业的可持续发展，是农村环境的功能化改善，是农民民生状态的长期优化。

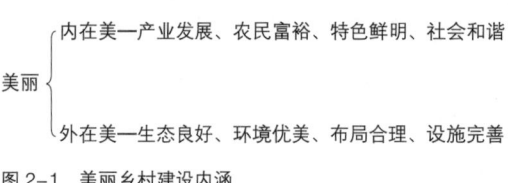

内在美—产业发展、农民富裕、特色鲜明、社会和谐

美丽

外在美—生态良好、环境优美、布局合理、设施完善

图 2-1 美丽乡村建设内涵

"美丽乡村"建设强调一个关键词"美丽"，何为"美丽"，是定义"美丽乡村"的关键，分为外在美和内在美两方面，具体可归纳为乡村环境优美、经济富美、景色秀美、民风淳美。

（1）环境优美强调的是"宜居"，村庄、社区整体环境卫生、美观、舒适，保持原来建筑风格特色，创造绿色居住环境，保障乡村居民的居住质量和生活水平。我国现行具体指标为重点工业污染源排放达标率 100%；生活垃圾无害化处理率 ≥ 90%，人均公共绿地面积 ≥ 11 平方米 / 人，主要道路绿化普及率 ≥ 95%；生活污水集中处理率 ≥ 70%，农村生活饮用水卫生合格率 ≥ 90%。

（2）经济富美强调的是"宜业"，指在保护乡村原生环境和原有特色的基础之上，合理整合乡村资源，调整乡村产业结构，发展多种形式的乡村经济，切实提高乡村居民收入，完善公共设施建设。

（3）景色秀美强调的是"宜游"，指在乡村自然大环境下生物与环境之间、生物与生物之间相互作用的动态平衡，在保护生态环境的基础之上积极开发旅游业和服务产业，推广生态旅游、乡村游，挖掘乡村的绿色价值，其具体指标为森林覆盖率山区地区 ≥ 70%、丘陵地区 ≥ 40%、平原地区 ≥ 10%。

（4）民风淳美强调的是"宜文"，在良好的乡村人居环境和高质量生活品质保证下，亲属之间、邻里之间关系和谐融洽，提倡村民勤劳能干、珍爱劳动成果的朴实作风之美以及民族文化精神的丰富涵养之美，加强农村居民的精神文明建设，丰富乡村的文化历史内涵。

安吉美丽乡村建设规划构想

3.1 安吉概况——美丽乡村建设背景

3.1.1 整体概况

安吉是浙江省湖州市的市属县，是浙江北部一个极具发展特色的生态县。县域面积1886平方公里，常住人口46万人，下辖8镇3乡4街道，38个社区居民委员会和169个村民委员会，建县于公元185年，取《诗经》"安且吉兮"之意得名。安吉是联合国人居奖唯一获得县、中国首个生态县、全国首批生态文明建设试点地区、国家可持续发展实验区、全国首批休闲农业与乡村旅游示范县、中国金牌旅游城市唯一获得县，有中国第一竹乡、中国白茶之乡、中国椅业之乡、中国竹地板之都美誉，被评为全国文明县城、全国卫生县城、长三角最具投资价值县、美丽中国最美城镇。

3.1.2 地理区位

安吉地处长三角都市旅游圈内，与沪、宁、杭、苏、锡、常等大中城市相距均在200公里左右，构成了3小时交通圈，随着杭长高速的全面通车，形成了30分钟到杭湖、90分钟达沪宁的快捷交通网络。同时安吉直接与国家级风景名胜区接壤，与杭州—黄山旅游线、二江一湖旅游线、环太湖旅游圈等国家级旅游热点车程都在两小时以内。县内交通以公路交通为主，目前初步形成了以县城为中心，外连相邻市县，内接各旅游景点的四通八达的公路网。

3.1.3 自然环境

安吉县位于天目山脉东西两支环抱之中，形成三面环山、中间凹陷、东北开口的盆地地形，地势西南高、东北低，县境南端龙王山是境内最高山，海拔1587.4米，也是浙北的最高峰。山地分布在县境南部、东部和西部，丘陵分布在中部，岗位分布在中北部，平原分布在西苕溪两岸河漫滩，各占面积11.5%、50%、13.1%和25.4%。全县植被覆盖率达到75%，森林覆盖率达到71%，居全国前列，"川原五十里，修竹半其间"，安吉处处山峦叠嶂、绿荫环抱、山清水秀、林海茫茫。县内主要水系为西苕溪，为太湖和黄浦江的源头，各饮用水源地的水

图 3-1 安吉

图 3-2　安吉区位

图 3-3　安吉地形

质优良，出地表水多达到国家一、二类标准。全县空气清新、气候宜人、环境优美，空气质量达到国家二级标准，山区、景区空气质量更是达到国家一级标准。

3.1.4　历史文化背景

　　安吉县历史文化底蕴深厚。发端于黄浦江源头的西苕溪孕育了神秘的古越文明，是古越国重要的活动地和秦三十六郡之一的古鄣郡郡治所在地。上马坎遗址赋予了安吉独具魅力的

图3-4　灵峰寺

文化符号，成为"浙江旧石器文化遗址考古第一点"；千年古刹灵峰寺，与杭州灵隐寺被誉为姊妹寺；涌现了南朝梁文学家吴均、三国东吴大将朱然、近现代艺术大师吴昌硕、著名林学家陈嵘、画家诸乐三等名人。千百年来，在悠久历史文化的熏陶下，安吉形成了兼容并蓄、敢为人先的昌硕文化，虚心有节、挺拔向上的竹文化，扶贫帮困、和谐友爱的孝子文化，雷厉风行、不辱使命的邮驿文化，艰苦创业、开拓创新的竹业椅业文化。

3.1.5　经济情况

安吉是杭州都市经济圈重要的西北节点，2016年，安吉全县实现地区生产总值324.87亿元，五年年均增长8.2%；实现财政总收入60.33亿元，包括地方财政收入35.85亿元，两项指标均比2011年翻了一番多；城镇居民人均可支配收入达到44358元，五年年均增长9.4%；农村人均可支配收入达到25477元，五年年均增长10.2%，成功跻身全国百强县。其中第一产业总值26.64亿元，比2015年增长1.9%；第二产业总值144.24亿元，比2015年增长5.5%；第三产业总值153.99亿元，比2015年增长9.7%，一、二、三产占比分别为2.4%、35.8%和61.8%。同时，安吉具有较好的特色产业优势，作为"中国椅业之乡""中国竹乡"，竹业、椅业等传统产业加快高新化，生物医药、电子信息、装备制造等新兴产业加快集群化，以精深加工为特色的绿色食品业，以膨润土资源利用为特色的新型材料业，以竹木制造机械和茶机生产为特色的机械五金业等特色产业也有相当的基础。另外，以杭州建设信息港和新药港为契机，各新兴产业具有很大的发展潜力。安吉县的经济发展状况整体表现为农业生产稳定，工业平稳增长，服务业增长较快的状态。

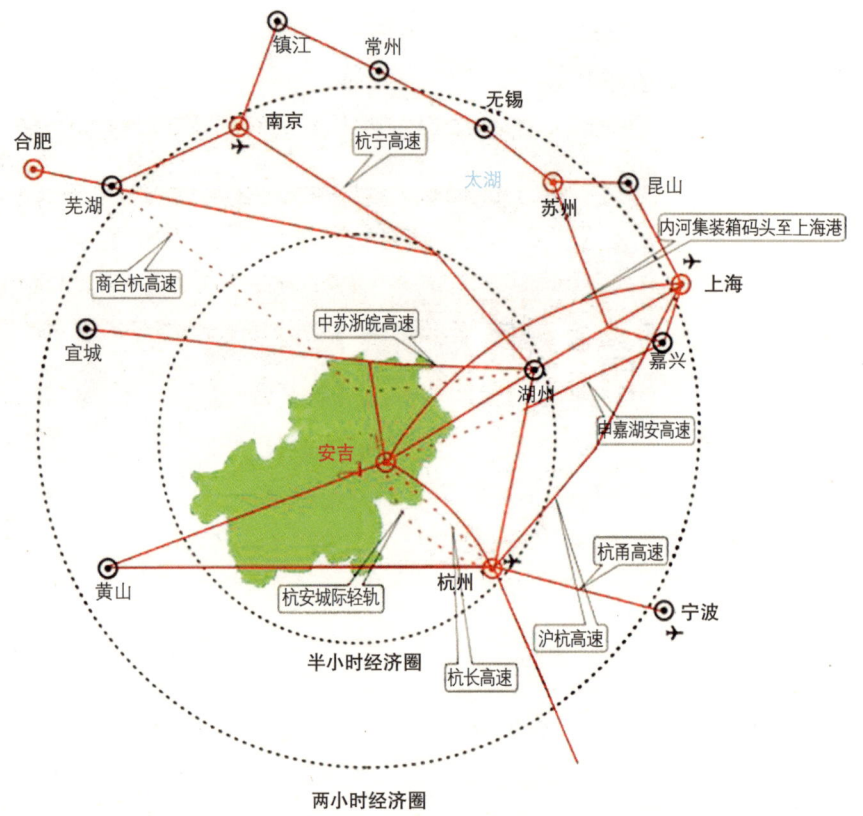

图 3-5　安吉经济环境

规划项目：商合杭高铁、杭安城际轻轨、申嘉湖安安吉段
在建项目：杭长高速二期

3.1.6　美丽乡村建设大背景

"中国美丽乡村"建设面广量大，标准高，没有可借鉴的工作模式，从概念酝酿到思路调研、从规划论证到全面启动，历时近一年时间，安吉县委最终认为在安吉开展建设"中国美丽乡村"，具备天时、地利、人和，有现实的可行性。

一是实力支撑。①实力明显壮大。GDP 保持年均 15% 以上的增幅，已经进入发展的全面提速提升期，同时产业发展的协调性增强，竹业、椅业等传统产业与生物医药、电子信息、装备制造等新兴产业齐头并进。②区域品牌响亮。产业品牌有中国白茶之乡、中国竹地板之都、中国椅业之乡等；生态品牌有中国竹乡、国家园林县城、国家级生态示范区和国家首个生态县、全国绿色小康县等；综合品牌有长三角最具投资价值县、全国生态文明建设试点县等。③环境整体优美。全县绿化覆盖率高，空气、水洗质量优良，15 个乡镇中的 12 个是全国优美乡镇；有市级全面建设小康示范村 38 个，其中省级示范村 29 个。④城乡均衡发展。2008 年农民人均纯收入 10343 元，与城镇居民可支配收入之比 1：1.97；基础设施延伸覆盖，康庄工程全面完成，文教卫事业布局调整全面到位，环卫保洁体系全面覆盖，生产生活生态条件全面改善，新农村建设的局部方面走在全省前列。

二是外力支持。安吉美丽乡村建设思路，是在省、市领导的关心、支持和指导下才得以完善和成熟的。①省里关注。时任浙江省委书记的赵洪祝同志对安吉"全国生态文明建设试点"工作给予专门批示，为安吉建设"中国美丽乡村"鼓了劲头、明了方向；时任浙江省常务副省长的陈敏尔同志多次到安吉调研，提出了明确的指导性意见，2008 年 8 月 14 日，陈副省长带领 8 个省级部门负责人专程到安吉，实地对接建设项目，进一步坚定了建设的信心；时任浙江省政协主席的周国富同志专程带队检查指导，给予很大的鼓舞和很好的建议。②市里支持。湖州市将安吉县美丽乡村建设工作纳入市委、市政府当年的重点工作，列入湖州与浙江大学合作共建新农村实验示范区的重点计划，市主要领导多次调研指导，在重点项目协调建设上，给予全力协助。

三是合力强大。安吉全县上下达成高度共识，营造了共建共享的强大合力和浓厚氛围。各乡镇、各村积极行动、全面发动，对建设美丽乡村抱以巨大的热情。特别是广大农民群众，主体作用得到充分发挥，主动参与到美丽乡村建设中来。2008 年创建中，报福、皈山两个乡镇美丽乡村建设全覆盖，全县有 61 个村开展创建，占全县总村数的三分之一。各机关部门全面落实工作计划，积极落实建设项目，千方百计创新服务机制，完善指导支持政策。社会各界都充分发挥优势，找准切入点和结合载体，在信息指导、投融资、科技服务、项目推进等方面，给予大力支持。一个全县动员、全民参与的建设大格局初步形成。

四是潜力巨大。安吉县是国家环保部和国家林业总局在全国唯一的新农村合作共建示范县，具有享受更多资源、得到更多指导、争取更高标准的绝对优势；安吉县是国家环保部开展全国生态文明建设的试点地区之一，将生态文明的理念引入"中国美丽乡村"建设，以"中国美丽乡村建设"为总载体推进生态文明建设，这在全国尚属首创，具有很强的借鉴、指导、示范意义；安吉在成为 2006 杭州休闲博览会优秀分会场的同时，又被列为第十届中国杭州西湖博览会分会场，"中国美丽乡村"牵手"东方休闲之都"，加快融入"现代生活品质之城"，也将赋予美丽乡村建设以新的内涵和新的活力。

3.2 安吉美丽乡村建设规划构想——美丽乡村建设蓝图

3.2.1 目的

"中国美丽乡村"建设是安吉特色的新农村建设模式，其目的是在充分发挥安吉自身生态优势和产业特色的基础上，利用 10 年的时间，通过推进村庄环境的综合提升、农村产业的持续发展和农村各项事业的全面进步，力求把安吉全县 187 个行政村都建设成为"村村优美、家家创业、处处和谐、人人幸福"的现代化新农村样板，打造成为全国生态环境最优美、村容村貌最整洁、产业特色最鲜明、公共服务最健全、乡土文化最繁荣、农民生活最幸福的地区之一，探索构建可憩可游、宜商宜居、且安且吉的全国新农村建设的"安吉模式"。

安吉县建设"中国美丽乡村"的基本定位是：立足县域抓提升，着眼全省建试点，面向全国做示范。就是在现有新农村建设的基础上，以建设"中国美丽乡村"为载体，抓建设质量提升、抓综合配套延伸、抓品牌效应攀升，目标是建成全省新农村建设的示范试点和对外第一形象品牌，在全国新农村建设上起到一定的示范借鉴作用。安吉县提出的建设"中国美丽乡村"，高度凝聚了农村物质文明、精神文明、政治文明和生态文明元素，集中集聚了农村经济实力、文化活力和环境魅力因素，全面彰显了品牌产业、品位村镇和品质农民特色，整体营造了一二三产协调发展、农村城市共建共享、现代文明与自然生态高度融合优势，成为新农村示范区的提升工程和精品载体。

3.2.2　现实意义

在安吉这样一个生态优势明显、地域特色鲜明、后发优势强劲的发展中的山区县，探索建设"中国美丽乡村"，打造全国新农村建设的个性化典型，构建同类山区县科学发展的示范性模式，具有十分重要的现实价值和借鉴意义。

一是加快科学发展的重大举措。安吉作为全省典型的山区县，加快科学发展，必须依托和放大先发优势，推进错位式、差异化发展。建设"中国美丽乡村"，是基于对安吉特色优势的深刻认识、基于对新型工业化新型城市化和新农村建设互促共建规律的全面把握、基于对新农村建设的整体提升、基于对安吉优势劣势的科学洞察而作出的重大决策。

二是新农村建设的科学实践。"中国美丽乡村"是新农村建设的科学实践。安吉制定了《中国美丽乡村建设整体规划》，出台了《中国美丽乡村实施意见》，明确了"中国美丽乡村"的实施架构、评价标准、考核办法、奖励政策和长效管理机制，使"美丽乡村"建有方向、评有标准、管有办法，把新农村建设从一个方向性的概念具化为可操作的工作。

三是建设生态文明的有效途径。党中央明确提出了四个文明建设的要求，特别是"生态文明"理念的提出尚属首次，没有现成的经验可以借鉴。浙江省提出要保持生态省建设继续走在全国前列的目标，落实生态文明理念成了题中之义。安吉是全国第一个生态县，又要打造长三角"新农村建设示范区"，将生态文明的理念落实到新农村建设过程之中，继续保持生态建设走在全省乃至全国前列，既是上级的要求，也是现实的需要，更是应尽的责任。为此，安吉县专门制定了"安吉县生态文明建设行动纲要"，在"美丽乡村"建设考核指标体系中单设了"生态文明"的14项考核内容，将建设"中国美丽乡村"作为实现生态文明的民心工程和德政工程。

四是展示安吉特色的有力抓手。安吉无论从经济发展、社会进步，还是从环境整治、精神文明建设等各个方面都已经有了非常好的基础，已经具备了建设"中国美丽乡村"的经济社会条件。因此，安吉县开展"中国美丽乡村"行动，符合安吉实际，对于安吉的进一步发展意义深远。在建设过程中，安吉又着重体现地方的生态特色和产业特点，通过对新农村建设整体化实施、品牌化经营的探索，把"中国美丽乡村"品牌的打造成为继"中国竹乡"、首个"国家生态县"之后的第三个全国性品牌。这样，既把"中国美丽乡村"作为当前工作的载体和工作的方向，更把"中国美丽乡村"建设作为今后安吉经济转型和发展的助推器。

3.2.3　指导思想

"中国美丽乡村"建设的指导思想是：认真贯彻党的十七大、十八大、十九大关于"两山思想"、生态文明建设的精神，以科学发展观为统领，深刻领会新农村建设的"二十字"方针，坚定不移地走"创业富民、创新强县"之路，整体推进安吉的物质文明、精神文明、政治文明、生态文明建设，探索建立具有全国性示范和推广意义的"环境优美、生活富美、社会和美"的现代化新农村的"安吉模式"，最终将安吉打造成为国家级的"中国美丽乡村"品牌。

3.2.4　基本原则

一是城乡结合、全面覆盖。"中国美丽乡村"建设作为一项造福于民的惠民工程，要与安吉城市建设结合，必须从城市发展和农村建设的全局考虑，工作面要覆盖全县 187 个行政村和社区，努力使每一个村庄的生产生活条件都得到改善。

二是总体规划、分步实施。"中国美丽乡村"的建设要根据县域总体规划和功能区划分，总体规划、突出重点、合理安排，整理资源分期、分批、分段实施，力求以最小的投入、最短的时间，取得最大的效果。

三是综合考评、突出重点。"中国美丽乡村"建设是一项高度综合的系统工程，既要突出环境优美和产业发展两大指标，也要充分注重新农村建设的全覆盖和综合水平，根据安吉新农村建设的实际情况，建立切实可行的考核评价指标体系，在建设和验收的过程中实行综合考评、全面论证。

四是注重个性、求同存异。注重挖掘每个村庄的历史遗迹、风土人情、风俗习惯等人文原色，结合各自自然地理条件，体现村庄个性魅力，切忌千村一面，并在此基础上寻求安吉整体以及区域的风格和特色。

五是多方合作、突出主体。在"中国美丽乡村"建设的过程当中，要努力探求建立科学高效的管理和建设体制，切忌政府大包大揽或者不顾安吉实际下指标、定任务，而是要尊重农民的主体地位。通过教育、宣传、培训强化农民的主体意识，适时下放政策、下放权力，实行民主决策、民主管理，促使他们自觉地投身到"中国美丽乡村"的建设中来。

六是产业为本、塑造品牌。"中国美丽乡村"的建设最终要落实到产业上。在建设的过程中，农业、工业、第三产业都有长足进步和发展，才能算是成功的。在产业发展的过程中，要牢固树立品牌意识，积极借鉴各地的成功经验，提高经营意识和策划包装项目的能力，力求上品味、出精品，把"中国美丽乡村"打造成全国品牌，实现社会效益和经济效益的双赢。

3.2.5 建设构架

按照"立足县域抓提升、着眼全省建试点、面向全国做示范"的基本定位，安吉县探索形成了美丽乡村建设的整体架构体系。

一是明确四项目标。即村村优美、家家创业、处处和谐、人人幸福，建成"环境优美、生活富美、社会和美"的现代化新农村样板，探索形成全国新农村建设的"安吉模式"，确保全国第一，力争全国唯一。①目标的理解。这四项目标既是工作目标，也是考核指标，是外在形象和内在实力的高度统一，是高标准和全覆盖的高度统一，只有这四项完美合一，才是真正的"中国美丽乡村"，才能真正发挥示范作用。②目标的分解。我们计划用十年左右时间完成，前两年抓点成线打出品牌，重点建成四条线25个村的精品示范带，中间三年延伸扩面产生影响，后五年完善提升全国领先。特别注重前两年，突破后三年，抓紧出形象。

二是搭建四度架构。①立意上求高度。围绕"着眼全省建试点，面向全国做示范"的定位，置身于"城乡一体化、十七大生态文明概念以及省里两创总战略"的大背景，着力"探索形成全国新农村建设的'安吉模式'，力争全国第一"的愿景目标。②平面上求广度。城乡联动全覆盖，187个行政村全面实施，以村为基础，以城为带动，发挥村的特色和城的辐射两个功能；全民参与共建设，以政府为主导，以农民为主体，发挥政府的带动性和农民的积极性两个作用。③类别上求纬度。按照"因地制宜、分类指导"的原则和"一村一品、一村一景、一村一业"的要求，根据每个村的特色和基础，将全县187个行政村划分为40个工业特色村、98个高效农业村、20个休闲产业村、11个综合发展村和18个城市化建设村，不千篇一律、不千人一面。并且按照创建水平，设定了"精品村"、"重点村"、"特色村"三个层面，为各个村的创建提供了阶段性的目标。④推进上求经度。按照"整体规划、分步实施"的推进原则，坚持"同类不同步、同步不同类"和"先易后难"的时序安排，确定年度建设计划。

三是坚持四美原则。①尊重自然美。充分彰显依山傍水、因势因地而建的生态环境特色，抓自然布局，融自然特色，不搞大拆大建，避免不伦不类。②侧重现代美。坚持把生产发展放在首位，把生活富裕作为美丽乡村的前提和基础，融现代文明于自然生态之中，体现全方位开放理念，可憩可游、宜商宜居、且安且吉。③注重个性美。因地制宜，因势引导，因村而异，分类指导，分层推进，分步实施，根据产业、村容村貌、生态特色、人本文化等不同类别，进行适当分类，每个类别中又错位建设，体现差异化、多元化，少追求洋气和阔气、少搞整村集聚，不搞一刀切，不求千篇一律、千人一面，做到移步换景、看景辨村，彰显一村一品、一村一景，给人以"十里不同景，人在画中游"的视觉冲击，体现"土洋结合、雅俗共赏"的效果。④构建整体美。强化全局战略思维，把全县当作一个大乡村来规划，把一个村当作一个景来设计，把一户人家当作一个小品来改造，致力于推进环境、空间、产业和文明相互支撑、一二三产整体联动、城乡一体有机链接，力求全县美丽、全县发展。

四是实施四大工程。①环境提升工程。抓外在有形环境的提升，巩固扩大成果，综合改善质量，全面提高品位。②产业提升工程。抓内在经济实力的提升，扶持优势产业，形成品牌效应，增强支撑功能，壮大集体经济。重点推进高效生态农业品牌化经营、现代家庭工业集群化发展、农村服务业最大化激活，积极培育产业大村、经济强村。③素质提升工程。抓潜在文明素养的提升，培养有技术专长、有创业激情、有文化素养、有宽广胸襟、有文明气息的现代品质农民。④服务提升工程。抓广度公共服务的提升，健全农村公共服务体系，繁荣农村社会事业，重点推动城镇基础设施向农村延伸，公共服务向农村倾斜，社会保障向农村覆盖。通过实施这四项工程，实现人居环境和自然生态、产业发展和农民增收、社会保障和社区服务以及农民素质和精神文明的全面提升。

3.2.6 建设规划

"中国美丽乡村"建设是安吉从最初的资源特色定位为"中国竹乡"品牌到以生态型为定位的"全国第一个生态县"品牌的第三次提升，是集资源、生态、环境、产业、文化等复合发展的综合型城市新目标。

"中国美丽乡村"建设涉及整个安吉，全面覆盖社会、经济、政治、文化、环境等各个方面，充分结合安吉县城市总体规划和其他各类重要规划，经过科学布局、合理引导、分步实施，确定了"一体两翼、二环四带"的总体布局，呈现"蝴蝶"结构。"一体两翼"是从整个安吉县区域视角出发，总体上的发展分区，而"二环四带"是结合安吉经济、交通、产业实际提出的"中国美丽乡村"建设的示范带和重点区域布局。

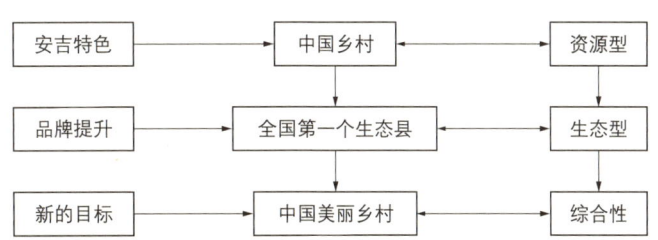

图 3-6 建设规划

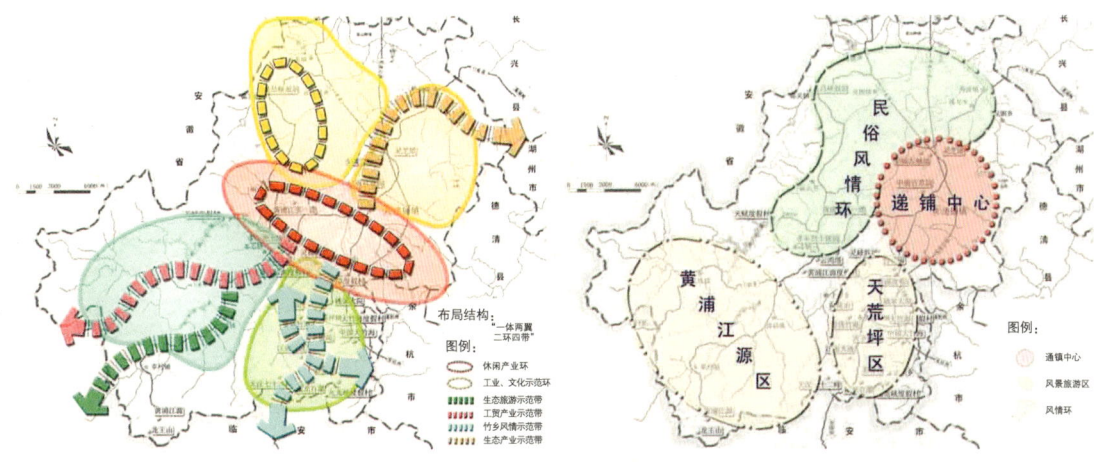

图 3-7 安吉美丽乡村总规划

"一体"即安吉县建成区（包括开发区），是蝴蝶布局中最重要的躯干。县建成区是安吉政治、经济、文化的中心，具有强大的辐射作用、凝聚效应和带动作用。在"中国美丽乡村"行动中，能否继续大力推动建成区的经济发展，是行动成功与否的关键。"两翼"是指以一体为中心，向北部和南部辐射而形成的两个翅膀。北翼以溪龙、梅溪、高禹为支撑的重要支点，南翼以天荒坪、孝丰、报福为支撑的重要支点，通过支点的"中国美丽乡村"建设带动周边地区的建设和发展。"二环"是指环灵峰山休闲产业环和皈山－良朋－高禹－鄣吴－皈山工业、文化产业示范环。环灵峰山休闲产业环是指以灵峰山为中心的旅游、休闲、度假产业区块，其中包括了灵峰山景区、竹博园景区；皈山－良朋－高禹－鄣吴－皈山产业示范环，分别是递铺－天荒坪竹乡风情示范带、递铺－孝丰－报福－章村生态旅游产业示范带、递铺－孝丰－报福－杭垓工贸产业示范带和递铺－溪龙－梅溪－昆铜生态工业示范带。其中递铺－天荒坪竹乡风情示范带包括周边的山川、上野两个乡。

"一体两翼、二环四带"的蝴蝶布局充分反映了安吉产业布局的现状和侧重点，在建设的过程当中，以"一环两带"即环灵峰山休闲产业环和递铺－天荒坪竹休闲旅游产业带、递铺－孝丰－报福－章村生态旅游产业示范带为近期的建设重点，兼顾其他地区的重点产业和重点村庄，形成一环两带多点的建设局面，中远期陆续推动其他一环两带的建设，最终实现安吉"中国美丽乡村"全面建设的目标。

根据《安吉城市总体规划纲要（2015—2030年）》，明确了安吉县近期规划建设重点，将安吉定义为优雅竹城、以健康休闲为特色的生态宜居旅游城市，承担生态健康休闲、综合服务宜居、绿色战略产业、文化创意创新四大职能，按照"东优、南实、西连、北拓、中心提升"拓展思路，规划形成"一城两区、一环一带"空间布局。"一城两区"即宜居主城区、教科文战略转型创新区和灵峰生态健康休闲区，"一环一带"即绕城生态休闲环及以浒溪和灵峰路、西苕溪和浦源大道为依托的城市综合发展带。

以政府为指引，建立健全美丽乡村制度体制

4.1 一部国家标准——《美丽乡村建设指南》

2015年6月1日，国家级标准《美丽乡村建设指南》GB/T 32000—2015（以下简称《指南》）正式实施，这部标准由国务院农村综合改革工作小组办公室提出，由国家标准委于2014年立项（国标委综合〔2014〕76号），项目编号20141520-T-469，委托中国标准化研究院、农业部科技教育司、浙江省湖州市安吉县人民政府、浙江省标准化研究院、福建省标准化研究院等近十家单位起草，经过多次征求意见，反复实地调研验证，历经多次修改才形成，这是我国美丽乡村建设史上的一个里程碑。这部标准充分借鉴各省建设美丽乡村的成功经验，综合考虑各地的多元性与差异性，要求规划与建设同步考虑，以需求和问题为导向，以定性和定量相结合，求同存异，明确了美丽乡村建设的总体方向和基本要求，制定了美丽乡村建设的具体标准，并给乡村个性化发展预留了自由发挥空间。

《指南》由12个章节组成，主要内容包含总则、村庄规划、村庄建设、生态环境、经济发展、公共服务、乡风文明、基层组织、长效管理9个部分，以生态环境为主，以人为本，突出因地制宜、村民参与、合理布局、节约用地的四大规划原则，整个体系涵盖了各项法律法规及标准、规范近280项，包括《美丽乡村建设规范》《美丽乡村劳动和社会保障工作规范》《美丽乡村村落文化展示馆建设与服务通用要求》等标准（规范）二十余项，从功能上分为农村基础设施建设、环境提升、服务保障、产业经营、公共服务5个子体系，通过包含路面硬化率、垃圾处理率、污水处理率、医保参保率等21项量化指标来指导美丽乡村基础建设，合理配置和整合公共资源，能够满足生态环境标准化建设、农村产业标准化经营、农村公共事业标准化推进、农村事务的标准化管理等各方面的需求，为美丽乡村的可持续发展打下坚实的基础，同时联动发布了《农村气象防灾减灾技术规范》《农村生活垃圾处理技术规范》等多项安吉地方标准，确保了安吉"中国美丽乡村"建有方向、评有标准、管有办法。

《指南》是我国国家层面首个与美丽乡村系统性建设相关的标准，标志着我国美丽乡村建设取得了历史性新成果，美丽乡村进入了全面发展新阶段。

4.2　两大考评体系

4.2.1　美丽乡村指标考核

"美丽乡村"建设主要采用以各乡为主体、农村人民自发参与的模式，安吉县各级政府积极做好引导工作，提出意见建议，指导和协调工作开展，并通过建立健全美丽乡村的考核考评制度、量化考评体系、细化考评指标、精确美丽乡村评定标准、严格把关考评工作，保障美丽乡村行动得以高效、全面地落实，保证美丽乡村的建设精度。

根据美丽乡村建设规划和任务，按照"布局优、村容靓、生活富、身心美"的要求，安吉县委以高标准、严要求、重落实为指导，于2008年首次印发《安吉县建设"中国美丽乡村"考核指标与验收办法》(试行)，于2012年正式印发《安吉县建设"中国美丽乡村"考核指标与验收办法》，为美丽乡村建设建立了全面细致的评定标准，其主要内容包括以下几方面。

（1）"美丽乡村"考核必须围绕四大原则：一是坚持围绕"村村优美、家家创业、处处和谐、人人幸福"的基本要求，充分反映我县"中国美丽乡村"建设水平原则；二是坚持"公开、公平、公正"，各方公认的规范操作原则；三是坚持高标准、高质量，分步实施、有序推进，梯度发展、分级创建原则；四是坚持因地制宜、分类指导、体现特色、突出重点、兼顾一般原则。

（2）"美丽乡村"考核指标细致严谨，共分"村村优美、家家创业、处处和谐、人人幸福"四个方面、三十六项指标，实行百分制考核。其中"村村优美"主要包括规划编制及执行、村容村貌及村庄美化、生态保护和环境整治、长效管理机制建立及效果、公共服务设施建设等方面；"家家创业"主要包括农村经济总收入、农民人均纯收入、创业农户数、新农村信息化及电气化、农村转移就业培训和实用人才培训、农业科技创新及应用等方面；"处处和谐"主要包括基层组织建设，先锋工程、文明村、平安村、民主法治村、文化体育示范村的创建等方面；"人人幸福"主要包括低收入农户脱贫率、学前教育及义务教育、医疗保险、养老保险、交通安全、公共卫生等方面。这四个方面考核涵盖了农村建设和群众生活的方方面面，做到了评价有据可依，考核分项精确细致、考核评分量化公平的要求，保证考核内容多样化和全局化并重，真正起到对美丽乡村进行从严考核、狠抓落实，保证美丽乡村建设的高质量、高水平。

（3）对经考核验收达到"中国美丽乡村"建设标准的乡镇、村根据人口规模大小实行以奖代补，乡镇人口规模在2万人以下的奖300万元，4万人以上的奖500万元，2万至4万人的按人口数折算奖励，通过以奖代补切实促进美丽乡村的建设步伐。

4.2.2　美丽乡村精品示范村建设考核

"中国美丽乡村"精品示范村是"美丽乡村"建设中的典型案例，必须走在"美丽乡村"

建设行动的前列，开拓新时期的新农村建设道路，建立产业改革和经济体制创新的新标准，累积绿色经济、农民致富的新经验，为全县、全省乃至全国的"美丽乡村"建设起到带头示范作用。因而，安吉县委按照"布局优、村容靓、生活富、身心美"的要求，高标杆设定"中国美丽乡村"精品示范村的建设内容及考核标准，于2013年印发《安吉县建设"中国美丽乡村"精品示范村考核验收暂行办法》，于2015年、2017年分别印发《安吉县建设"中国美丽乡村"精品示范村考核验收办法》正式版和修订版，为精品示范村建设提供依据，其主要内容包括：

（1）"中国美丽乡村"精品示范村的考核原则包括：一是围绕"环境优美如画，产业特色鲜明，集体经济富强，文化魅力彰显，社会治理创新，百姓生活幸福"的总体目标要求，引导创建工作深入开展，走全面可持续发展的新农村建设之路；二是做到"综合性强、可看性强、可学性强"，确保创建后特色鲜明，示范引领内容丰富，启迪效果明显；三是坚持高门槛准入，高水平规划，高标准设计，高质量、全覆盖、分步实施的建设原则，确保示范村建设水平一流；四是坚持"公开、公平、公正"，各方公认的规范操作原则。

（2）参与"中国美丽乡村"精品示范村的考核必须先具备相应基本前提条件，为入围精品示范村设定了高起点，贯彻对美丽乡村高品质、严要求的理念，准入条件如下：一是上年度"中国美丽乡村"长效管理考核结果"好"不少于5次，"一般"不超过1次，不出现"差"；二是村级组织廉洁务实，村级班子创造力、凝聚力和战斗力强，群众参与创建的积极性高；三是上年度年村集体经常性收入在50万元以上或人均年村集体经常性收入在500元以上，创建资金来源合理、可靠，村级债务可控可化解；四是美丽乡村经营工作思路明晰，农村一二三产融合发展潜力大，经营有基础，村庄发展规划科学先进。

（3）"中国美丽乡村"精品示范村创建考核指标设置了"村村优美、家家创业、处处和谐、人人幸福"四个方面、四十三项硬性考核指标，总计1000分，同时设置最高为15分的附加分，奖励参选者在其他省市级评奖评优中的突出表现，整体评分取得850分以上方可通过。精品示范村考核是"美丽乡村"考核的升级，在符合"美丽乡村"验收指标的基础上增加了乡村建设品位、诚信体系建设、文化的传承与发展、村民自治制度落实、群众满意度等更高层次的要求，并通过1000分的打分制度细化考核的程度，确保选出优质村、精品村作为典型案例，展现安吉美丽乡村建设的成果风貌。

（4）"中国美丽乡村"精品示范村也采用以奖代补的方式对参评村进行经济支持和奖励。精品示范村创建期为两年，巩固期为两年。对通过考核的村实行以奖代补，在每村200万元基础奖的基础上，根据创建村考核得分不同档次实行不同标准的以奖代补，得分按850—900、900—950、950以上分为三个档次，每个档次奖励人均1000—2000元不等。同时，提取奖励资金总额的15%作为保证金，在巩固期内复评通过的，按第一年10%，第二年5%予以拨付。通过这一制度的实施既大大激励了各乡村参评的积极性，将扶持制度落到实处，又确保各精品村长效管理制度的建立，保证精品示范村不是昙花一现，而是切切实实的、可持续的新农村建设优秀典型。

4.3 政府工作机制

一是建立"政府主导、农民主体、社会参与"的投入机制。

美丽乡村建设要充分体现政府前期主导、群众自主参与、社会多方支持的共建共享原则。县政府要设立"美丽乡村"专项资金，用于"美丽乡村"的创建工作。乡镇财政要逐年增加对新农村建设的投入力度，并通过村级集体经济的壮大、农民收入的提升，提高农民参与的积极性和可能性。可以通过集体山林的认养、田地的认种，或者BT、BOT的形式，通过市场化的手段拓宽资金渠道，也可通过村企结对、部门联村等形式，吸引社会资金参与美丽乡村建设，最终建立多方筹资、共建共享的投入机制。

二是建立"整体规划、资源统筹、分步实施"的建设机制。

要高起点、高标准地制定全县美丽乡村建设的整体规划，根据"既有个性亮点、又有区域特色"的规划原则，依据全县的地域特点和产业分布，以"产业发展"规划、"交通发展"规划、"环境保护"规划为重点，编制具有安吉特色的"美丽乡村"整体规划。要整合现有的各类资源，按照近期、中期、远期的工作目标，首先向重点村、重点乡镇、示范带集中投入，逐步扩大建设面、提高精品率，有序推进，亮点连线成片，逐步实现"美丽乡村"的全覆盖。

三是建立"三级负责、以村为主、人人参与"的管理机制。

建后管理是保持新农村建设成果的关键，要逐步形成县、乡镇、村三级分级负责，村日常管理为主、农民群众人人参与的工作局面。县和乡镇负责对各村进行适当的财政补助，村集体通过建立农村社区管理服务中心，成立"巾帼保洁队"、"志愿者服务队"等组织，负责村内的环境保洁、文体设施、放心超市、卫生服务中心等村内公共设施的管理维护，农民群众通过村民代表会议、参与自愿组织等形式实现村内事务的民主管理、自主管理。

四是建立"产业优先、一村一品、打造精品"的发展机制。

新农村建设的最终目标是通过农村经济社会的发展实现城乡一体化，实现广大农村的全面发展和农村群众的共同富裕。工作关键点和难点是农村产业的发展，因此要把农村产业发展作为安吉"中国美丽乡村"规划和建设的出发点和着力点。安吉有多样化的地域特征和多元化的族群构成，要根据宜工则工、宜农则农、宜旅则旅的原则，对安吉的农村产业发展进行规划，发展区域特色产业，打造精品产业，全面提升安吉产业层次。要探索安吉产业的整体化开发，通过若干年的努力，使安吉的"中国美丽乡村"成为一个整体性的可经营的商业品牌，成为安吉发展新的源动力。

4.4 政府工作重点

一是健全组织，落实了建设工作的推进机制。安吉全县建立健全了工作的推进机制，成立了建设"中国美丽乡村"工作领导小组及办公室，领导小组下设环境提升、产业提升、服务提升和素质提升四大工程组，分别由县分管领导牵头，主要责任部门负责，乡（镇）、村分别成立对应的领导班子和工作机构。实施县级领导、县级部门与"中国美丽乡村"创建村结对创业共建制度。聘请省市有关专家担任建设"中国美丽乡村"顾问，成立建设"中国美丽乡村"专家指导组。各级建立健全工作督查制度，加强工作考核，出台了乡镇、部门工作考核办法，使各项建设工作的目标具体化和责任化。举办建设"中国美丽乡村"培训班，对村支部书记和镇（开发区）的分管领导进行了相关知识培训。

同时，安吉县一方面明确各级政府竖向职责，分清各自责权关系，既避免不同层级之间的职权交叉，造成政府管理的错位和越位，影响工作的开展，又避免权责出现"真空"，造成政府管理的缺位，导致某些事项无人负责。县级政府主要负责美丽乡村总体规划、指标体系和相关制度办法的建设、对美丽乡村建设的指导考核等工作；乡级政府负责整乡的统筹协调，指导建制村开展美丽乡村建设，并在资金、技术上给予支持，对村与村之间的衔接区域统一规划设计并开展建设；建制村是美丽乡村建设的主体，由其负责美丽乡村的规划、建设等相关工作。另一方面，理顺部门之间的横向关系，对各部门的责任和任务进行量化细分。安吉县将一项项指标落实到每一部门，由部门制定指标内容和标准，并对该项建设负总责，同时参与由美丽乡村建设办公室组织的考核验收，有效破解了职能交叉的困局。

二是规划在先，明晰了建设工作的目标任务。在制订《安吉县建设"中国美丽乡村"行动纲要》基础上，委托浙江大学编制完成了《安吉县"中国美丽乡村"建设总体规划》。创建乡镇（开发区）、村对照《安吉县建设"中国美丽乡村"行动纲要》和《关于2008年建设"中国美丽乡村"的实施意见》，从自身实际出发，坚持以规划为引领，将其他各类专项规划有机纳入美丽乡村建设整体规划，明确了发展目标和创建任务。2008年，全县共投入规划资金711万元，请设计部门进行了县、乡镇、村的专项规划。如开发区确定了以环灵峰山的剑山村、横山坞村、灵峰村为重点精品区块和04省道线城南社区、11省道万亩村为重点示范带的"3+2"模式；鄣山乡确立了以发展品牌产业、建设品位乡村、培养品质农民，实现工业强化、农业优化、集镇亮化、庭院美化为主要内容的"三品四化工程"建设思路；报福镇提出了实行"一村一规划，一家一美景"，着力打造山水统里、十里景溪、石岭人家、休闲报福、田园洪家、民俗中张、追忆上张、美景深溪、竹木彭湖、生态汤口等十个特色乡村。

三是落实政策，激励了建设工作的内在动力。一是县大力整合支农项目，使各类建设项目和资金优先安排于实施"中国美丽乡村"建设的乡村。采取了"5+X"的办法清理整合建设项目，由县农办、发改委、财政局、规划与建设局和审计局等五部门牵头，会同项目实施主管部门，对支农项目申报、立项、实施、考核验收、资金拨付全面审核把关。实行财政以奖代补，在县级财政已有的支农政策和资金保持不变的基础上，对纳入"中国美丽乡村"年度创建计划的村实行百分制考核，分档考核评定为精品村、重点村和特色村，并对经考核验收达到标准的乡镇、村根据人口规模大小实行以奖代补。全年县乡镇二级财政以奖代补资金7000万元左右，带动各类基础设施建设投资3.2亿元，其中带动各类金融资本投入3607万元，带动村集体投入 9582 万元，带动农户个人投入 3762 万元。社会工商资本 1.1 亿元积极投入美丽乡村建设之中，拓宽了建设资金来源，达到了共建共赢共享。如高家堂的海博会所、剑山村的乡村旅馆和养生基地等休闲项目相继建成和启动。二是县建立 200 万元专项考核奖励基金，对在实施"中国美丽乡村"建设工作中做出显著成绩的先进单位和先进个人进行奖励表彰，有效激励单位和个人积极参与到美丽乡村建设中来。三是乡镇制订了相应的配套补助激励政策，创建村制定了相关的奖励补助措施。在建设过程中，县级财政共向乡镇（开发区）预拨启动建设资金 1500 万元，乡镇财政配套下拨创建村建设资金 1992.2 万元，村集体向农户补助资金达 2585.3 万元，有效推动和加快了建设进程。

四是项目支撑，打开了建设工作的良好局面。全县上下把建设"中国美丽乡村"项目的落实放在突出位置。对建设"中国美丽乡村"的重点项目实行整体策划、分口包装，加大了与上级部门的项目对接和对外招商引资工作，吸引全社会力量投入美丽乡村建设。县积极向省市申报重点建设项目，县级部门努力向省市主管部门争取专项建设项目，乡镇、村主动规划具体建设项目，形成上下联动、内外合作，层层抓项目落实和项目建设的机制。通过一年的创建工作，在基础设施建设上，共整治河道、沟渠 96.62 公里，建河流拦水坝设施 169 处，除险加固整治病险山塘 65 只，防洪埂砌筑 19398 米，沿路护埂砌筑 26632 米，修补村级各类道路 228.77 公里，硬化 68 万平方米，新增和完善农村生活污水处理 3547 处，受益农户 11603 户；在环境美化亮化上，共实施农村危房改造 170 户，房屋整修 4236 户，立面粉刷 681031 平方米，实施庭院改造 14935 户，庭院植树 122109 株，庭院绿化 126012 平方米，庭院增设盆景 14447 盆，安装太阳能热水器 8138 只，拆除各类违章建筑 511 处，占地面积 41495 平方米，改造围墙 88810 米，村庄道路两旁及中心村植树 93.9 万株，绿化 31.14 万平方米，安装路灯 2096 盏，新增广告宣传牌 996 块；在公建设施完善上，共有 24 个村新建了村办公综合楼，建筑面积 19569 平方米，新建村级其他各类公共配套设施建筑 98078 平方米，实施农村饮用水工程建设 83 处，新增垃圾中转设施 104 处，新增垃圾箱 1858 只，新建公厕 62 所。

五是合作共建，形成了建设工作的浓厚氛围。对内发动到底，对外宣传到位。全县推进建设"中国美丽乡村"万人动员大会以后，各创建乡镇、村和重点职能部门以创建工作为抓手，结合各自工作职责，精心设计工作载体，合力推进美丽乡村建设。15 个重点经济部门与乡镇、61 个机关部门与美丽乡村创建村开展结对创业活动，为结对镇村提供各类帮助，并支援各类建设资金达 1186 万元。179 家企业结对 169 个行政村，累计各项公益捐助 1900 万元。舆论宣传部门积极筹办"中国美丽乡村"论坛、开展"中国美丽乡村安吉行"外宣活动、实施"美丽乡村文化繁荣"工程，进一步扩大创建工作影响，引起《人民日报》《浙江日报》《经济日报》、新华社内参和焦点访谈等新闻媒体的高度关注；群团部门以开展"美丽家庭"创评、社区广场文化演出、征文评比等活动，进一步激发基层主体活力；县委统战部、工商联创新开展"村企心连心、共建美丽乡村"活动；民政与县人武部组织驻安武警中队开展了"百连结百村、共建美丽乡村"活动；2008 安吉·中国美丽乡村节上，54 家中外媒体聚焦安吉"中国美丽乡村"建设，并作了特别报道，"中国美丽乡村"建设的"知名度"和"美誉度"得到了全面提升。基层群众创建主体的创建积极性也随之不断被调动起来。

六是重点突出，初显了建设工作的亮点特色。一是突出"四大工程"建设重点。尤其是突出了环境提升工程建设。围绕"四大提升工程"的实施，一批与群众生活密切相关的乡村道路联网工程、"十万农民饮用水改造"工程、千库保安、农村医疗服务站、建筑节能、危房改造、"两双"工程等基础设施项目基本完成。农村特色主导产业、农民专业合作和现代家庭工业、农村休闲旅游等产业得到长足发展和提升。多数创建村的农村面貌焕然一新。二是突出区域建设重点。为抓点连线成面，扩大示范效应，今年8月份以来，集中主要精力和优势力量，采取督查考核"倒逼式"推进措施，每周一通报、每月一汇报、每季度一考核，着力进行两条精品示范带建设工作。精品示范带建设沿线的景观大道、垃圾收运处理系统、河道整治建设和沿线违章建筑拆除、房屋立面改造等重点工作全面完成，线美、点亮的精品示范带已初步显现。三是突出建设特色和亮点。积极探索和发展"一村一品，一村一景"，为经营村庄，增强美丽乡村建设后劲打基础。如良朋镇的迁迢村和鄣吴镇的玉华村巧打书画文化牌、章村镇的郎村村巧打了畲乡风情牌等，文化韵味浓厚；开发区剑山村和横山坞村的美丽乡村建设通过招商项目运作，不仅使村庄更为美丽，而且拓展了集体经济的收入来源，促进了工业化、城镇化水平的大大提升；报福镇的石岭村以美丽乡村创建为契机，致力于发展农家乐休闲旅游，成为省级农家乐示范村；还有的村大力发展花卉苗木、蚕桑、白茶、高山蔬菜、笋竹、有机绿色农产品、特色畜禽和现代家庭工业等特色产业，成为远近闻名的专业村。

深化美丽乡村建设，三个维度打造美丽乡村国家标准

5.1　以百分百全覆盖建设体现建设广度

安吉县自 2008 年启动"中国美丽乡村"建设计划以来已经走过了 9 个年头，整个建设过程大致经过了三步走。第一步，突出规划、建设重点，提出美丽乡村建设总体布局，落实领导组织架构，研究创建政策机制，主抓建设规划设计，集中优势资源，突破核心区域重点，建成第一批精品示范村，初步打响"中国美丽乡村"品牌。第二步，突出建设、管理并重，扩大向偏远区域、落后区域的延伸覆盖，抓点连线成面，夯实经营基础，初步建成四条精品旅游观光带，进一步扩大美丽乡村对外影响力。美丽乡村建设初显了"一二三产结合、城乡统筹联动、人民幸福富足"的新农村安吉模式。第三步，重抓巩固提升和成果转化，实现"建设、管理、经营"三位一体、三位并重的关键，进入了纵深发展的关键之年。经过这三步走，美丽乡村建设取得了丰富的建设成果。

按照五年一计划，可以分为两阶段建设成果。

图 5-1　美丽建设成果地图

（1）第一阶段：2008 至 2012 年

按照人大决议和县委县政府的总体部署，2008 年安吉县全面启动了"中国美丽乡村"建设，2008 至 2012 年五年，全县共有 179 个村开展了美丽乡村创建，建设的覆盖面达 95.7% 以上，共建成"中国美丽乡村"精品村 164 个、重点村 12 个、特色村 3 个，并有 12 个乡镇实现美丽乡村创建全覆盖。五年来，179 个村共实施了各类重点建设项目 2103 个，完成项目投资 19.07 亿元，其中 2008 年完成 450 个，投入资金 2.73 亿元，2009 年完成 578 个，投入资金 4.69 亿元，2010 年完成 674 个，投入资金 5.08 亿元，2011 年完成 255 个，投入资金 5.37 亿元。2012 年完成 146 个，投入资金 1.19 亿元。期间，初步建成了"黄浦江源"、"中国大竹海"、"昌硕故里"、"白茶飘香"四条精品观光带，精品观光带沿线的景观大道、垃圾收运处理系统、河道整治建设和沿线违章建筑拆除、房屋立面改造等重点工作全面完成，基本实现了四条美丽乡村精品观光带的全线贯通，安吉"中国美丽乡村"建设品牌进一步打响，美丽乡村已上升为全省战略。

（2）第二阶段：2013 至 2017 年

2013 年起，安吉县开启美丽乡村升级版建设，三年来已建成美丽乡村精品示范村 18 个，南部片区、西南片区美丽乡村精品观光片区基本形成；总投资 6 亿元。2015 年完成"中国大竹海"精品观光带即天荒坪区域环境综合整治提升工作，投资 1 亿元，建成浙江省最美公路约 20 公里。2016 年完成"黄浦江源"精品观光带的提升改造工作，形成以生态文明、地域文化为主线的绿色生态型通景公路，全面提升县域南部生态旅游服务水平，投资约 1 亿元，建设里程约 80 公里。

从 2013 年开始启动规划保留自然村延伸扩面工作，2016 年重新启动了 8 个未创建村和 15 个未提升村的美丽乡村创建，2016 年底完全实现美丽乡村建设行政村全覆盖，规划保留自然村建设完成 90% 以上，2017 年实现美丽乡村规划保留自然村全覆盖。同时，同期开展深入推进美丽乡村细胞工程建设，2016 年 20% 左右的农户成为四星级以上美丽乡村样本户，让建设成果惠及每一个百姓。

5.2　以点串线、以线带面全方位建设体现建设深度

5.2.1　以点串线，进行美丽乡村梯度培育

安吉县坚持梯度培育，以村为单位，坚持"一个标准、三个档次、捆绑考核、动态管理"的联动考核机制，按照各美丽乡村的创建水平，设定了"精品村"、"重点村"、"特色村"三个层面，按量力而行原则，分类制定阶段性目标和推进计划，明确年度创建目标，严把准入资质，避免无序冒进，确保取得实效。在具体实施过程中，安吉通过美丽乡村考核指标来量

化确定各村的建设水平,考核评定总分在 90 分以上,且"村村优美"考核得分 42.5 分以上(含 42.5 分)的为精品村;85 分以上至 90 分,且"村村优美"考核得分 41.0 分以上(含 41.0 分)的为重点村;80 分以上至 85 分,且"村村优美"考核得分 40.0 分以上(含 40.0 分)的为特色村。县财政对评定为精品村、重点村、特色村的村根据人口规模大小分别给予 300 万元、200 万元、150 万元不等的奖励。同时,安吉也建立精品村培育机制,结合各个村的基础条件和创建情况,挑选具有发展潜力的村作为创建精品村的培育村,通过重点关注、集中资源、加强规划建设管理、加大财政激励力度,鼓励各重点村、特色村逐步向精品村转化,高标准实现美丽乡村建设目标。通过这三个层面的美丽乡村建设,安吉县抓重点、做亮点,从各个典型村进行突破,保证"一村一品"建设多点开花、亮点纷呈,各美丽乡村逐步协同发展、齐头并进、连点成线。

目前,安吉共建成精品村 164 个、重点村 12 个、特色村 3 个,各村在建设过程中踊跃争先,健全三级梯队体系,形成从单个乡村规划设计到整合性发展的逐步升级、稳步推进的建设格局。

5.2.2 以线带面,进行四条精品观光带改造提升

2009 年 5 月,安吉县按照"一核、五区、一环、四带"中国美丽乡村创建总体目标稳步推进"黄浦江源"、"中国大竹海"、"昌硕故里"、"白茶飘香"四条精品观光带建设,由县委、县政府、人大、政协"四副班子"班长带队各自领办一条带进行比拼大建设,至 2009 年底四条精品观光带基本成形。安吉的四带建设打造了首尾相连、联系全境的四条黄金干道,安吉县将精品观光带作为联系枢纽,串联各个精品村、重点村、特色村,贯通各村之间的联系网,然后再进一步由线至面,通过各精品观光带向周边自然村和自然景区进行辐射,保证旅游和产业资源全面覆盖安吉各地区,为各村各地均衡发展、协力共创打下坚实基础。

此后,安吉县聚焦重点区域,集中力量资源,在 2015 年开展全方位、高品质的"中国大竹海"精品观光带综合提升行动;在 2016 年开展"黄浦江源"综合提升行动,取得了卓越成效,并计划在 2017、2018 两年全面完成"昌硕故里"、"白茶飘香"两条精品观光带的改造升级工作。

现将两条已升级完成的精品观光带整体情况、建设成果总结如下。

■ "中国大竹海"精品观光带

(1)项目概况

"中国大竹海"精品观光带以天荒坪镇为核心、205 省道为纽带,连接县城、"两山"发源地余村与"大年初一"、江南天池、中国竹子博览园、灵峰度假区等多个风景名胜区,串起白水湾、井村、山河、横路、银坑、大溪等多个中国美丽乡村,精品观光带按照生态绿色

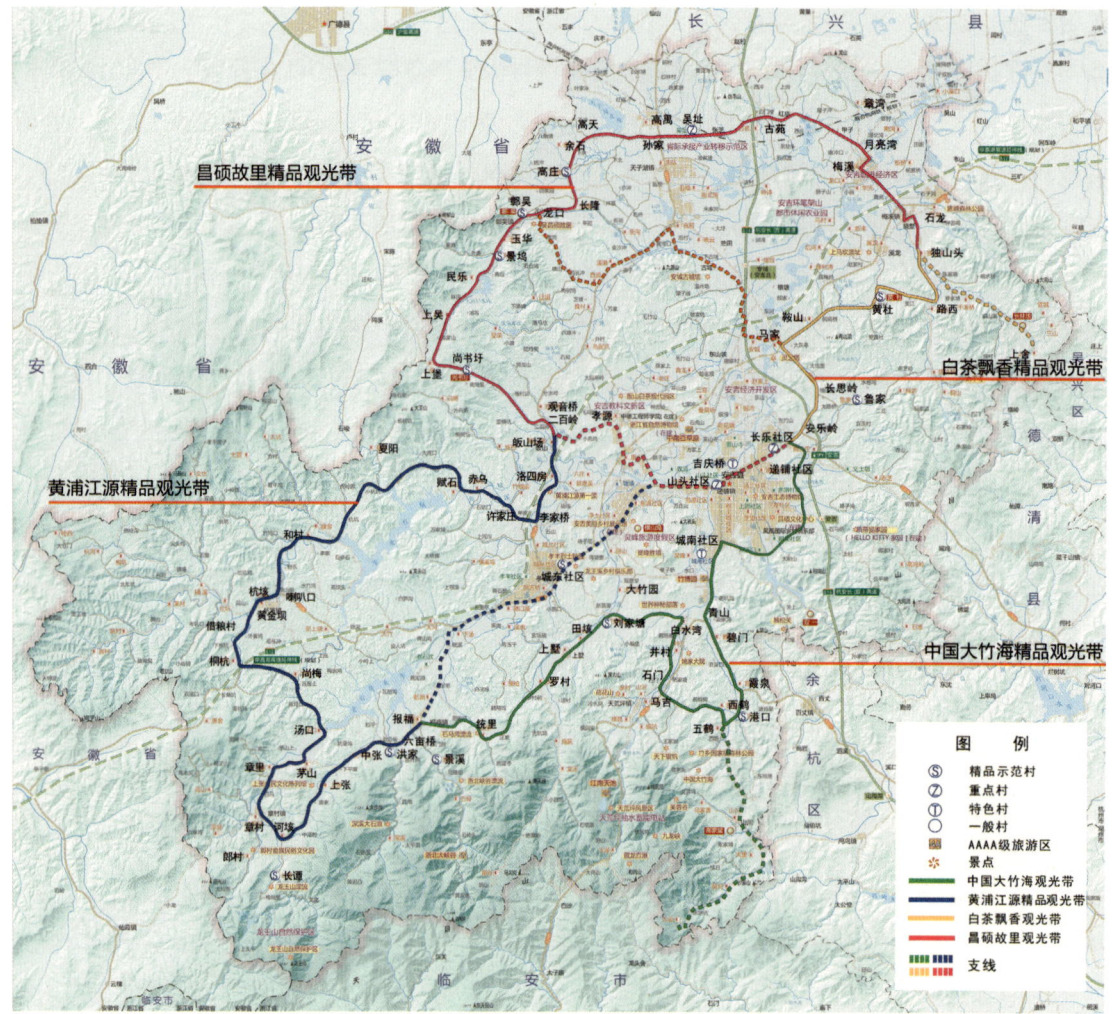

图 5-2　精品观光带位置

图 5-3　精品观光带主题

发展理念，紧紧围绕"绿水青山就是金山银山"科学论断，以"一路风情"、"天荒地老"等旅游主题进行设计建设，是安吉县一条重要的景观公路。在"两山"思想重要讲话十周年之际，安吉县投资一亿元完成"中国大竹海"精品观光带即天荒坪区域环境综合整治提升工作，建成浙江省最美公路约20公里，省级标杆性公路驿站五处，现已成为居民游客展示亲近"绿水青山"的重要平台和旅游观光线路。2016年，青临线被浙江省交通运输厅评为"2016浙江十大最美公路"。同时该精品观光带已成为生态绿色的乡村景观大道、安吉生态文明建设成果的生态文明大道。

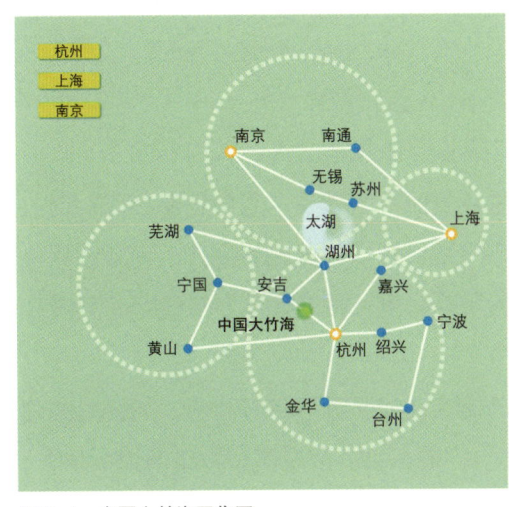

图5-4　中国大竹海区位图　　　　　　　　图5-5　"中国大竹海"精品观光带总图

（2）整治措施

"中国大竹海"精品观光带建设过程中，以天、山、水、田、路、镇、村、房"八美"整治工程为建设目标抓手落实提升整治工作，具体情况如下。

一是"天美"工程。拆改并举，深入推进沿线锅炉烟尘整治，共完成15台未达标锅炉改造，其中拆除两台、整治提升13台。对沿线沿路沿景区的低小散企业，关停转搬并举，拆除企业40家，腾出约100多亩大量建设空间。全面落实工程建设"清洁开挖、清洁运输、清洁施工"管理，最大程度减少建筑和道路扬尘污染。有效制止了秸秆焚烧和垃圾焚烧。

二是"山美"工程。由县交通局负责对沿线沿路的裸露山体进行绿化修复，修护面积约50000平方米。由县林业局对重要视觉节点实施林相改造（彩化）约1000亩。并建立健全巡查、联防、责任追究和长效管理机制，严厉打击山林私挖乱采和毁林开垦种茶行为，严控切坡建房。

三是"水美"工程。全面整治区域范围内的河道水渠，高品质完成浒溪天荒坪段景观建设，同时按照《安吉县河道保洁办法》加强管理。加快推进山川乡神龙水库建设，营造水生态景观。实施世行贷款"浙江农村生活污水处理系统及饮水工程建设项目"，完成天荒坪集镇给水排水管网建设。全面推进沿线村庄生活污水治理，重点加强农家乐污水治理，覆盖沿线全部村庄。

四是"田美"工程。沿线农田整理及农作物因地制宜种植，做好沿路边坡绿化美化。开展农业生产环境整治提升，发展创意观光农业，重点改造提升了余村村委农田区块、"大年初一"东北侧粮食生产区块、"金手指"精品园、灵峰街道浮玉路区块农业景观，整治面积约 3000 亩。

五是"路美"工程。实施公路两侧绿化美化，重点完成"205 省道—余村"景观建设、"杭长高速—绕城南线—201 省道—山川"环境整治。更新沿线交通设施，规范统一交通及旅游标识系统。开展沿线沿路户外广告及采石（砂）场、堆料场整治及临时工棚管理，及时完成清理后空地竹化绿化。加快推进浮玉路南延道路及景观建设。大力开展"五线"整治，能下地的下地，能并线的并线。

六是"镇美"工程。推进天荒坪、山川风情小镇建设，重点完成会议场所——"大年初一"项目建设、天荒坪集镇风貌改造、山川集镇和港口集镇整治提升等工作。

七是"村美"工程。推进天荒坪镇、山川乡、上墅乡美丽乡村精品示范村创建，完成余村、横山坞、马家弄、刘家塘等 4 个美丽乡村提升，完成沿线自然村环境整治提升，完成沿线生态文明示范点建设，完成余村周家自然村"美丽家庭示范村落"提升建设，完成余村荷花山景区改造提升。推进卫生长效保洁覆盖化。

八是"房美"工程。大力实施沿线沿路违法建筑拆除，加强拆后空间利用。加强沿线建筑物立面改造和房屋、围墙种植美化、垂直绿化彩化，打造一批美丽农房。按修旧如故要求，

图 5-6 "中国大竹海"精品观光带

加快完成余村会址建筑室内外改造。加快完成一批美丽宜居示范村创建。完成沿线农家乐整治提升。

通过"八美"工程的实施，通过"中国大竹海"精品观光带整治提升工作的完成，安吉县"四带"工程进一步彰显出"见山水、记乡愁、创两美"的内涵，展示出"绿水青山就是金山银山"重要论述的安吉生态文明实践成果。

■ "黄浦江源"精品观光带

（1）地理位置

2016年，随着G20杭州峰会的胜利召开，安吉县投资一亿元完成以王孔线、刘澎线为主线，一条从县城浮玉南路经梅灵路到刘家塘、统里、彭湖，沿王孔线经河坑到章村、长潭村（龙王山保护区）；另一条从县城绕城南路顺路向西经目莲路、永康北路、云鸿西路到递孝路至彭湖，道路全长80公里的"黄浦江源"精品观光带综合提升工程。

"黄浦江源"精品观光带，是章村、报福片区至外界的主要交通干道，是章村、报福片区旅游产业发展的主要纽带。沿线本身野、幽、秘、险、秀、奇的景观风貌与其他片区不重叠、不同质，具有其独特性。其中，重点建设沿线两侧500—1000米左右可视范围，主要涉及5个乡镇（开发区、上墅乡、报福镇、章村镇、孝丰镇），两个自然保护区（龙王山自然保护区、刘家塘金钱松自然保护区）、一个度假区（灵峰旅游度假区）、三个风情小镇（报福、章村、上墅）、6个精品村示范村（城东社区、洪家、刘家塘、长潭、景溪、横山坞），和10个精品村（章村、河坑、报福、中张、上张、统里、罗村、上墅、田坑、大竹园），精品观光带全长约90公里。

（2）现状分析

"黄浦江源"精品观光带位于安吉西南部，丘陵山地集中，自然景观资源十分丰富，沿线违法建筑较少，观光旅游项目众多，自然生态环境基础总体较好，整个综合提升工程针对沿线存在的两方面主要问题开展整治工作。

一是沿线建设风格品位不高，基础设施配套不全、管理较乱，与休闲旅游经济发展需求存有较大差距。各乡镇主体区块市容、环卫、管线、养护等各类基础设施配套标准水平不一、管理秩序较乱。沿线集镇、村庄建筑风貌同质化，缺乏特色，部分老集镇人行道、停车位、公厕、照明等公共设施配套缺乏。

二是沿线环境缺乏亮点，与县域大景区环境要求存有较大差距。现有绿化仅以公路防护线性分布为主，缺乏景观性。重要路口或节点存在许多建设空白，缺乏吸引眼球的亮点。刘彭线、王孔线两侧田园自然景观资源丰富，但显山露水的乡野景观可观性明显不足，沿线本身自然景观特色未突出，文化性体现不多。道路仅体现基本的交通连接功能，且等级偏低。报福集镇南侧、彭宅段路面多有破损，报福至罗村段无照明设施。

图 5-7 "黄浦江源"精品观光带沿线刘家塘村全貌

图 5-8　"黄浦江源"精品观光带沿线龙王山自然保护区（左）
图 5-9　"黄浦江源"精品观光带沿线灵峰旅游度假区（右）

（3）设计定位

围绕这两方面问题，"黄浦江源"精品观光带将"慢行交通系统"及其配套设施建设作为切入点，以"绿道"网络建设为主体，沿线风貌整治为辅助，打造一条联接城市空间与山水空间，具有观光、休闲、生态等功能的交通环路网络，实现精品线与自然山水空间融合、泛自然博览区概念从图纸落实到空间、沿线村庄风貌整洁有特色、旅游产业项目得以串联、沿线服务设施得到充分利用并保证人性化这五大目标。

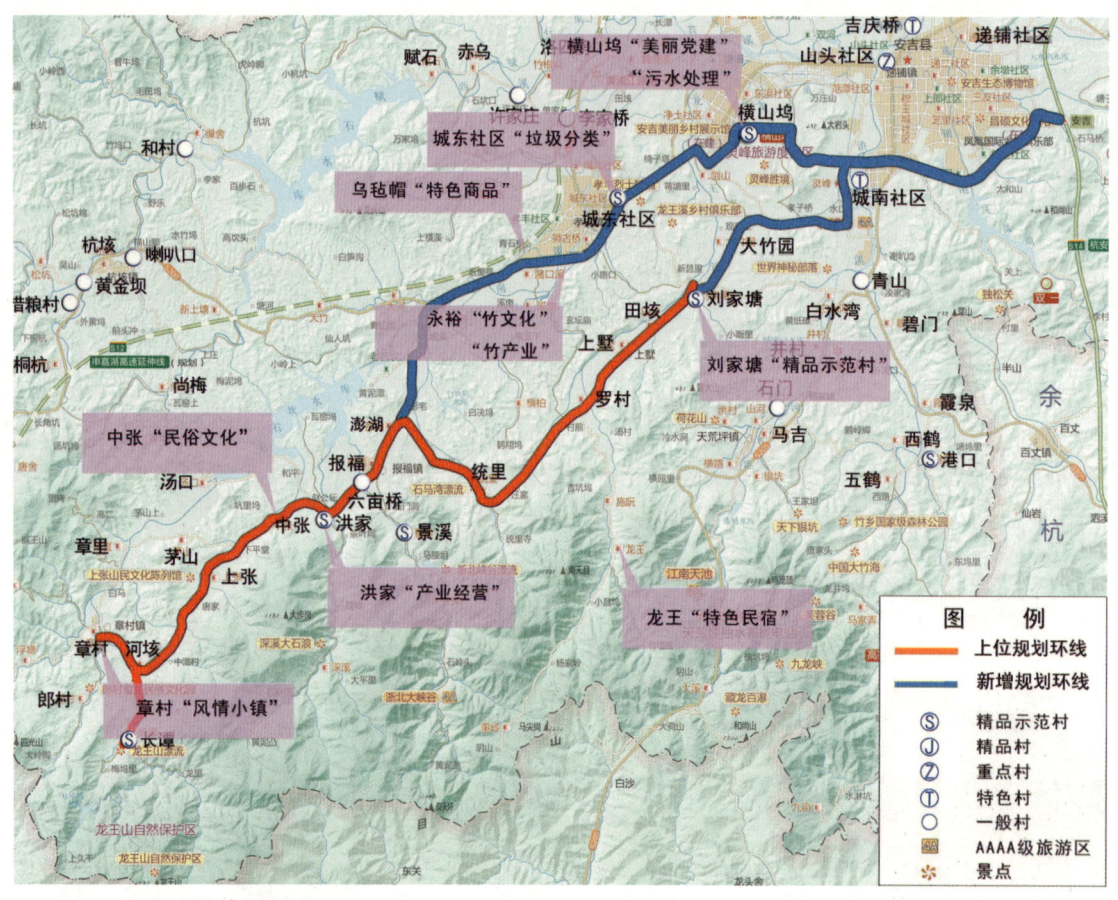

图 5-10　"黄浦江源"精品观光带总图

远期在明确"黄浦江源"精品观光带及"绿道"建设目标基础上，将空间范围进一步扩大，从旅游产业发展、打造浙江省（安吉）泛自然博物院自然生态展示博览区的角度，突破视线可及范围，注重"以线带面"，向两侧腹地纵深推进。

（4）规划设计

"黄浦江源"精品观光带根据地域特色共形成三大景观主题片区。北部为城市花园片区，主打"层次丰富、质感细腻"主题，该区块植物现状基本上有上层乔木已较成熟，植物景观提升主要针对中下层植物，植物配置风格可偏规则式，整体植物质感选择偏细腻的、精致的品质，形成以观花为主题的片区，主要选取花期为夏秋季节的花木，局部可结合其他季节的花木品种，结合不同的道路路段，形成不同主题的特色植物景观。中部为近郊疏林片区，主打"疏密相间、城乡过渡"主题，这一片区为城市向乡村的过渡片区，植物景观上也是从城市景观向乡村景观的过渡，空间上疏密相间，讲究节奏与韵律的变化，部分路段保留原有的行道树，在林下增加夏秋季观花观叶植物，部分道路需改线及需新增行道树的可种植色叶树片林的形式，形成秋季色叶林＋夏秋观花林结合为主题的区块，全区疏密相间，多段的重复组合，形成更有变化韵律的主题空间。南部为自然山林片区，主打"山林田园、自然野趣"主题，利用原有良好的自然山林、竹林、田园等环境，植物品种选择质感较粗的、比较乡野的、秋季景观好的树种，主要营造乡村中乡野自然的景观。整体景观以打造秋色主题为特色，充分利用周边环境中的自然山林、田园等，增加色叶林片林，沿路可赏秋山红叶、秋色连波之景。

"黄浦江源"精品观光带形成围绕"素以为华、回归乡土"的主题，形成了"本性、本形、本色"三大设计层面。

图5-11 "黄浦江源"精品观光带主题片区

"本性"即传统建筑材料，"黄浦江源"精品观光带设计中充分挖掘当地原生态材料，提炼传统取材工艺，通过对传统材料形制和肌理的继承，并辅以现代技术的优化改良，充分保持了传统风貌的更新和延续，发挥地域文化和自然环境的特色。主要包括朴素、厚重的夯土墙，粗糙、肌理独特的卵石、砾石墙，当地的天然木材、竹材、瓦材等，既能够与安吉当地的气候条件相协调，起到较好的保温、通风作用，重塑传统民居冬暖夏凉的居住体验，又与本土地域文化特征一脉相承，体现了浓郁的乡土情怀。

　　"本形"即传统建筑意向，"黄浦江源"精品观光带通过选取安吉当地传统建筑中的经典原型，分析并解构其乡土元素，将之与现代建筑手段和建筑功能相结合，让人们可以从中感受历史的"形"、文化的"意"。主要采用了穿斗结构、坡屋顶、牌坊、花窗等传统建筑意向，使其兼具传统建筑的神韵和现代建筑的功能，将历史文化与设计创作有机统一。

夯土　　　　　　　　　　砾石　　　　　　　　　　杉木

竹材　　　　　　　　　　鹅卵石　　　　　　　　　青瓦，砖

图 5-12　安吉当地传统材料

图 5-13　夯土墙的应用

图 5-14　木的应用

图 5-15 竹的应用

图 5-16 瓦的应用

图 5-17 石的应用一

图 5-18 石的应用二

图 5-19 坡屋顶形态的提取

图 5-20 坡屋顶形态的应用一

图 5-21 坡屋顶形态的应用二

图 5-22　孝丰镇老石坎村坡屋顶建筑群落（上）
图 5-23　坡屋顶形态的标志牌（中左）
图 5-24　牌坊的应用（中右）
图 5-25　花窗的应用（下左）
图 5-26　穿斗结构的应用（下右）

"本色"即传统乡村色彩，"黄浦江源"精品观光带主要集中在寻找纯天然的、原始的、质朴的乡村本色，尊重历史积淀形成的乡土感，主要提炼并使用了黄褐色调、灰白色调、绿色调三种，通过搭配和谐的几种主色调统领丰富的色彩，同时减少非本土色彩的入侵，融入江南乡村质朴温馨、诗情画意、自然清新的大氛围，形成有层次、有底蕴、有意境的精品观光主体色彩环境。

　　最终"黄浦江源"精品观光带形成以完善配套功能服务产业发展，以生态文明、地域文化、美丽乡村为丰富内容的一条绿道、一条绿色生态型通景公路，一条观"青山绿水"转换、品"地域文化"、赏"美丽乡村"的安吉"两山"实践转化示范带之一。

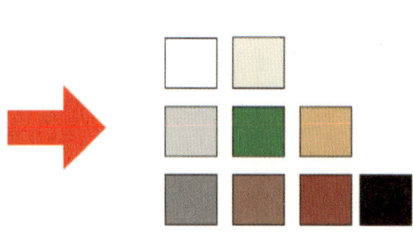

图 5-27　传统乡村色彩的提取

图 5-28　黄褐色调的应用

图 5-29　灰白色调的应用

图 5-30　绿色调的应用

（5）整治措施

在实际建设过程中，"黄浦江源"精品观光带重点采取以下整治措施。

一是治路治绿。全面完成道路沿线绿化景观建设，高标准提升沿线绿化美化彩化，建成可供步行、自行车或电瓶车骑行的绿道系统，完善驿站、观光台、游步道等配套设施。结合交通道路大中修，完成沿线重要节点景观改造，尽快修整破损道路，更新完善路牌、路灯等交通设施，优化公交停靠站点建设。区域内统一规范设置交通、旅游、人行等标识系统。集中整治沿线户外广告、采石（砂）场、堆料场、临时建筑、空地美化。集中开展沿线"五线"整治，能拆就拆，能并杆就并杆，能下地就下地，取得良好效果。

二是治镇治村。加快上墅、报福、章村三个风情小镇建设，大力推进13个重点休闲项目，打造特色企业和购物点，完善旅游服务中心，高品位彰显自然风貌、建设风格和人文风情。完成一批美丽宜居示范村创建，尤其是对沿线6个精品示范村和10个精品村环境和特色亮点的提升。完成沿线12个党建先锋示范村创建，完成三个农村文化礼堂建设，完成7个美丽家庭示范村落建设，完成一批农村文化广场和文艺团队建设。

三是治山治房。沿线可视范围的裸露山体尽快修复绿化，选择重要视觉节点进行林相改造彩化美化，严厉打击山林私挖滥采、毁林开垦、切坡建房行为。加强沿线违法建筑拆除和拆后空间利用。加强沿线房屋、围墙等建筑物立面美化改造，增加垂直绿化彩化。建立健全动态巡查和责任追究长效管理机制。

四是治水治田。全面整治区域范围内的河道水渠，加强动态监控，常态化保障河道保洁，推进山塘水库改造，营造水生态景观。加快实施世行贷款"浙江农村生活污水处理系统及饮水工程建设项目"，尽快完成区域内给水排水管网建设。全面推进区域内农村生活污水治理，尤其加强了对农家乐污水治理和禽畜养殖污染治理。实施沿线农田整理和农作物因地制宜种植，营造沿线农田乡野景观，发展观光农业。

五是治气治霾。沿线整治锅炉烟尘、低小散企业，加强企业排污监管，加强工程建设"清洁开挖、清洁运输、清洁施工"管理，严禁秸秆焚烧和垃圾焚烧。具体建设成为一条慢行体验观光绿道。沿线建成可供步行、自行车或电瓶车骑行的绿道系统，完善驿站、观光台、游步道、公交停靠站点、标识系统等配套设施。充分利用老路和标识系统引导，让观光者能够看到山里山外的美景。

5.3 以"一村一品"高要求精品示范体系体现建设精度

5.3.1 美丽乡村"四个高"的建设理念

（1）高标准严要求编制及执行规划

指严格执行土地利用总体规划，高质量完成全村域新一轮村庄建设规划修编、全村域村庄环境提升专项设计和现代产业发展规划编制，认真严格执行相关规划和设计，制订分年度明晰的创建工作计划等的完成和执行情况。要求全村域村庄环境提升专项设计包括全村域点、线、面整体改造方案，环境提升专项设计应充分挖掘地域文化、彰显地方特色、体现乡土风情，特别强调方案中如有雕塑作品时，在作品设计、材质选取和摆放地址等方面做到科学、合理与周边环境相协调。产业发展规划要求立足本村资源优势，编制符合本村实际的农业、林业、旅游等现代产业发展规划，并按规划要求落到实处，引导本村现代产业发展步上新台阶。

（2）高品位建设美丽乡村精品示范村

以美丽宜居示范村建设为标准开展农房改造建设，协调统一村容村貌格调，建设要求强化村庄风貌大气、精致、高雅、有乡土风情、个性明显、视觉震撼，做到村庄建设与村级集体经济发展壮大和农民增收紧密结合，全面提升村庄建设品位。一是新审批建设农房与村庄肌理协调，在批前批后建设过程中严格按照《安吉县农村建房图集》或批准施工图执行建设，做到与整体环境相协调、布局相融合、风貌相统一。二是强化村庄入口。村庄（包括自然村）入口具有极其易辨识的形象特征，村庄（包括自然村）入口具有良好景观效果。三是做好细胞细节细致工程。传统建筑风格和乡土特色元素得到很好应用，围墙改造压顶粉刷质量高、线条色彩协调，庭院景致优美，各类宣传、指示牌、店招设施应规范统一与周边建筑元素景观相协调，基础设施、公共服务设施项目工程设立永久性工程责任告示牌接受监督，村内"五线"进行规范梳理和有效整治，中心村"五线"做到全面下地。全面加强对"公路边、河边、山边、城边"四边区域有效的"洁化、绿化、美化"行动，开展村庄绿化、美化、亮化；强化水土保持、生态修复、禁止毁林开垦和森林环境保护；对河道、沟渠、水塘、山塘等进行综合整治；彻底整治生活垃圾从车窗、住房、店铺、摊点向外乱抛和"乱占、乱搭、乱挖、乱垦、乱烧、乱扔"六乱现象；村庄道路按标准建设到位，方便出行和运输，安全警示措施落实等。四是节约集约建设做到绿色建设。低成本、易维护、适宜性好的绿色建筑节能技术、材料和产品得到大力推广应用，农村太阳能等可再生能源得到全面有效利用。村庄道路、桥梁、围墙、景观等设施灵活选用当地竹、石、木等本土材料节约成本。倡导本土工艺和营造法式在美丽乡村建设中的运用。尊重自然美修护和建设生态环境，建设生态"大容器"。五是传承文化。传统民居、古迹和古建筑等传统建筑物或构筑物、古树名木等得到很好保护。

（3）高效率管理保障"持久美"

健全长效管理网络、保障长效管理经费、保持环境卫生整洁优美等方面的长效管理机制，用制度保障"持久美"。农村生产、生活垃圾收集处理设施配置科学，收集处理体系先进，清运设备专用，全村做到垃圾分类减量处理。村辖区内农村生活污水（含农家乐）处理及企业污染治理全面达标。乡镇（街道）和村分别建立农村生活污水治理工作领导小组，健全项目管理制度，落实项目负责领导和联络人，职责分工明确，乡镇制定农村生活污水设施长效管理政策且执行到位。企业生产废水和废气得到有效治理。辖区内所有农家乐污水得到有效治理，规模以上农家乐有废气治理设施。农业资源保护和面源污染治理方面积极开展农业资源保护和农村畜禽、水产养殖污染治理和秸秆综合利用，开展化肥、农药减量控害增效工作。全面彻底清除农村露天粪缸（池）和简易厕所；家庭卫生厕所符合《农村户厕卫生规范》GB 19379-2012 要求，覆盖率达100%；粪便无害化处理符合《粪便无害化卫生要求》GB 7959-2012 要求，处理率达 100%。

（4）高质量经营为美丽乡村"造血"

做到一二三产联动融合发展，从传统向现代化转变、从低端向高端转变、从一产向产业融合联动转变，不断深化实践"两山"重要思想，把绿水青山转化为金山银山，真正认识到"绿水青山就是金山银山"的绿色生活方式、生产模式的真谛。重视农业科技创新，促进科技第一生产力在农村运用，提升一产产业产品附加值。从本地实际出发，积极推进土地流转和经营体制创新，招商引资吸引"大好高"实体项目落地，促进现代农业、现代林业和乡村旅游等特色产业向规模化、产业化发展。创建期内发展壮大和增强村级集体经济收入方面目标明确、措施有力、成效明显，完成村集体经济经常性收入增收目标（村集体经济经常性收入指村当年经营的收入中可用以抵偿本年开支并在国家、集体和农民之间进行分配的农、林、牧、渔业、工业、交通、运输业、建筑业、商业、饮食服务等各项经营收入和利息、租金等非生产收入，不包括不能用来分配、借贷性质或暂收性质的收入，如借款收入、预购定金、国家投资、农民投资等）。创建村通过美丽乡村建设、管理进一步规范化和标准化以及通过实际运用美丽乡村系列商标、开展乡村地域商标培育、推行商标品牌营销和商标品牌文化等建设。加大创建村农民在农村实用技术、职业技能、创业创新以及综合素质上的培训力度，着力培育有文化、懂技术、会经营、讲文明的新型农民以及支持和帮扶农村青年创新创业，力促产业发展，增强农村造血功能。

5.3.2 "美丽乡村"精品示范村建设

"中国美丽乡村"精品示范村代表了美丽乡村建设的最高标准，致力于打造"布局优、村容靓、生活富、身心美"的新农村样板，做到"综合性强、可看性强、可学性强"，确保创建特色鲜明，示范引领内容丰富，启迪效果明显。"中国美丽乡村"精品示范村主要从两方面入手保证高质量，一方面是高水平规划，高标准设计，坚持高门槛准入；另一方面是高质量、全覆盖、分步实施的建设，确保示范村建设水平一流。

（1）高水平规划、高标准设计

精品示范村的规划设计分为三个方面考量。

首先是村庄规划建设评估，也是全面摸底的阶段。对过去已开展的美丽乡村建设的规划和项目建设执行情况等进行梳理和评价，总结好经验好做法，发现不足，提出修正、提升建议。评估的具体内容应包括：对现有正在实施和执行规划的前瞻性、科学性、合理性、可操作性，对现有村域公共服务设施建设，对现状村域市政景观建设，对现状村域道路交通设施建设，对现状村域环卫设施建设，对村域建筑立面整治，对村域生态环境建设，对村域文化建设，对村域产业建设等方面进行评估评价。

其次是全村域村庄建设规划，也是全面统筹的阶段。以《中华人民共和国城乡规划法》、住房和城乡建设部《村庄整治规划编制办法》、《浙江省城乡规划条例》、《城市居住区规划设计规范（2002年版）》GB 50180-1993等相关法律法规作为全域村庄建设规划依据；充分做好与县土地利用规划、县生态规划、县产业规划之间的协调，使规划编制做到"四规合一"，增强规划的刚性和科学性；以统筹村域协调和谐发展为目标，以落实和完善村域公共服务体系、综合利用村域内各项优质资源发展优势产业、以人为本尊重自然和保护培育生态为原则进行全村域村庄建设规划编制。全村域村庄建设规划编制成果内容应包括：村域体系规划、村域基层设施规划、村域公共服务设施规划、村域市政设施规划、产业导向规划，村域环卫专项规划、村域防洪防灾规划、建筑风貌规划、村庄绿道网规划，中心村及保留基层村建设规划、社会管理创新规划实施方案、文明幸福生活创建实施方案等。

最后是全村域村庄环境提升专项设计，以建设全村域景区为目标。专项设计应思路新颖，要充分体现和整合村域各项优质资源，彰显个性美，并将个性美成线、成环、成片，以凸显村域大美，实现村域步步有景，达到移步换景的效果。要针对村庄产业业态实现有序梳理和规划。专项设计应突出村韵、乡村味，具有可操作性、示范引领性和特质个性。专项设计应分为总体策划和细化施工方案两部分，总体策划要求对村庄形象、品牌、创建思路、创建印象和产业提升等进行策划，形成创建总纲性文件；细化施工方案要求对总体策划进行具体落实，是创建施工方案设计，主要应包括建筑立面整治提升施工方案、道路景观整治提升施工方案、庭院整治景观营造施工方案、田园生态景观实施提升施工方案、山林生态景观改造提升施工方案、水域水系景观实施提升施工方案、人文景观实施提升方案、产业景观实施提升方案和市政及公共服务设施整治提升方案等。

（2）高质量建设

精品示范村的高质量建设体现在以下几个方面。

一是信息化、智慧化农村建设出成果。精品示范村在建设中力争做到基本服务设施完备，特别是高科技信息化智能化工程全方面覆盖。各精品示范村依托县广播电视数字网络资源优势，以现代信息技术打造智慧美丽乡村，实现农村生产生活方式的科技化、信息化、智能化。至2016年，美丽E家农村电商已经布点10余个，全面覆盖安吉所有中心村。下一步还将重点实施安吉云平台建设、安吉市民卡工程和安吉应急指挥中心建设等。

二是农房建设有序管控出效果。新审批建设农房与村庄肌理协调，在批前批后建设过程中严格按照《安吉县农村建房图集》或批准施工图执行建设，并做到与整体环境相协调、布局相融合、风貌相统一，将群众自建房行为与村容村貌进行有机协调，严格保护美丽乡村的本土特色。

三是工程建设管理科学化。精品示范村建设过程中任何变更、改动设计成果的，都严格履行相关法定程序、采取科学论证、上级主管部门备案等程序，集结众多专家学者的智慧为美丽乡村助力，真正做到大胆设想、小心求证，保证建设中的每一个决策都是精益求精、小心慎重，保证规划设计成果落到实处。

四是"细胞工程"赢民心。精品示范村的建设实行一户一户改造，一个一个建筑、庭院全面美化，创建星级美丽家庭，做实"细胞工程"，从小处做起，脚踏实地，切切实实将美丽带到每一户农家，积少成多，聚沙成塔，无数个美丽的小家成就美丽的大家，增强农户对美丽乡村建设成果的获得感。

五是"地标工程"出形象。通过传承和使用传统工艺、地方材料来塑造精品示范村的地标，强化本土化、地域化特征，弘扬安吉地方文化，宣传非物质遗产特色，形成精品示范村建设中的点睛之笔。

六是绿色建设出成绩。在精品示范村建设中全面引入低成本、易维护、适宜性好的绿色建筑节能技术、材料和产品，充分利用太阳能、自然风、循环用水等可再生能源，将绿色技术、绿色科技带入农村、带入群众，打造绿色的精品、环保的精品。

七是自加压力标准高。建设中对精品示范村"五线"进行规范梳理和有效整治，要求"五线"下地；中心村至少有一座独立的不低于二类标准的公厕；全面推进和实现垃圾分类减量处理，落实垃圾定时定点收集的"垃圾不落地"工程；区内农村生活污水（含农家乐）处理及企业污染治理达标率100%；全面治理农业"面源污染"等，在建设全过程贯彻落实发展与保护并重的理念，为实现美丽乡村零污染的目标打下扎实基础。

（3）精品示范村建设成果

目前安吉精品示范村创建成果丰硕，已创建验收完成21个村，计划验收7个村，正在培育的有26个村，启动创建14个村，以及启动但未验收的一个村——龙王村，共计69个村走上了高标准、严要求的美丽乡村精品示范村建设之路，形成了完整的精品村庄建设体系，为安吉全县的建设发展制定了优良标准、奠定了坚实基础。

安吉县精品示范村名单　　　　　　　　　　　　　　表 5-1

创建验收完成（21个）	2016年复评的马家弄、余村、双一、刘家塘、横山坞、高家堂、郜吴、洪家、长林坞、尚书圩、鲁家、黄杜12个村；2016年验收的剑山、唐舍、横溪坞、景溪、大里、高山、南北湖、港口、城东社区9个村
计划验收（7个）	高禹、景坞、中张、长潭、银坑、大竹园、碧门（荆湾备选）
启动创建（14个）	鹤鹿溪、荆湾、新丰、高禹、玉华、桐杭、潴口溪、大竹、统里、洛四房、董岭、白水湾、船村、山川
正在培育（26个）	古城、横塘、红庙、铜山、章湾、上舍、溪龙、高庄、民乐、松坑、缫舍、赋石、下汤、老石坎、彭湖、上张、汤口、郎村、观音桥、施阮、田垓、上墅、罗村、五鹤、马吉、九亩
其他（1个）	龙王村一个村虽然是2016年启动，但因施阮、龙王、董岭三村联创，至今还没有验收

（4）精品示范村案例

见案例一～案例九。

■ 案例一：余村

（1）项目概况

安吉县余村地处天荒坪镇，位于安吉县南段，东与余杭区交界，南与临安市接壤，属于西苕溪流域。余村位于安吉县天荒坪风景名胜区竹海景区内，村域面积4.86平方公里，其中山林面积6000余亩，是典型的"八山一水一分田"，与"大年初一"风情小镇隔浒溪相邻，青山绵延、田园风光优美。

（2）历史沿革

20世纪90年代，余村迎来了"灰色经济"时代，山里优质的石灰岩资源，余村人就地取材，开山取石办石灰窑；石灰渣可制成砖头，于是又开办了砖厂；之后随着水泥成为主要建筑材料，余村适应市场需求，炸山毁林开矿、建水泥厂，余村的石矿质量好，是制作高标号水泥的极佳原料，当时村里和周边共建有三家水泥厂，全村280户中有一半以上的家庭有劳动力在矿区务工，让这里成为安吉县规模最大的石灰石开采区，以"靠山吃山"的方式，村里每年有200万元左右的纯收入，让余村迅速成为安吉全县有名的"首富村"，是安吉名符其实

图5-31　余村景观一　　　　　　　　　　图5-32　余村景观二

图5-33　余村区位

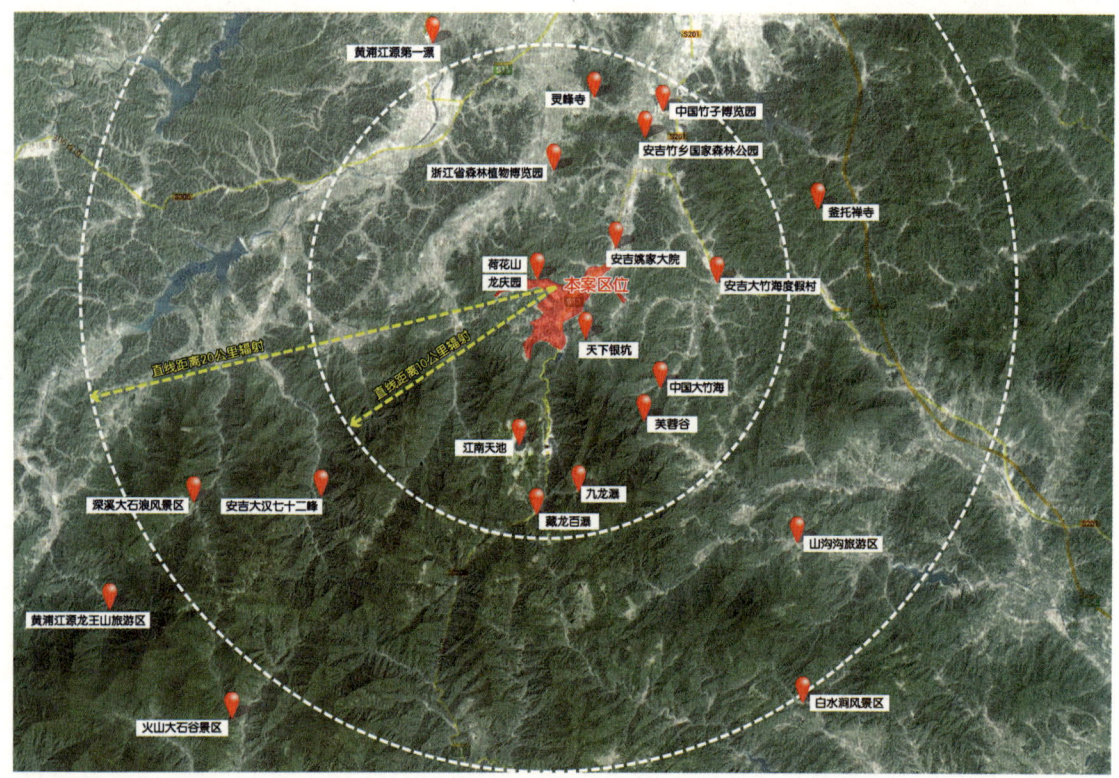

图 5-34 天荒坪旅游资源

的首富村。然而，随着采矿的进行，山林破坏、水土流失，带来的是漫天的粉尘，整个村子都是"灰头土脸"，将美丽的绿水青山变成了空中飞沙走石、河里泥浆遍布的"穷山恶水"。

2005 年 8 月，时任浙江省委书记的习近平同志来到余村进行调研，提出了"两山"理论，给当地指出了一条绿色发展之路。余村人对自身经济社会发展的历史与现实进行比较，认真分析了客观形势和自身资源特点，下定决心走上了改革的道路。

首先，余村人从转变发展观念开始，村里关停全部矿山和水泥厂，拆除了余村溪边的所有违法建筑，利用集体资金修复冷水洞水库，把竹制品家庭作坊搬进了工业区，统一生产、统一管理、统一治污，彻底结束了靠山吃山的老路子，开始封山护水、养山用山的新发展阶段。

第二步，余村人将产业结构向生态经济转型、全面推进绿色发展，从村域规划、生态治理、生态经济、生态文化、生态民生等各方面全方位践行"两山"思想，把生态环境优势转化为生态农业、生态工业、生态旅游等生态经济的优势，主要实践路径包括制定科学合理的村庄规划，以生态观光旅游产业发展为主线，整合全村生态资源，将全域划分为"美丽宜居区、生态旅游区、田园观光区"三个区块，村民们开始发展休闲产业，逐步形成了旅游观光、河道漂流、户外拓展、休闲会务、登山垂钓、果蔬采摘、农事体验等休闲旅游产业链。

第三步，余村人通过持续促进生态环境保护与经济社会发展的双赢，不断研究解决"发展中的问题"，进一步提升发展能力和质量。其一是培育生态经济品牌竞争力，余村人推进供给侧结构性改革，利用好有限的村域空间，优选投资项目，打造项目特色，提升自身特色优势，丰富乡村休闲旅游项目，满足消费群体休闲需求，余村在原有农村旅游的基础上，力争打造三天以上"吃住娱乐健身养生"一体化的生态旅游服务业格局，形成天禄"亲农谷"露营项目、山地徒步体验区、水库生态旅游区、创意产业区等新兴项目，提升乡村生态旅游品质。其二是加强生态民生建设，余村人坚信"良好生态环境是最公平的公共产品，是最普惠的民生福祉"，生态环境优势不仅要向经济优势转化，而且也必须转化为民生优势。余村力争让每一家农户的山林、农田、农产品、住宅等都转化为农民收入，将优质生态环境进一步转化为每个村民创业致富、提高自身文明素质、创造美好生活的发展福利。

（3）现状分析

余村以生态旅游、农家乐为主，全村现有民营企业 43 家，农家乐有春林山庄、胡氏山庄、潘家农庄等 12 家，观光、休闲、娱乐型旅游景区三个。得天独厚的自然环境孕育了余

图 5-35 现状照片

村悠久的历史文化，造就了神奇的自然景观，村内有始建于五代后梁时期的千年古刹隆庆禅院，有被誉为"江南银杏王"的千年古树，有"活化石"之称的百岁娃娃鱼，更有古代工矿遗址和溶洞景观。

余村的交通依靠省道，现状余村内部交通流线较为紊乱，停车位紧缺，导致乱停车现象普遍，未能形成系统性的游览流线，"两山"会址标识度不够。

现状水系主要为浒溪，整体水量较少，驳岸以硬质景观为主，景观效果薄弱，景观利用率低，水系杂乱不成体系，无法形成连续的山水景观面，城镇与浒溪之间缺乏联系互动。

现状部分农田荒废，建议统一整合农田景观，结合大地艺术，展现当地农业特色。

（4）设计定位

余村规划建设将充分展示安吉生态文明样板、美丽中国发源形象，把新省道打造成安吉最美的旅游精品观光线，山河集镇改造成全省一流的风情小镇，余村村落打造成国内一流的美丽乡村。

图 5-36　设计意向

（5）规划设计

余村的规划设计遵循以下四项原则：一是修旧如旧与建新如故，整体规划设计中体现保护性开发过程中的文脉延续和传承，景观的构件则力求恰如其分地与人的活动诉求以及地域特色相结合；二是因地制宜与最小干预，对当地原生态景观进行提炼塑造，挖掘场地记忆，尊重原有地形与植被群落，对于现状长势较好的植被和大树在景观上尽量保存其生存环境，对具有当地地域特色的人文景观做到最小干预；三是功能渗透与弹性空间，为平衡浒溪、青

图 5-37 设计切入点

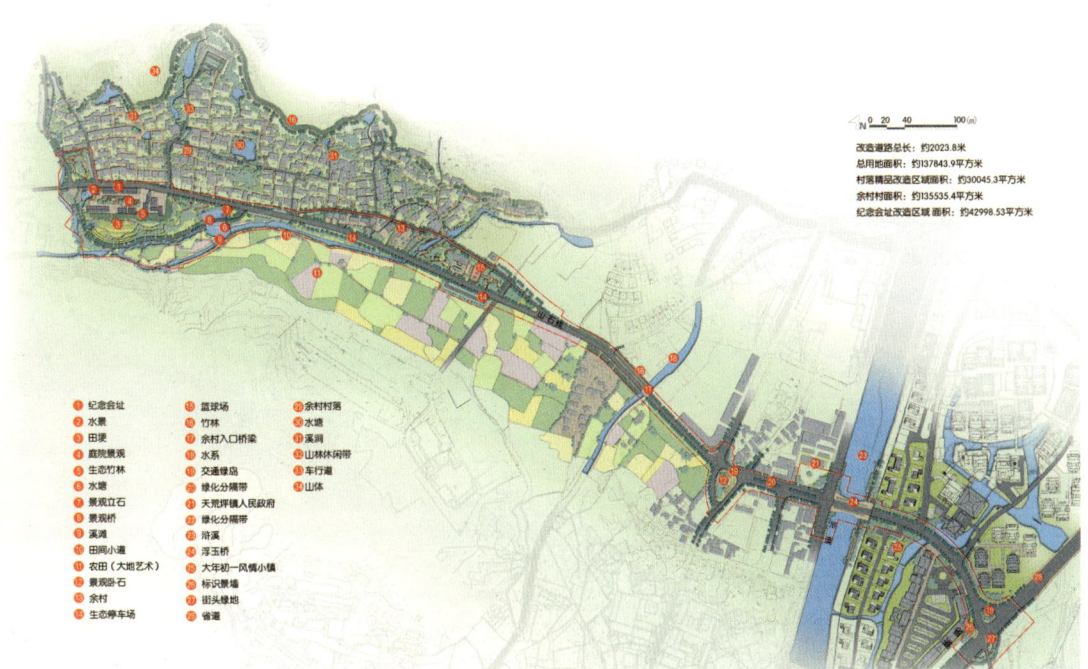

图 5-38 总平面

山、绿水、田园以及村庄之间的关系，设计引入弹性空间的概念，赋予过渡空间多样的功能，实现其功能的复合型，由此在村庄与青山绿水之间达到动态平衡；四是生态重塑与持续发展，强调生态系统的保护与修复，将大环境中的生态格局、功能体系与文化氛围在规划设计中得到延续与拓展，实现自然景观与人文景观的融合，体现人与自然的和谐对话，是区域可持续发展的一种积极表达方式。

设计以共建"山水家园"为切入点，实现生态修复与文化修复齐头并进，一是实现"青山美"，以青山为骨，通过"大年初一"风情小镇辐射周边，整合现有的景观资源，确定设计基调；二是实现"绿水美"，以绿水为脉，针对水系重新梳理加工，系统组织水系盘活全局，贯穿整体；三是实现"人文美"，重塑人文之魂，提炼地域文脉元素，解读地方文化，植入景观小品等对景观进行艺术提升。

　　设计中遵循"起承转合"的规律，"起"为省道进入"大年初一"风情小镇段，主题为迎宾、过渡，"承"为城镇段，主题为安居、乐活，"转"为余村村庄段，主题为田园、大地艺术，"合"为两山会址进入绿水青山风光带，主题为绿色、生态，形成"一轴、一核、三心、多点"的设计结构，"一轴"为印象风情轴，"一核"为两山会址，"三心"为省道入口、交通中心环岛、

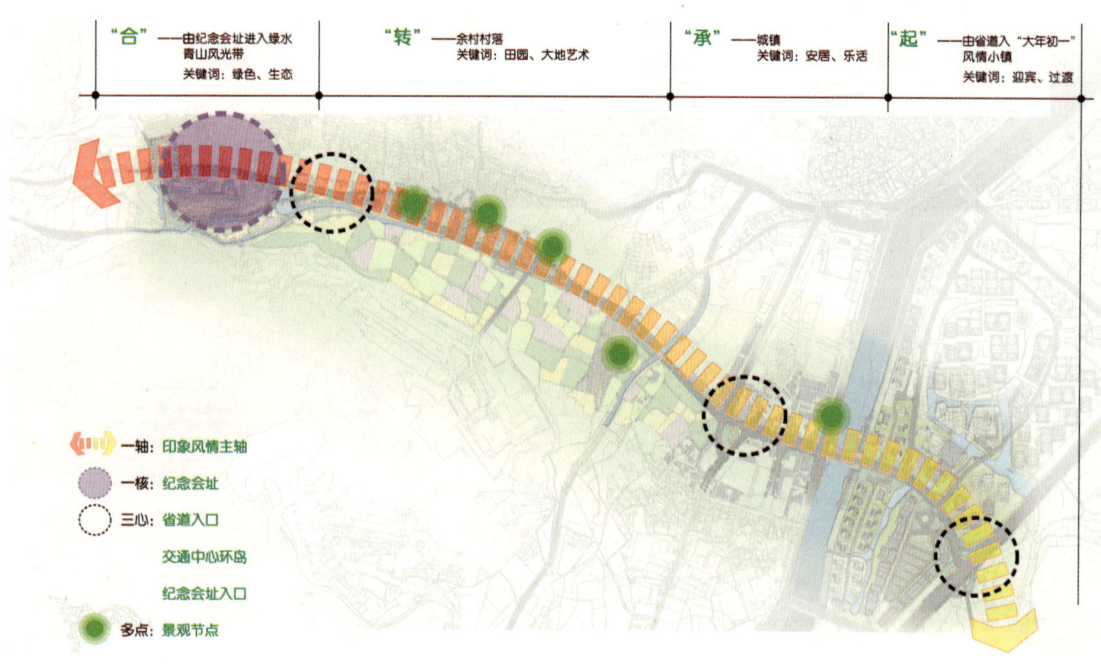

图 5-39　设计结构

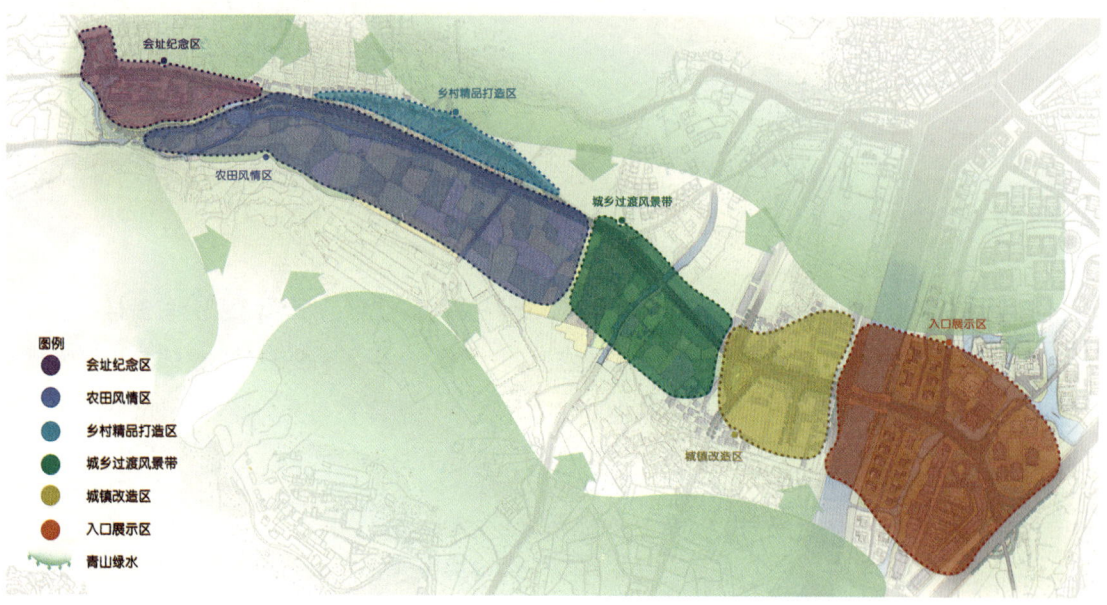

图 5-40　设计分区

纪念会址入口，"多点"为各个景观节点。村镇共分会址纪念区、农田风情区、乡村精品打造区、城乡过渡风景带、城镇改造区、入口展示区六大区块。

经过十二年的发展，余村已建设成三面青山环绕，小溪绕村而过，漫山翠竹绿叶，入眼皆是美景，成为美丽乡村的建设典范。全村三产从业人员从85人增至341人，从实践成效看，2016年村集体经济总收入达380万，比2005年的91万，增长近4.2倍，村民人均纯收入2016年达35895元，比2005年的8732元，增长4.11倍，80周岁以上长寿老人，十年来增长3.2倍，余村2016年成为3A级"村庄景区"。全村现有农家乐床位500余张，年接待

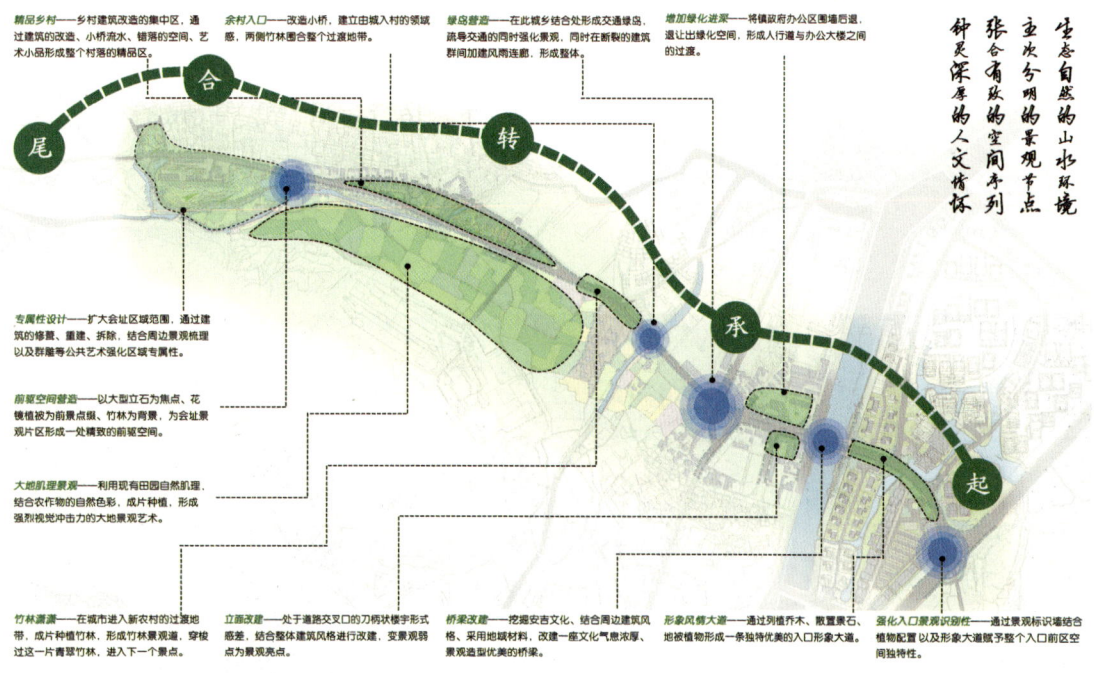

图5-41 景观节点分析

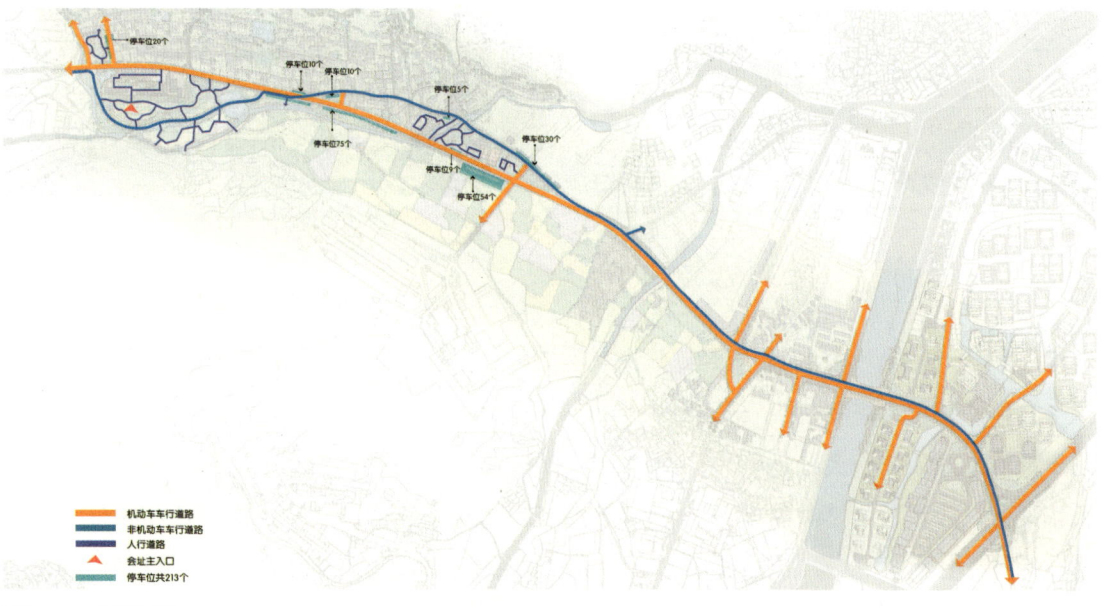

图5-42 交通分析

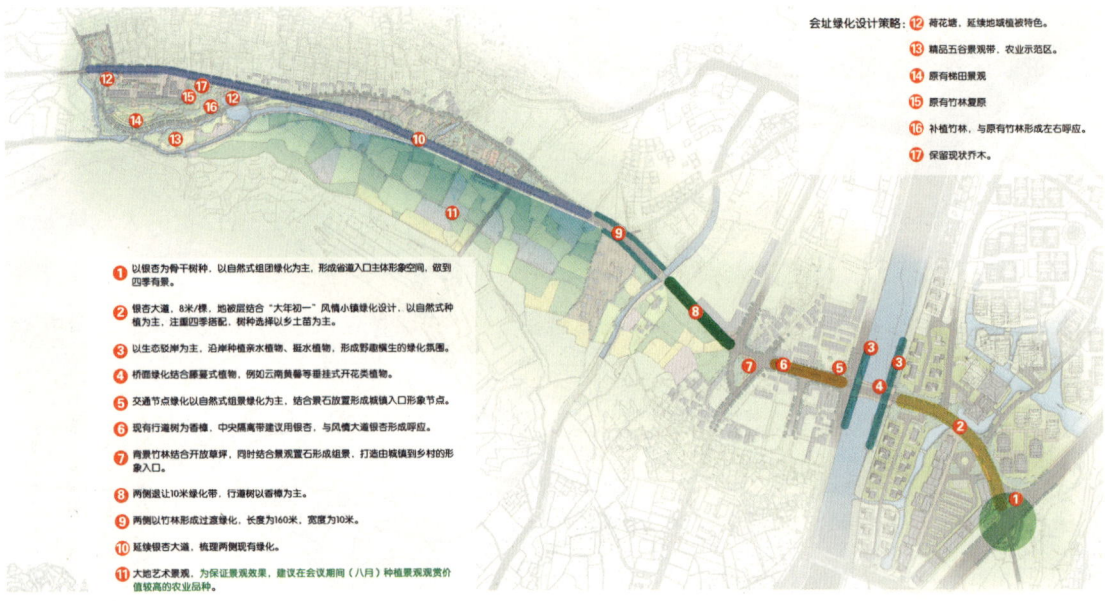

会址绿化设计策略：
⑫ 荷花塘，延续地域植被特色。
⑬ 精品五谷景观带，农业示范区。
⑭ 原有梯田景观
⑮ 原有竹林景观
⑯ 补植竹林，与原有竹林形成左右呼应。
⑰ 保留现状乔木。

① 以银杏为骨干树种，以自然式组团绿化为主，形成省道入口主体形象空间，做到四季有景。
② 银杏大道，8米/棵，地被层结合"大年初一"风情小镇绿化设计，以自然式种植为主，注重四季搭配，树种选择以乡土苗为主。
③ 以生态驳岸为主，泊岸种植亲水植物、挺水植物，形成野趣慢生的绿化氛围。
④ 桥墩绿化结合藤蔓式植物，例如云南黄馨等垂挂式开花类植物。
⑤ 交通节点绿化以自然式组景绿化为主，结合景石放置形成城镇入口形象节点。
⑥ 现有行道树为香樟，中央隔离带建议用银杏，与风情大道银杏形成呼应。
⑦ 背景竹林结合开放草坪，同时结合景观置石形成组景，打造由城镇到乡村的形象入口。
⑧ 两侧退让10米绿化带，行道树以香樟为主。
⑨ 两侧以竹林形成过渡绿化，长度为160米，宽度为10米。
⑩ 延续银杏大道，梳理两侧现有绿化。
⑪ 大地艺术景观，为保证景观效果，建议在会议期间（八月）种植景观观赏价值较高的农业品种。

图 5-43 绿化设计

图 5-44 绿化意向

游客 10 万余人次。同时，村里还建成文化礼堂、数字影院、文体广场等设施，建立多支群众性文体队伍和志愿者队伍，深入开展党员网格服务、环保义务活动、美丽家庭创评等活动，用干部群众的双手扮美绿水青山，吸引八方游客。目前，余村的乡村旅游扎根拔节，游客量大幅攀升，实现了从"卖资源"到"卖风景"的华丽转变。余村也因新农村建设获得了省级"农村基层组织建设先锋工程五好党支部"、省级"全面小康建设示范村"、省级"绿化示范村"、省级"卫生村"、省级"民主法治村"、市级"生态村"等荣誉称号。

（6）详细设计

扩大节点两侧绿化厚度，行道树列植银杏，入口处增设景墙，提升景观标识度，强化景观视觉效果。

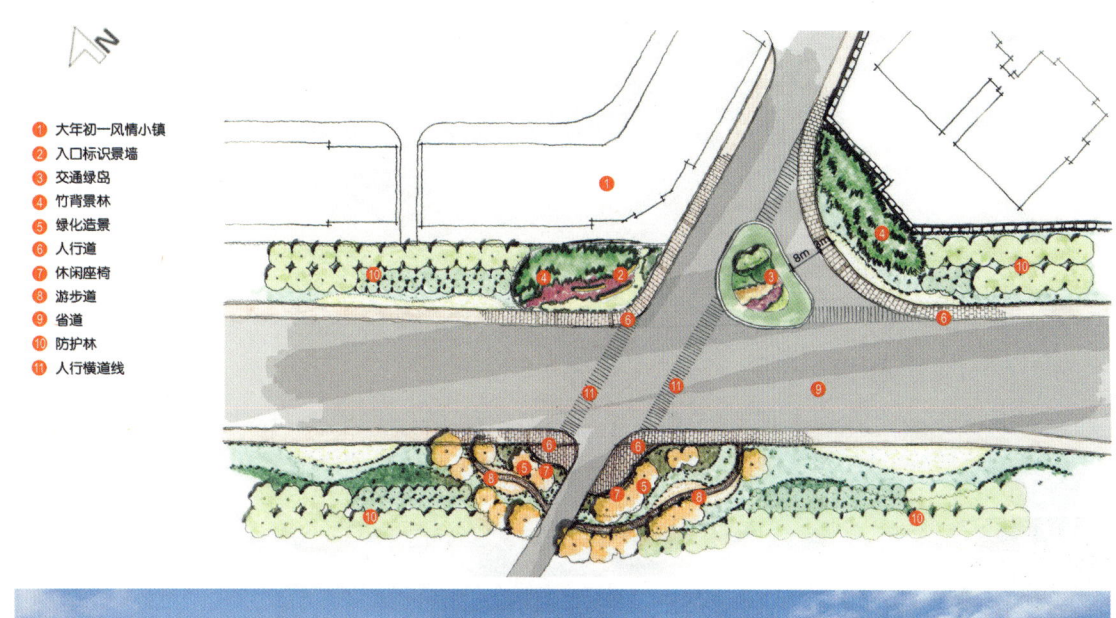

图 5-45　省道入口

在原有桥梁两侧增设人行道，丰富交通流线，放大桥头节点。

在两侧驳岸增设亲水节点，景观化处理原有驳岸，将竹元素植入桥栏杆设计。

对原有建筑进行外立面改造，进一步丰富景观空间，充实绿化量，打造精品示范村落，保留现有农田现状，梳理田间水系，同时利用竹林遮挡原有厂房建筑。

改造建筑外立面，屋顶平改坡，一层外立面采用毛石材料，丰富立面景观，通过乡土材料的利用，融合本土元素。保留会址南侧梯田景观，进行生态修复，与远处青山形成整体景观面。

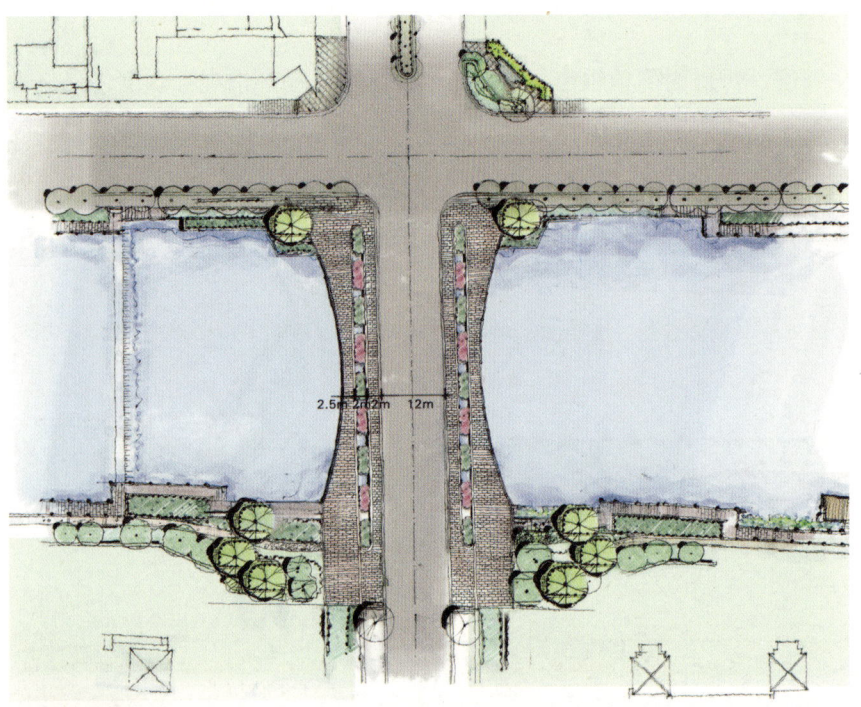

图 5-46 浮云桥

图 5-47 浒溪驳岸处理

图5-48 城镇入口

图 5-49　精品村落

图 5-50　两山纪念会址

（7）专项设计

图例
- ◤ 休憩设施
- ▣ 卫生设施
- ◪ 指示设施
- ▥ 成品管理房

图 5-51　配套附属设施布置

座椅意向

以融合周边景观为前提，结合当地风土民情总体设计风格，运用木材、石材、竹材等自然材质类型，创造具有古朴之风且富于趣味的休憩功能设施。

图 5-52　座椅意向

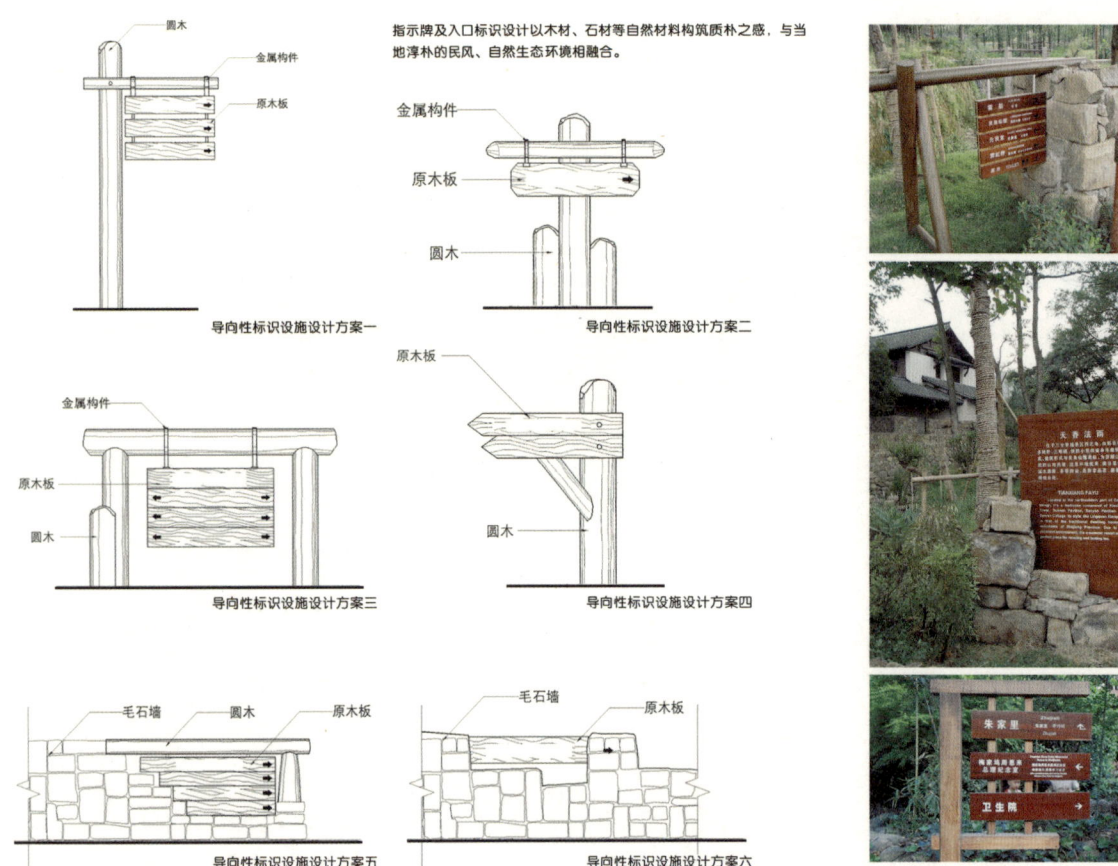

指示牌及入口标识设计以木材、石材等自然材料构筑质朴之感，与当地淳朴的民风、自然生态环境相融合。

圆木
金属构件
原木板

导向性标识设施设计方案一

金属构件
原木板
圆木

导向性标识设施设计方案二

金属构件
原木板
圆木

导向性标识设施设计方案三

原木板
圆木

导向性标识设施设计方案四

毛石墙　圆木　原木板

导向性标识设施设计方案五

毛石墙　原木板

导向性标识设施设计方案六

图 5-53　指示牌意向

灯具意向

室外照明灯具设计主要选用石材、木材、竹材等当地原生材料，更融于自然景色。灯具形式分为高、中、低三个层次，由此带来竖向照明丰富层次。

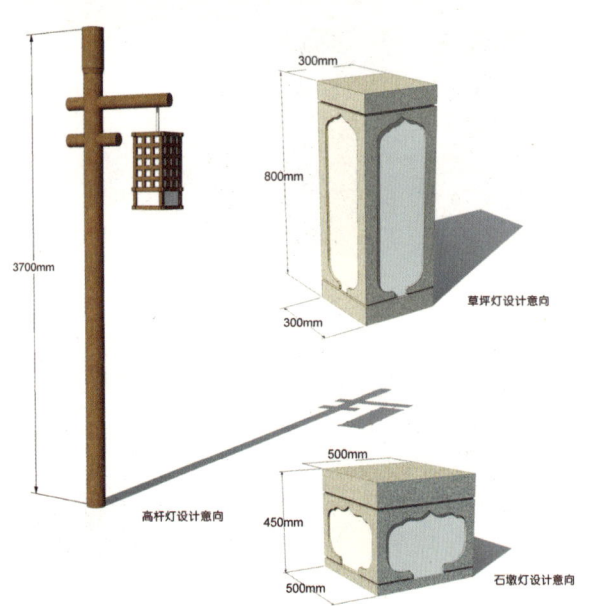

3700mm

高杆灯设计意向

300mm
800mm
300mm

草坪灯设计意向

500mm
450mm
500mm

石墩灯设计意向

图 5-54　灯具意向

卫生设施意向

公共果壳箱设计采用石材、木材、竹材等当地特色材料为主要表现材料，贴近自然彰显当地艺术特色，使设计与现场环境更为融合。

果壳箱手绘设计

果壳箱意向

图 5-55　垃圾箱意向

自行车停靠意向

以融合周边景观为前提，契合整体设计风格，运用钢材、石材等材质，创造具有古朴之风且富于趣味的栏杆设施。

自行车停靠设施方案一　　　　自行车停靠设施方案二

隔离栏意向

以融合周边景观为前提，结合总体设计风格，运用钢材、石材等材质类型，创造具有古朴之风且富于趣味的栏杆设施。

隔离栏设计方案一　　　　隔离栏设计方案二

图 5-56　自行车栏杆意向

公厕意向

以人为本，使厕所的服务半径符合标准，考虑场所、交通、使用者的关系来安排厕所的分布。
并保持与其他建筑风格的统一，富有自然气息。

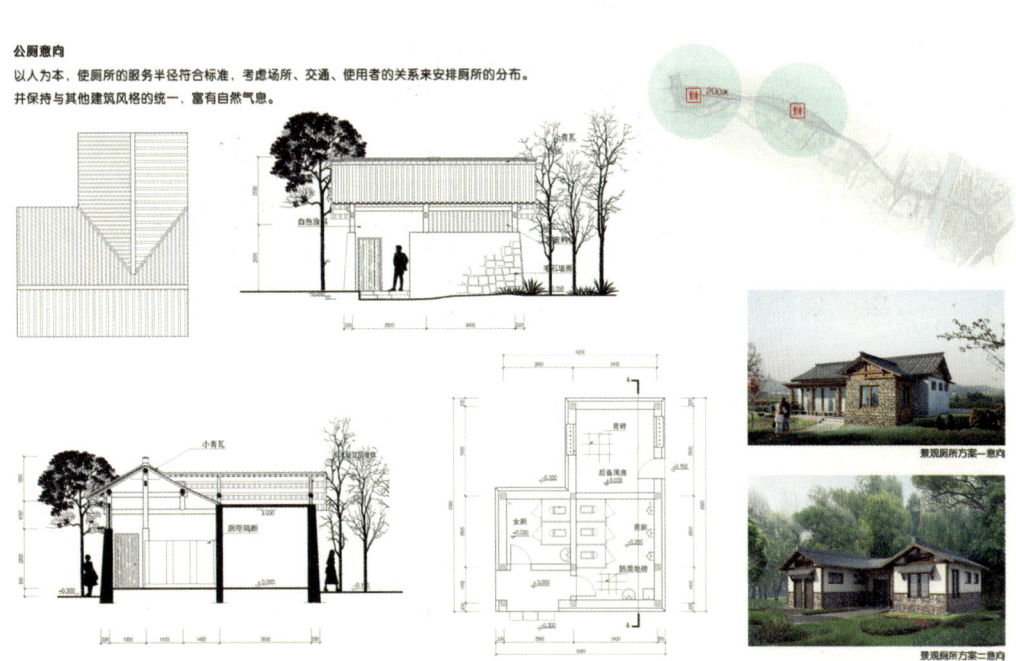

景观厕所方案一意向

景观厕所方案二意向

图 5-57　公厕意向

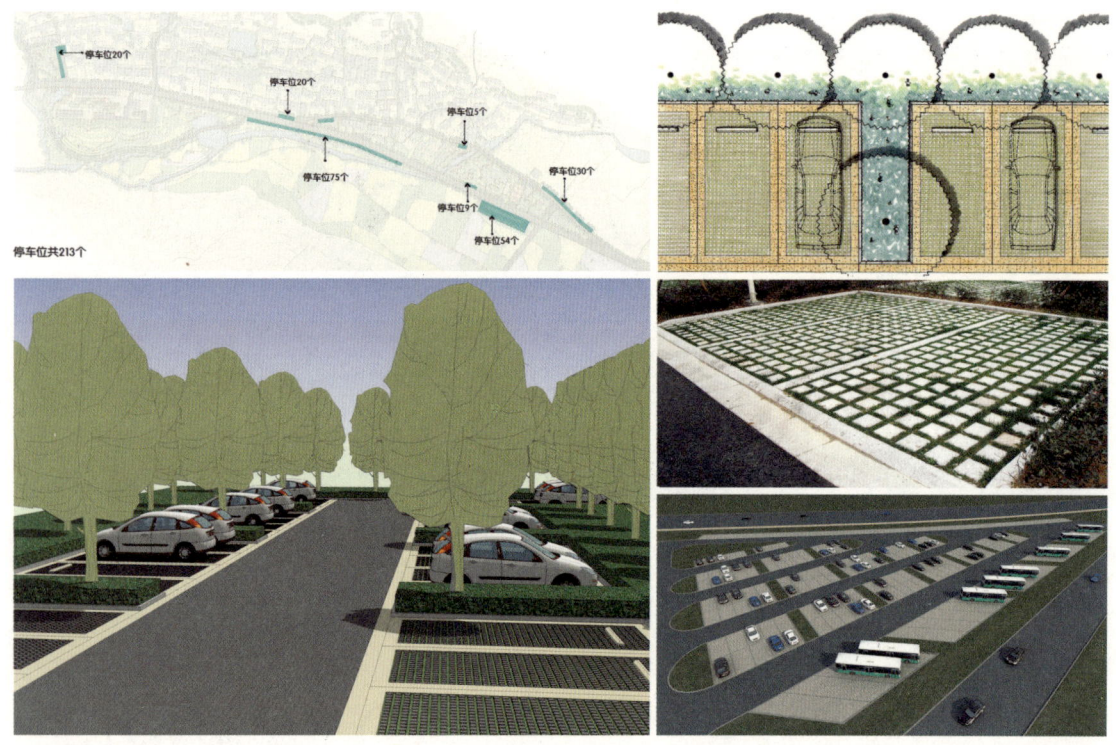

图 5-58　停车场设计

图 5-59　铺装设计

■ 案例二：龙王村

（1）项目概况

　　龙王村地处浙北地区，位于上墅乡南部，地形起伏，溪泉众多，植被丰富，常年青山绿水，是典型的山区村，南与临安市接壤，东与天荒坪镇相邻，西与报福镇相邻，北与施阮村相接，距离杭州 60 公里，距离湖州 65 公里，距离上海 200 公里。

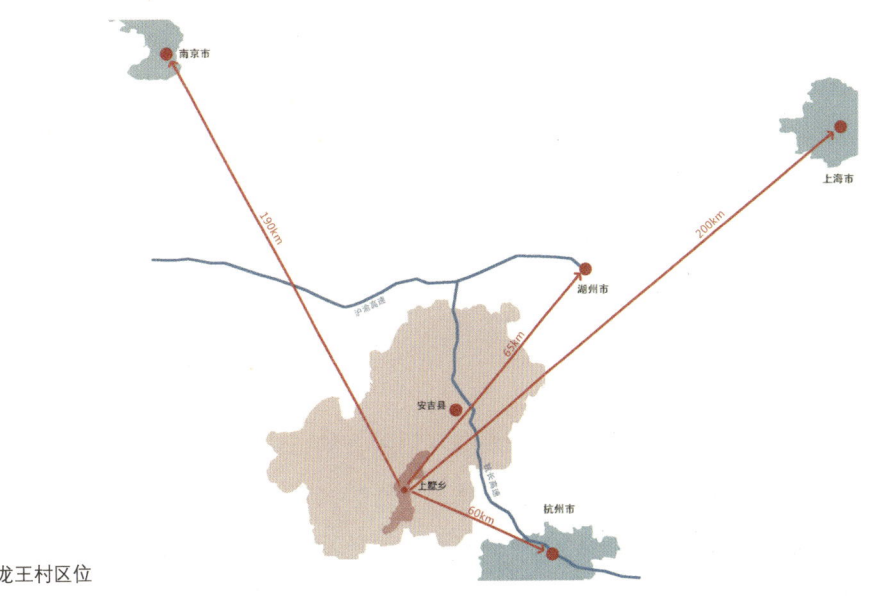

图 5-60　龙王村区位

　　龙王村是天目山山脉中心东北部的一个比较典型的山区村，村庄中自然村大多沿东坞溪、西坞溪而建，区域内山地众多，层叠起伏，崇山峻岭，起伏跌宕，古木修篁，齐天拂云，山峦之间，竹影婆娑，清潭之中，游鱼嬉戏。龙王村村域内水资源较为丰富，其中龙王溪是西苕溪的重要支流，水质清澈、甘洌，无任何污染，且含丰富的矿物质。龙王村气候温和，秋爽夏凉，平均气温在 18 度。在垂直分布海拔 800 米以下的植被以毛竹为主，其他以灌木林为主，有阔叶林和针叶林，全村植被保存完好，树种资源丰富。

图 5-61　龙王村自然环境

龙王村历史悠久，将丰富的自然景观与人文景观紧密融合于一体。一是造纸文化，龙王村以将中华艺术瑰宝"手工造纸"传承至今而闻名，沿袭古法造纸技艺，至今具有百年历史，占地面积近4000平方米的手工造纸作坊被评为省级非物质文化遗产。二是古轶文化，在龙王村民间一直流传着关于花竹、圣恩寺、千年古道、回峰岭、乌龟石、点将石、义忠坟、龙王庙等传说，大部分遗址至今还保存完好。游客们一边听着民间传说故事，一边探访古道遗址，充分感受当地的高寿文化、佛文化和龙文化，踏足过去留下的深刻的记忆烙印。

（2）上位规划

上位规划指出龙王村应依靠自然资源带动村庄全面发展，以罗董线为村庄发展主轴，贯穿整个龙王村，形成以龙王中心居民点为居民核心，保留九个自然村，村庄其他毛竹山林资源以发展高效林业培育区，结合美丽乡村开发一些旅游小景点如鲍家大院、龙王殿遗址、三条古道等，劳动力将主要向农家乐服务业转移。

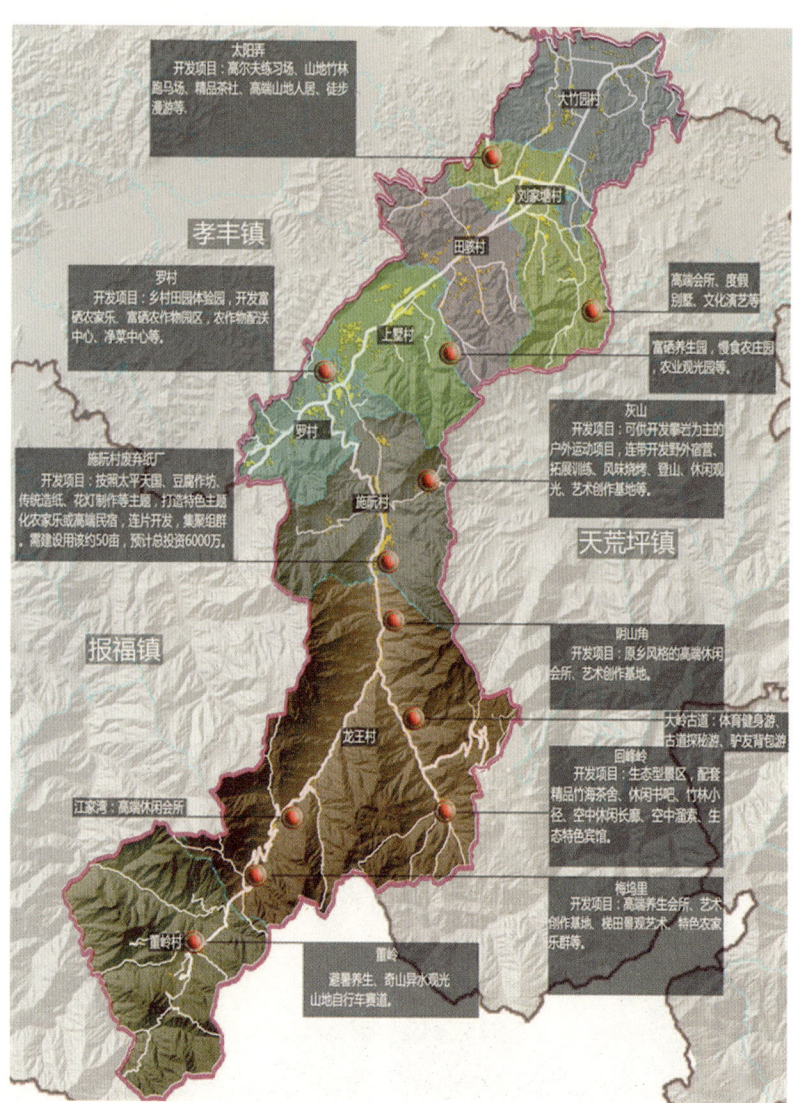

图 5-62　上位规划

（3）现状分析

图 5-63　建筑现状

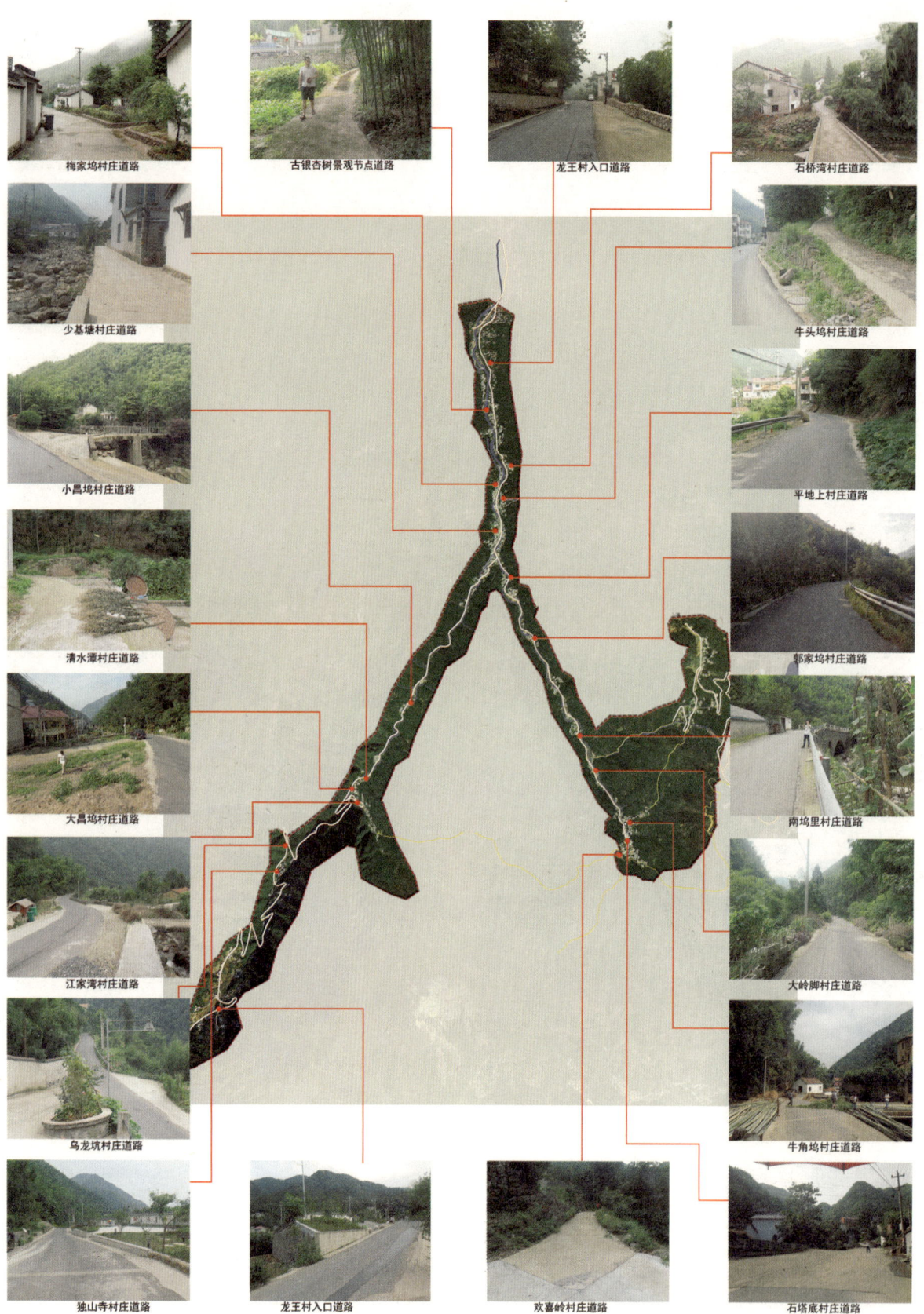

梅家坞村庄道路　　　　古银杏树景观节点道路　　　　龙王村入口道路　　　　石桥湾村庄道路

少基塘村庄道路　　　　　　　　　　　　　　　　　　　　　　　　　　牛头坞村庄道路

小昌坞村庄道路　　　　　　　　　　　　　　　　　　　　　　　　　　平地上村庄道路

清水潭村庄道路　　　　　　　　　　　　　　　　　　　　　　　　　　郭家坞村庄道路

大昌坞村庄道路　　　　　　　　　　　　　　　　　　　　　　　　　　南坞里村庄道路

江家湾村庄道路　　　　　　　　　　　　　　　　　　　　　　　　　　大岭脚村庄道路

乌龙坑村庄道路　　　　　　　　　　　　　　　　　　　　　　　　　　牛角坞村庄道路

独山寺村庄道路　　　　龙王村入口道路　　　　欢嘉岭村庄道路　　　　石塔底村庄道路

图 5-64　道路现状

（4）设计定位

龙王村的发展主题定位为慢生活民宿村，项目形象定位为浮玉山居、民宿慢谷，项目功能定位为展现民宿风情、再现造纸文化。龙王村自然资源独特、山清水秀、民风淳朴，是集原始生态游、旅游度假游、浓情野趣游为一体的农家乐休闲旅游胜地，可满足人们对于度假、休闲、娱乐的需求，并可以体验造纸过程、学习造纸技术，体验挖竹笋、采白茶、摘野果、摸鱼、山谷游泳等特色娱乐活动和品尝野生白茶、笋干、土鸡等农家特产。在积极开放多元化、精致化、深度体验化旅游产品的大背景下，龙王村力图建设成为以"儒、释、俗"文化为根本的避暑养生、艺术创作、科普体验、休闲健身的慢生活民宿村。

图5-65 设计定位

（5）规划设计

龙王村围绕东坞溪景观山谷、西坞溪景观山谷，打造慢生活民宿村，做好道路风光、民宿风情文章，做足民宿村特色，做活乡村特色产业，初步形成"一心、二谷、多点"的规划格局，"一心"即慢生活智慧旅游接待中心，"二谷"即东坞溪樱花谷、西坞溪红枫谷，"多点"即多点民宿组团，沿东坞溪、西坞溪及其支流打造多个不同主题、不同功能、不同规模的民宿组团，以多元化的旅游产品满足游客多层次的旅游需求。

"一心"慢生活智慧旅游接待中心作为龙王村最重要的大型集散中心，重在完善龙王村的旅游承载能力，积聚人气。接待中心以公共服务、商业、休闲为主要功能。要求满足龙王村游客的接待能力，配备小广场、停车场、餐饮区、休闲区以及办公区等，为龙王村村民及游客提供一个旅游接待的场所。以慢生活智慧旅游接待中心为核心向周围延展，将整个中心村包含的入口、古银杏树节点、石桥湾、梅家塘、牛头坞、少基塘、手工造纸文化园在内的景观点及自然村融入整体规划设计中，并结合手工造纸文化，形成以慢生活智慧旅游接待中心为接待主体的中心村。设计上融合自然景观和人文景观，规划出中溪民宿组团、石桥湾民宿组团、梅家塘民宿组团、牛头坞民宿组团、少基塘民宿组团、龙王庙民宿组团，形成以中心村为主的民宿组团。其中原有的手工造纸文化园与造纸文化博物馆可作为中心村的主要文化展示区。

"二谷"中东坞溪樱花谷以东坞通往石塔底的公路为主线，樱花谷以樱花为主要景观元素，将龙王的春天点缀成粉红色，打破龙王村一年四季以绿色为主的色彩基调，也增加春天的旅游特色。在沿线道路及河道的适合位置种植樱花，早樱、晚樱搭配种植，延长整个东坞溪樱花开放时间，将以樱花为主题设计的包含门牌、指示牌、宣传牌等融入东坞的方方面面之中，使之成为真正的樱花谷。该区块包含平地上的民宿组团、郭家坞民宿组团、南坞里民宿组团、大岭脚民宿组团、牛角坞民宿组团、欢喜岭古道民宿组团及小岭头民宿组团，设计将民宿组团及民宿经营分成不同风格、不同接待功能的各具特色的民宿组团，以尽可能满足不同游客的各种需求。同时增加石塔底村民活动绿地节点景观、大岭脚节点景观、高桥坪节点景观三处节点景观，提供更多的景观空间满足游客及村民的公共活动需求。

"二谷"中西坞溪红枫谷以西坞溪罗董线为主线，红枫谷以红枫为主要景观元素，将龙王的秋天点缀成红色，打破龙王村一年四季以绿色为主的色彩基调，也增加秋天旅游特色。在沿线道路及河道适合位置种植红枫，将以红枫为主题设计的包含门牌、指示牌、宣传牌等融入西坞的方方面面之中，使之成为真正的红枫谷。西坞沿线包含小昌坞民宿组团、清水潭环境提升、江家湾民宿组团、乌龙坑民宿组团、独山寺村民活动绿地节点景观、云半间民宿组团、梅坞里民宿组团、梅坞里古树群节点景观、梅坞里村民活动广场节点景观、梅坞里古道梯田景观等。

"多点"体现在龙王村现有农家乐42家，整体设施相对成熟，旅游资源丰富，旅游旺季游客络绎不绝，现有的旅游资源难以满足更多游客的需求，因此围绕"浮玉山居、民宿慢谷"的宣传口号，将龙王多个自然村打造成多个不同主题、不同功能、不同规模的民宿组团，满足不同消费群体的旅游需求，其中中心村6个民宿组团（包含中溪民宿组团、石桥湾民宿组团、梅家塘民宿组团、牛头坞民宿组团、少基塘民宿组团、龙王庙民宿组团），东坞区块7个民宿组团（包含平地上民宿组团、郭家坞民宿组团、南坞里民宿组团、大岭脚民宿组团、牛角坞民宿组团、欢喜岭古道民宿组团、小岭头民宿组团），西坞区块5个民宿组团（包含小昌坞民宿组团、江家湾民宿组团、乌龙坑民宿组团、云半间民宿组团、梅坞里民宿组团）。

（6）详细设计

龙王村的建设主要依托于民宿建设，龙王村发展民宿主要具有以下优势：一是龙王村自身凭借先天独特的山、水、竹等自然资源，以及周边如江南天池、浙北大峡谷等旅游资源，可以吸引大量游客；二是龙王村气候环境优美宜人，适合游客居住逗留；三是龙王村区位良好，地处热门旅游区，交通便利；四是龙王村采取鼓励性政策，支持民宿的开发；五是龙王村在

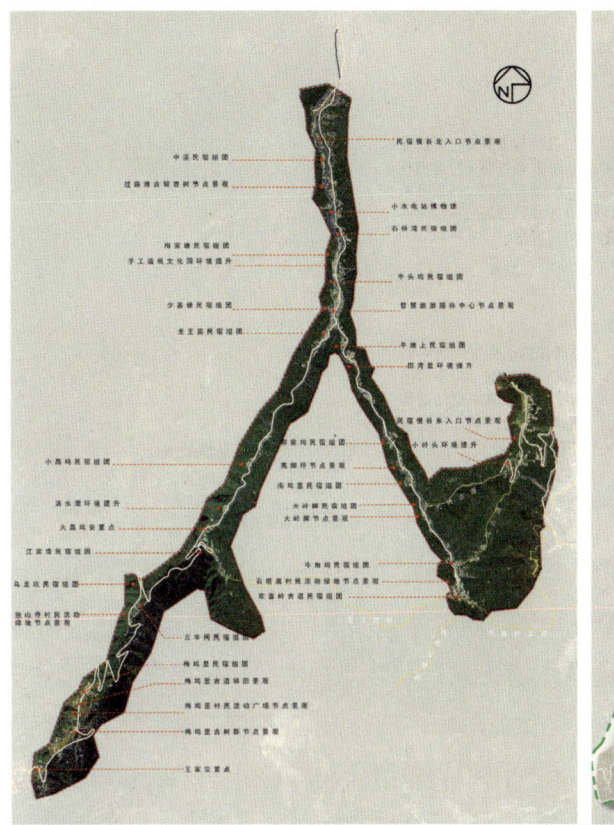

图 5-66　总体规划结构

图 5-67　功能分区与规划布局

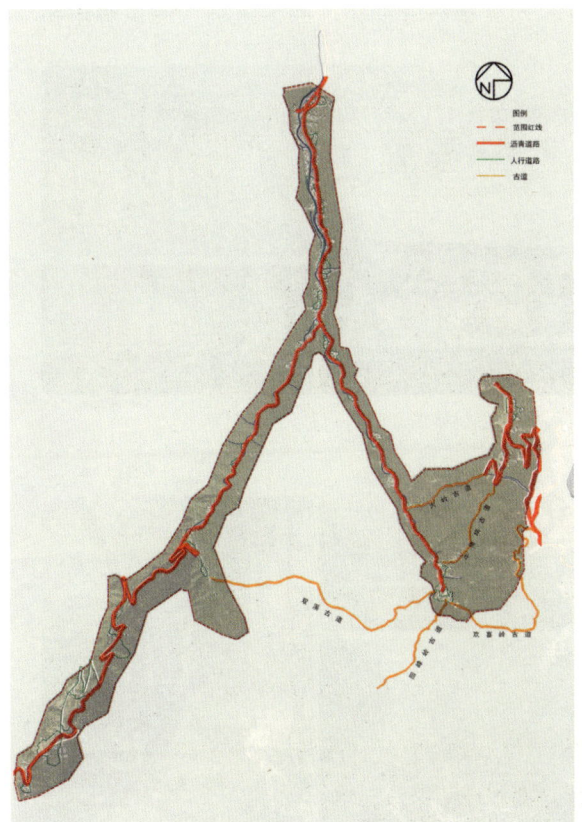

图 5-68　交通分析

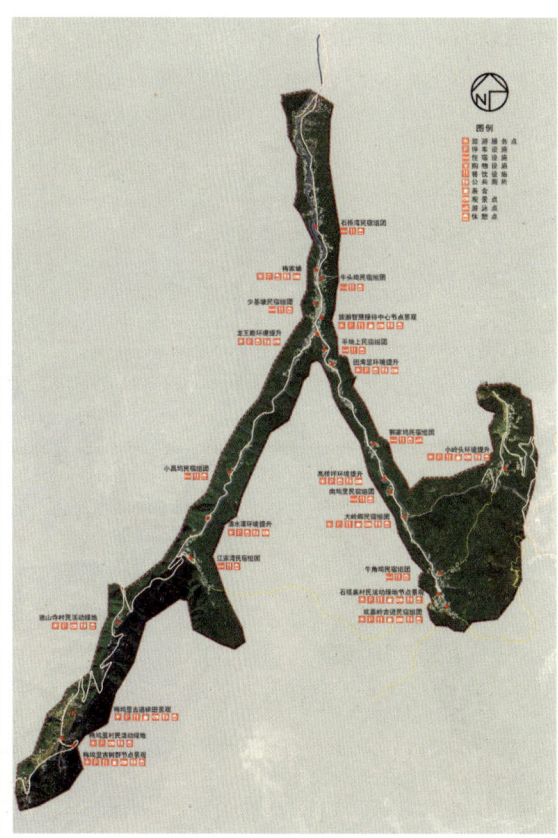

图 5-69　服务设施分析

随着竞争的加剧，未来民宿将逐渐摆脱早期单一的依托景区发展的模式，而围绕某个主题进行差异化打造，形成本身具有旅游吸引力的主题民宿。

随着大量资金的涌入，民宿将朝着精品化、豪华化、高端化等方向演进。

在民宿发展到一定阶段，经营者将着手打造自身的独特品牌，并逐渐扩大经营范围，实现连锁化经营。

1 品质精致化

2 产品主题化

3 经营连锁化

五大发展目标

5 业态多元化

4 管理规范化

未来的民宿将会不断延伸产业链，在住宿和早餐的基础上，拓展出向导服务、特产销售、休闲娱乐等增值服务。

目前国内的民宿发展尚缺乏统一的标准，未来将出台相应的法律法规和管理细则，推进民宿开发与管理的规范化。

图 5-70　民宿发展目标

旅游旺季住宿设施紧张，具有较大的市场潜力；六是龙王村具有独特的民居建筑群，别具特色。龙王村结合丰富的旅游优势，力争整合资源，把全村打造成慢生活民俗村，使民宿品质精致化、产品主题化、经营连锁化、管理规范化、业态多元化，朝着精品民宿村的方向发展。

同时龙王村对新建建筑的设计建造进行引导。首先是控制建筑用地范围、高度和风格，新增住宅建议在老宅原址更新或在新村的集中建房区的用地内进行建设，建筑高度二至三层，不宜超过三层，新建建筑风格以中式建筑为主。其次是引导户型设计，遵循"以人为本"的原则，强调良好采光、通风效果，空间布局动静互立、洁污分离，室内布置紧凑，提高面积的使用率和舒适度，坚持高效利用空间，按照村民建房传统，有效组织起居、卧、厨卫等不同功能的活动空间。再次是统一建筑风格与造型，新建建筑屋顶统一为坡屋顶，屋顶颜色以

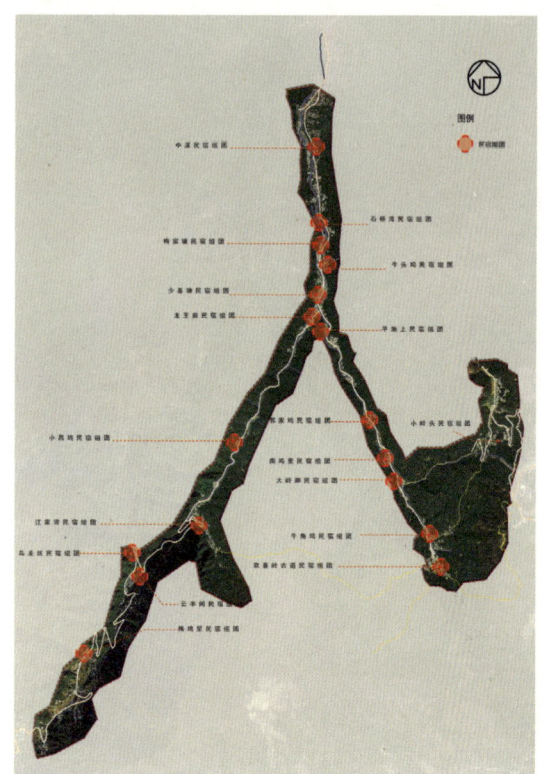

图 5-71　民宿分布

图 5-72　中溪民宿组团意向

图 5-73　梅家塘民宿组团意向

图 5-74　龙王庙民宿组团意向

图 5-75　云半间民宿组团意向

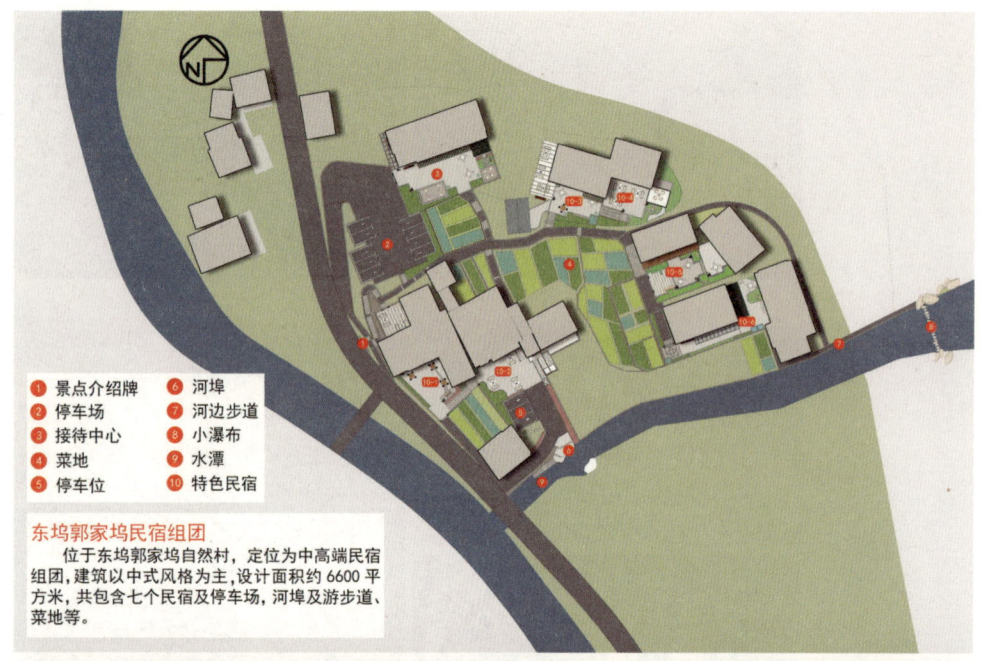

景点介绍牌　　　⑥ 河埠
② 停车场　　　　⑦ 河边步道
③ 接待中心　　　⑧ 小瀑布
④ 菜地　　　　　⑨ 水潭
⑤ 停车位　　　　⑩ 特色民宿

东坞郭家坞民宿组团
　　位于东坞郭家坞自然村,定位为中高端民宿组团,建筑以中式风格为主,设计面积约 6600 平方米,共包含七个民宿及停车场,河埠及游步道、菜地等。

图 5-76　郭家坞民宿组团平面

图 5-77　郭家坞民宿组团意向

图 5-78　郭家坞民宿组团意向

图 5-79　郭家坞民宿组团意向

欢喜岭古道民宿组团
　　位于东坞石塔底自然村，设计面积约12600平方米，共包含民宿景观、停车场、三个河埠、菜园、休憩平台等。梳理原有的古道，整治道路，增加挡墙和栏杆等，对整体环境进行提升。

❶ 景点介绍牌
❷ 特色铺装
❸ 宣传栏
❹ 菜园
❺ 河埠
❻ 休憩平台
❼ 停车场
❽ 欢喜岭古道
❾ 车行道路
❿ 特色民宿

图 5-80　欢喜岭古道民宿组团平面

图 5-81　欢喜岭古道民宿组团意向

深灰色为主，强身为白色或米黄色，体现江南建筑风格特点的同时也适合农村特点，营造出优质的生态环境使建筑本身也成为一道靓丽的风景线。最后是建筑设计遵循适用、经济、安全、美观、节能的原则，积极推广节能、绿色环保建筑材料，并符合工程质量要求。

对中心村智慧旅游接待中心进行建设升级，建筑面积 1600 平方米，景观面积 5400 平方米，包含接待中心、活动广场及停车场等公共服务设施，完善龙王村旅游配套设施，通过接待中心的商铺出租、出售及其他服务收费等为村集体创收，通过商铺经营、商铺管理、基础设施服务等带动当地百姓就业，通过旅游品销售对当地农产品进行品牌形象包装，带动当地农产品销售。

对龙王中心村入口处民宿慢谷入口节点景观进行改造升级，在原基础上对场地进行梳理整治，增加了停车场和休憩广场及活动绿地，提升了整体环境品质，提供给游人及村民休憩及活动的空间。

对中心村过路滩古银杏树节点景观进行改造升级，在原有古银杏树位置重新搭建树池，原有平台进行拓宽，采用叶子的形状作为观景平台平面形状，增强整体的趣味性和观赏性。

图 5-82　欢喜岭古道民宿组团意向

图 5-83　欢喜岭古道民宿组团意向

图 5-84　慢生活智慧旅游接待中心平面图

（7）环境整治提升

一是道路整治。龙王村现状道路已硬化部分采用沥青路面、水泥路面，部分为石板路面，其余为碎石与土路，整治中将充分利用已形成路基，改善现有路面土皮暴露的状况，完成全部

图 5-85 慢生活智慧旅游接待中心效果图

图 5-86 慢生活智慧旅游接待中心效果图

图 5-87 慢生活智慧旅游接待中心效果图

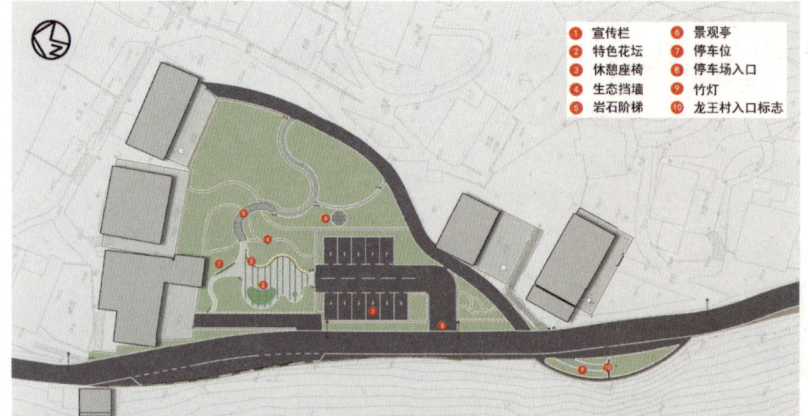

图 5-88　民宿慢谷入口平面图

图 5-89　民宿慢谷入口效果图

图 5-90　民宿慢谷入口效果图

图 5-91　民宿慢谷入口效果图

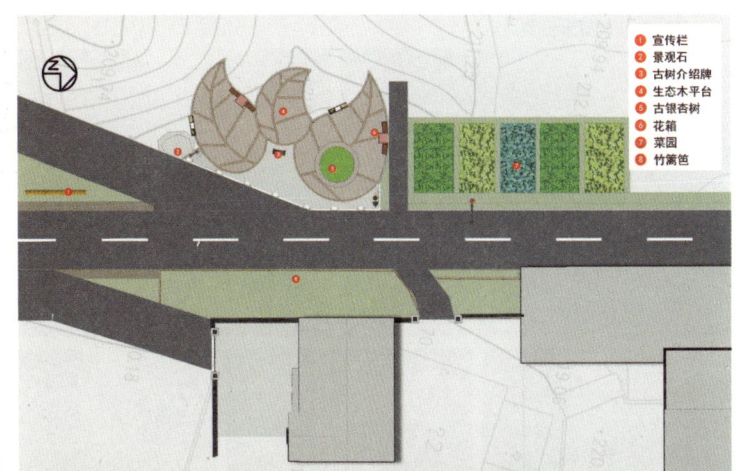

图 5-92　过路滩古银杏树节点景观平面图

图 5-93　过路滩古银杏树节点景观效果图

图 5-94　过路滩古银杏树节点景观效果图

道路硬化，完善道路两边的绿化，塑造整洁、美观的村庄道路，进一步拓宽入村的主次要步行道，使道路宽度达到 1.5 米以上。拆除村庄内部占道棚户，清理占路杂物，理顺、沟通村内次要道路、宅间路，路面采用中间铺青石板，两侧铺卵石的做法，体现乡土气息。同时在村庄旅游集散中心处建设大型停车场，满足村庄停车需求，村庄内部充分利用宅前场地作为自家停车用。

二是村庄绿化整治。龙王村因地制宜布置绿化，以村口、道路两侧、宅院周边、滨水地区以及不宜建设的闲置地段为绿化重点，见缝插绿，提高村绿化覆盖率。首先是巷道绿化，保留现状巷道内绿化种植形式并鼓励推广，村庄内地形起伏较多，挡土墙种植攀爬植物的绿化景观效果较好，村内巷道宽度较窄，鼓励沿墙角种植低矮花卉，增加巷道内绿化的同时增

沥青道路现状及提升方案

现状分析：

1. 现状为乡村小路，没有统一的规划，道路宽度不统一，影响场地内的交通情况。
2. 道路的材质没有统一，为沥青和水泥两种材质拼接而成，影响美观的同时，使得道路不平整。
3. 沥青道路与周边的环境的接触面磨损严重，影响美观也不利于行使。
4. 道路两侧的山体植被破坏严重，明渠与道路之间也没有明显的遮挡物。

建议：

1. 对道路进行统一规划，规范道路宽度。
2. 在道路上统一铺设沥青，平整道路面，修复破损的沥青面。
3. 整治修护道路两侧的植被，增加与明渠之间的遮挡物，修复山体植被。

图 5-95　沥青路改造

水泥道路现状及提升方案

现状分析：

1. 现场山地水泥路居多，与道路周边建筑存在高差，并缺少护栏，有一定安全隐患。
2. 道路范围不明确，同时存在住户侵占马路的情况。
3. 水泥路两侧的山体岩石裸露，会出现碎石等杂物影响路面车辆行人的安全行驶。
4. 与建筑的接触面没有过渡带，连接比较生硬。

建议：

1. 整治道路与两侧的高差关系，在无法调节的情况下增加护栏。
2. 明确道路的范围，整理出给村民堆放竹子等物品的余地。
3. 增加道路两侧的植物过渡带或修建挡墙，减弱与建筑生硬的接触面，也阻挡碎石等杂物对道路的影响。

图 5-96　水泥路改造

土路现状及提升方案

现状分析：

1. 步行道路没有统一的铺砖，道路高低不平，多泥泞。
2. 道路年久失修，存在安全隐患，落石与废弃的木材侵占道路。
3. 道路狭窄没有考虑双向游人的行走。

建议：

1. 铺设自然式的铺砖，统一规划，平整路面，减少泥泞。
2. 增加护栏，保障行人的安全，也对游客路线进行引导规划。
3. 扩宽部分道路，适宜双向游人行走。

图 5-97　土路改造

停车场现状及提升方案

现状分析：

1. 没有进行统一修建，多是马路旁边多余的空地。
2. 缺少绿化面积，多是直接铺设的水泥地。
3. 村民所砍伐的竹子和木材多侵占停车场的空间。

建议：

1. 村内部充分利用宅前场地作为自家停车用。
2. 规范停车位，增加绿化面积。
3. 集中管理村民所砍伐的竹子，以保障游人对于停车场的需求。

图 5-98　停车场改造

车行道路两侧绿化现状及提升方案

现状分析：

1. 现状部分路段道路两侧绿化维护较好，但是由于缺少良好的养护，车行道两侧杂草丛生。
2. 道路两侧部分路段缺少高大乔木，遮荫效果差。
3. 道路两侧树种花卉种类较为单一。

建议：

1. 安排人员定时进行养护，美化道路两侧绿化。
2. 种植当地乔木，形成良好的遮荫环境。
3. 丰富两侧灌木花卉种类，增加种植串串红、芍药、花叶络石、佛甲草、覆盆草等。

图 5-99　车行道两侧绿化改造

强景观观赏性。其次是道路绿化，作为村内对外联系的车行道，公路两边现有绿化景观优美，概括为一边与山体相邻，一边与河滩地相邻，规划道路两侧以低矮灌木为主，间接种植乔木，灌木可种植当地的特色树种茶树，可点缀种植红叶石楠、红枫、红花檵木等景观树种。再次是房边绿化，主要指农房宅前屋后的绿化种植，应充分利用闲置用地和不宜建设的地段，以小尺度绿化景观为主，做到见缝插绿，不留裸土，注意要与农房建筑朝向及门窗位置相结合，同时考虑到宅前场地基本已硬化，应予以保留，建议可采取悬挂式或独立放置式树池花器，增加绿量。然后是水边绿化，以生态保护、水土流失治理、绿化美化河岸为目的，体现乡土特色，一般种植耐水性较强的乔木以及水生花卉，滨河步道间植桂花、红叶石楠，河岸种植柳树，河堤内种植草本植物，可透出河堤生长。最后是庭院绿化，充分鼓励村民利用本地树种积极美化庭院，庭院绿化以茶、经济树种、果蔬为主，将绿化美化与发展庭院经济有机结合起来，打造花果飘香、居所优美的生态经济型庭院，村庄内影响整体风貌的杂乱环境可采用种植竹子进行遮挡。

三是水体净化。龙王村保留现有河塘水渠，并进行必要的整治和疏通，清理垃圾杂物及有害水生植物，改善水质环境，对垃圾、污水集中处理，严禁一切污染水体的活动，保障景观、旅游水体的清澈宜人。同时，创造滨水景观，设计并美化驳岸，使水系资源得以充分利用，河塘驳岸尽量随岸线自然走向，宜采用自然斜坡形式，并以生态驳岸形式为主，水体岸边需

步行道路两侧绿化现状及提升方案

现状分析：
1. 现状步行道道路两侧基本没有进行过合理的规划，大部分只有少量甚至没有植被绿化。
2. 部分步行道道路两侧缺少适当的乔木用于遮荫。

建议：
图 5-100 步行道两侧绿化改造
1. 在道路两侧种植当地乔木，用于美观和遮荫。
2. 在道路两侧合理的种植灌木以及花卉，美化道路环境。

要设置安全防护措施，结合亲水设施安排水旁绿化，形成生态、自由、以水为特色的植物景观，岸边栽植水杉、柳树、枫杨等耐水湿树种，河塘岸边提倡种植美人蕉、桃树等观赏性较强的植物及蔬菜瓜果类植物。进一步保留、疏通原有冲沟、河道、排水沟渠，完善导排系统，引导雨水就近排入河道等自然水系，避免倒灌，利用路侧边沟排水，排水渠也可就地取材用石块砌筑，排水渠底部用碎石块加混凝土做基础，水泥抹平，防渗水，防冻裂。

四是卫生洁化。首先是进行村庄垃圾清理，集中开展"四清"，即清垃圾、清杂物、清残垣断壁、清庭院活动，确保村庄周边无垃圾积存，街头巷尾干净通畅，房前屋后整齐清洁。龙王村重点清理公路沿线、村庄周边、公共场所、山林、村内街道、房前屋后、厨房、厕所内的各类积存垃圾、死角垃圾，消灭卫生死角。清除河道、冲沟、坑塘内积存多年的垃圾渣土，捡拾村庄周边的塑料布、塑料袋等。其次是清除违建，拆除村内侵占街道的私搭乱建，清理、修正坍塌破房、断壁残垣，整治改造危旧房屋，合理利用闲置地，使村内从主街道到小街小巷整治畅通。再次是垃圾收集，建立垃圾清理日常管理制度，引导农民每家自备垃圾收集袋或垃圾桶，对垃圾进行收集，积极建立健全垃圾户集—村收—镇转运—县处理的垃圾收运处理体系，努力体现村庄保洁常态化。通过实地调研明确现状垃圾桶位置，在符合居民生活习惯的基础上，考虑进一步均衡化，优化布置现状垃圾桶位置，按服务半径不宜大于 70 米布置，并鼓励对垃圾进行分类收集，提高再生资源化水平。最后是改厕，农村厕所应改造为卫生厕

河道驳岸现状及提升方案

现状分析：

1. 现状自然驳岸基本未进行过处理，因此未能得到很好的利用和开发。
2. 缺少休憩的设施。
3. 驳岸周边植物未进行过合理的搭配，因此显得不够美观。

建议：

1. 对驳岸周边植物进行合理的搭配，种植，养护，形成良好的滨水景观。
2. 在自然驳岸的现状基础上适当增设休憩娱乐设施，但必须和周边环境融为一体。
3. 部分较为平坦的河道周边可适当加修出游步道，用卵石、碎石等乡土材料施工，以便游客近距离接触溪水。

图 5-101　河道驳岸改造

排水沟现状及提升方案

现状分析：

1. 现状水沟基本都以水泥为主，多见于明沟，不够美观。
2. 部分路段水沟紧贴山体，雨水较大时，泥土石头的滑落容易造成水沟堵塞。

建议：

1. 可适当对水沟进行改造，进行材质上的替换，在水沟内部铺设鹅卵石，在水沟两侧植草，增加水沟美观度。
2. 在靠近山体一侧增设挡墙等安全设施。

图 5-102　排水沟改造

所，保证厕屋清洁无臭，近期在村内设置多个集中式公厕，采用三联化粪池或沼气池，综合利用人畜粪便、秸秆等农业废弃物产生的沼气、沼渣、沼液，用于炊事、发电、供暖及肥田，远期实现完善的排水系统建设，优先使用水冲式厕所，宜将厕所设置在室内。

五是节点景化，将村庄景观节点塑造作为村庄重要的风貌特色，特别是村庄的主要出入口、绿化空间、公共活动场所等。其中保留现状龙王村入口标志，增加乡土乔灌木，形成茂密的软质绿化环境；保留现状古银杏树，利用自然的树叶形状做设计，展现古银杏树节点生态自然的风貌；梅坞里村民活动绿地在现有景观节点基础上进行提升，增加竹灯等景观元素，丰富整体景观效果。

六是路灯亮化，规划沿主要车行道采用沿杆架设的路灯，设置半径不大于50米；完善村内巷道照明设施，采用沿墙架设的路灯，设置半径不大于30米；景观节点处设置一定数量的园林亮化灯。

七是设施优化，规划考虑实际操作的可能性，根据建设时序安排，采取集中和分散相结合的污水处理方式，农村生活污水收集系统分为庭院收集、分散收集和集中收集三类。规划在道路铺设时预留污水管道，远期在村庄某处菜地内设置一处人工湿地作为污水中段，集中收集处理沿环路的村庄生活污水；同时在村庄内旱厕设置分散收集污水处理，满足服务15—20户的污水处理量；对难以纳入规划的集中收集处理和分散收集处理范围的住户，采用庭院收集，可一至两户在临近空闲地设置一个共用的庭院化粪池。

八是建筑整治，对结构、布局、风貌完好、未遭破坏的建筑原址原状保护，不得翻建，不得改变原有状况、面貌，包括外部、内部及环境，使用原材料、原工艺进行修缮，修旧如旧；对建筑局部构件如门窗缺失或墙壁开裂，但建筑整体构架仍完好的历史建筑，应对其缺

郭家坞建筑立面改造分析

增加广告牌
增加休憩平台
增加壁灯
增加雨篷
统一门、窗框
青石板墙裙

现状照片

同类建筑

说明：此类建筑以修缮为主，外墙刷白，墙裙为青石板贴面。统一门窗，增加广告牌、壁灯、花箱等丰富建筑立面。

欢喜岭建筑立面改造分析

现状照片

同类建筑

增加木条装饰
增加雨篷
木质围栏
增加花箱
增加休憩平台
统一门、窗框
文化石墙裙

说明：欢喜岭建筑立面改造以现代浪漫风格为主，修复原有建筑，统一门窗，增加栏杆的装饰。

图5-103 建筑外立面改造

改造前　　　　　　　改造后　　　　　　　　改造前　　　　　　　改造后

图 5-103　建筑外立面改造（续）

失的部分用传统材料按照历史建筑的风貌进行修复；对于传统风貌建筑，应保持外观风貌特征，特别是保护有历史文化价值的细部构件和装饰物，允许增添与原有形制一致的新的部分及新的装修，以改善居住、使用条件，适应现代的生活方式；对现状建筑质量尚好、风貌协调的建筑，采取保留的策略，对与传统风貌不协调或质量很差的建筑，采用整治、改造等措施，使其符合历史风貌要求，整治改造的内容包括色彩、外观形式、装饰材料等方面，同时允许外部在不损害风格的条件下做一定的改变，允许拆除重建，重建的新屋应与原建筑外部风格一致；拆除质量较差的附属用房和居民旱厕。

■ 案例三：大竹园村

（1）项目概况

美丽乡村大竹园村隶属安吉县灵峰街道，南接上墅乡，东邻天荒坪镇白水湾村，南与刘家塘村接壤，西与孝丰镇交界，北与灵峰景区相连，主要包括大竹园自然村、中管自然村、观音塘自然村等。

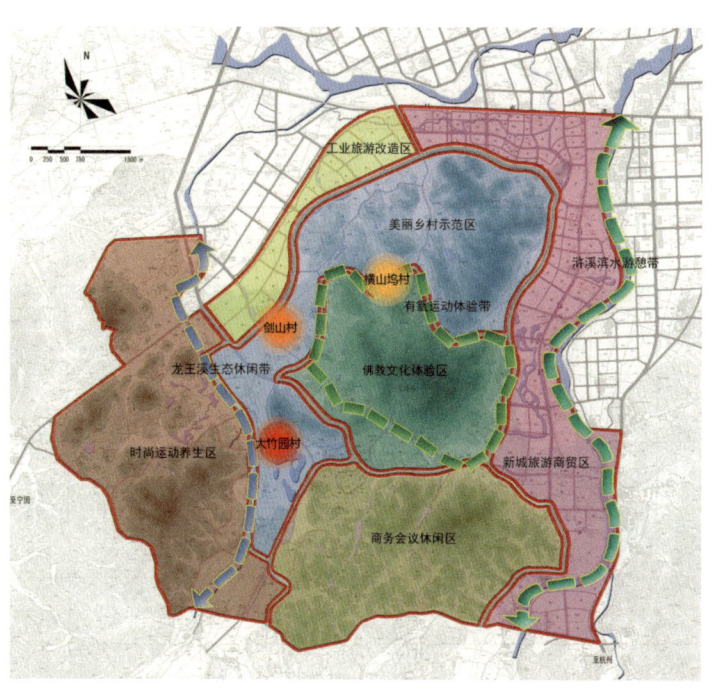

图 5-104　大竹园村区位

（2）上位规划

根据灵峰旅游度假区打造国家级旅游度假区、长三角著名复合型休闲度假旅游目的地的发展目标，以营造"双峰插云、双溪合抱、城区融合"的空间形态为指导，突出"环灵峰山、浒溪与龙王溪沿岸"度假休闲产业带，着力构建"三带、六区"的旅游发展空间布局。大竹园村位于美丽乡村示范区南部，与剑山村、横山坞村等交相呼应，丰富了美丽乡村示范区的游览体验。项目紧靠龙王溪生态休闲带，拥有得天独厚的特色资源，与龙王溪生态休闲带的其他功能互为补充。

（3）现状分析

大竹园村范围内田园占据了场地的绝大部分面积，是大竹园村区别于其他乡村的一大特征，设计中应充分利用这一特色，突出营造远山、田园、农舍的美丽乡村景观。

大竹园村内龙王溪穿村而过，溪水充沛，滨水两岸人工水渠如毛细血管般深入农田农居，满足村民农田灌溉、浣衣洗菜等功能，是承载村民生产生活的重要资源，也是大竹园村特有的水景系统，景观条件优越。村内原有水利灌溉渠较为发达，是大竹园村的另一大特征，通过对灌溉渠的局部节点放大，打造特色景观节点，整合改善灌溉渠与田地的关系，在提升项目景观品质的同时，改善居民的生活品质，增强与田园的互动，更有利于项目品质的提升。龙王溪沿线目前正在进行"五水共治"建设，沿线防洪堤坝、滨水道路正在建设当中，后续设计建造应当与龙王溪的水利建设工程相结合，将村民的生活休闲功能融入其中。

现状道路情况和道路等级参差不齐，交通组织较为混乱，影响整体景观品质，目前"五水共治"滨水道路建设一定程度上改善了道路系统性，但是在道路选型和定位方面还有进一步提升空间，应综合把控道路选型、路面材料、沿线景观布置等村容村貌内容，统筹兼顾，远近结合，提升道路沿线的整体品质。

大竹园村现状已初具景观绿廊格局，应对建筑的分布进行合理的规划整合，建议在村庄的建设中，预留合理的空间距离，打开视线，形成村庄、溪流、田野、远山的丰富景深。

图5-105 大竹园村现状

（4）设计定位

大竹园村以灵峰十景之一的蔬香大地为核心，抓住"五水共治"、"绿道规划"、"蔬香大地"、"鑫源山庄"等项目建设的契机，以龙王溪滨水休闲景观带和刘灵路田园风光带为两条发展轴，结合美丽乡村建设，联系规划的慢行交通系统打造多处重点标志景观，完善村庄基本功能需求和整体结构，引领村庄、旅游、产业联动发展。

大竹园村的建设规划愿景为"稻田蔬香，悠然人居"，最终形成"青山环聚落，绿水绕田园"的景观格局，将大竹园村打造成一个"山水精致突出、多元产业并举、人居品质宜人"的美丽乡村。

（5）规划设计

从规划上，对大竹园村资源进行整合凝练，提炼出一处文化记忆（旗杆石文化节点）、两个入口节点（大竹园村主入口节点、中管村入口节点）、三处健身广场（栖柳新语活动场地、林家村健身场地、大竹园村康体活动场地）、四条观光路线（穿枝引巷路线、旧墟怀古路线、拂水寻声路线、绿野乡村路线）、五处形象展示（大竹园村文化展示节点、生态水塘节点、生态湿地节点、观澜小筑节点、怡情西园节点）的格局，串联起民居—农田—竹林—溪流的景观形象，形成滨水休闲、田园风貌、文化传承互相交织的旅游体验，展现魅力乡村的美丽风貌。从景观设计上，形成"一心"，以大竹园形象展示为核心；"一环"，构筑生态绿环；"两带"，即龙王溪滨水休闲带和刘灵路田园风光带；"双廊"，即两条村落文化长廊；"多节点"，即多处重点标志景观的格局。

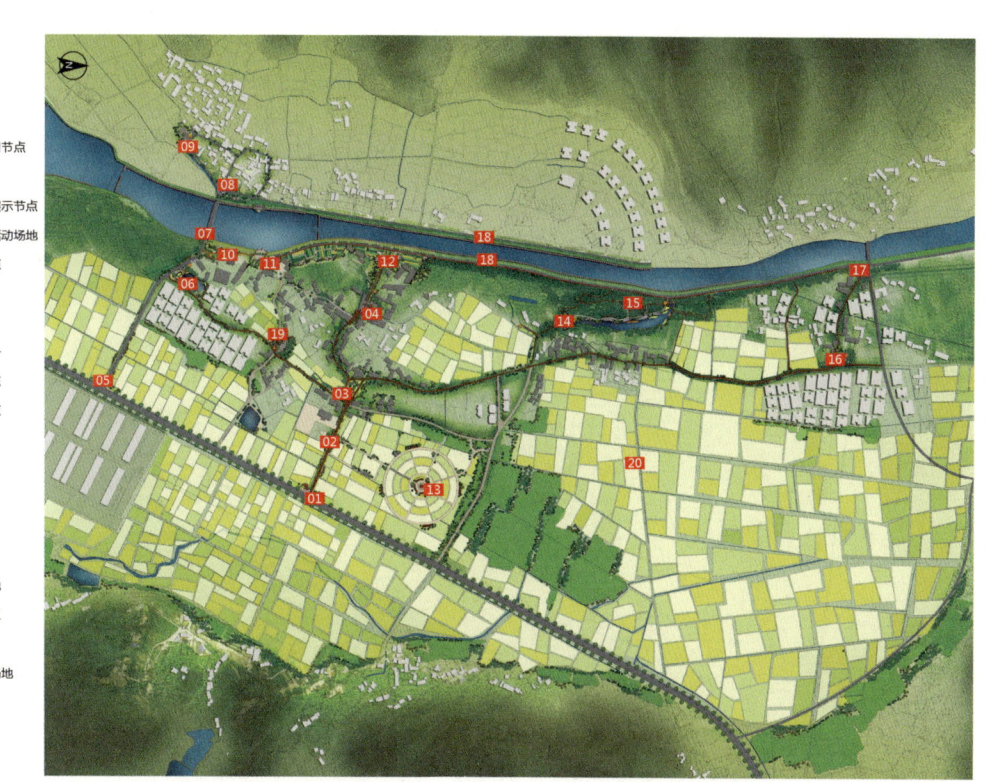

总平面图

01 大竹园村主入口节点
02 入口大道
03 大竹园村文化展示节点
04 大竹园村康体活动场地
05 中管村入口节点
06 生态水塘节点
07 景观大桥
08 滨水景观节点一
09 旗杆石文化节点
10 桥头堡景观节点
11 观澜小筑节点
12 怡情西园节点
13 蔬香大地
14 生态湿地节点
15 景观亭
16 林家村健身场地
17 滨水景观节点二
18 生态驳岸
19 栖柳新语活动场地
20 田园风光

图5-106　总平面图

一处文化记忆：
　旗杆石文化节点
两个入口节点：
　大竹园村主入口节点
　中管村入口节点
三处健身场地：
　栖柳新语活动场地
　林家村健身场地
　大竹园村康体活动场地
四条观光路线：
　穿枝引蔓路线
　旧墙怀古路线
　拂水寻声路线
　绿野乡村路线
五处形象展示：
　大竹园村文化展示节点
　生态水塘节点
　生态湿地节点
　眺瀑小院节点
　竹情西园节点

对村庄整体环境整治，重点打造游线周边地块。对有地理优势和有改造价值的民居，以及游线两侧的植物进行设计。

对村庄入口、现状水塘以及文化遗迹进行再设计提升，使其各具特色又与村庄整体风貌相协调。

图 5-107　文化结构

根据景观特质的差异，设计四条游线，其中两条文化游线，两条自然游线。

文化游线：
穿枝引蔓路线
旧墙怀古路线

自然游线：
拂水寻声路线
绿野乡村路线

图 5-108　游览路线分析

一心：
大竹园形象展示核心
一环：
生态绿环
两带：
龙王溪滨水休闲长廊
刘灵路田园风光带
双廊：
两条村落文化长廊
多节点

图 5-109　规划结构分析

（6）详细设计

01	特色花坛	06	背景竹林
02	景观廊架	07	景观树
03	毛石铺地	08	竹篱笆
04	景观挡墙	09	特色种植
05	水缸景观		

取材于村落本身的条石、旧砖、瓦缸等老物，结合改造陶侧建筑，打造高低错落、自然古朴的景观展示墙，营造一个完整的视觉感受。原有的三颗大树保旧被很好地保留下来，成为一个面向大众、展示村庄文化的窗口。

图 5-110　大竹园村文化展示节点平面图

图 5-111　大竹园村文化展示节点意向图

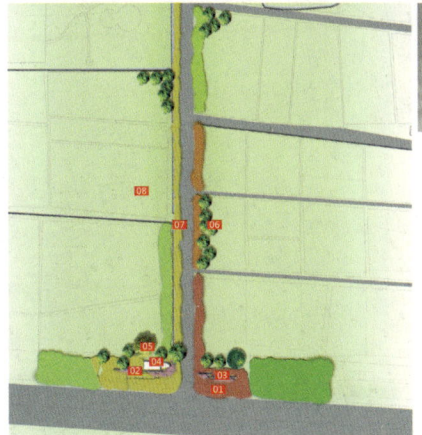

01	特色种植	05	景观大树
02	入口 logo 景墙	06	水杉林
03	景观挡墙	07	黄花菜片植
04	铺铺跳蹬	08	田园风光

该入口是进入村庄的第一界面，在远山近村、稻田成片的大背景下，保留原生大树与水杉林，片植开花地被与之交相呼应，另结合乡土元素利用村庄旧物设计主入口LOGO、毛石景观挡墙等景观小品，打造出一条极具风味的乡村风景道。

图 5-112　大竹园村主入口节点平面图

图 5-113 大竹园村主入口节点意向图

01 花境	05 广场铺装
02 景观驳岸	06 景观置石
03 景观廊架	07 竹林
04 树池	08 汀步

村庄中部设置康体活动广场，设置景观廊架、树池、健身设施及植物配置，作为村民茶余饭后休闲娱乐场地。

图 5-114 大竹园村康体活动场地
平面图

图 5-115 大竹园村康体活动场地
意向图

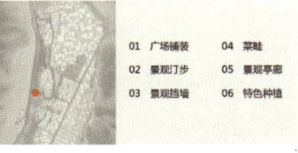

01	广场铺装	04	菜畦
02	景观汀步	05	景观亭廊
03	景观挡墙	06	特色种植

整齐序列的菜畦、横平竖直的小路穿插其间，惹翠的小苗清新可人。一处被禾田围绕着的休闲亭廊，几处低矮挡墙，在隐隐的鸡鸣犬吠声中让人真切地感受到记忆中乡村的气息。

图 5-116　怡情西园节点平面图

图 5-117　怡情西园节点意向图

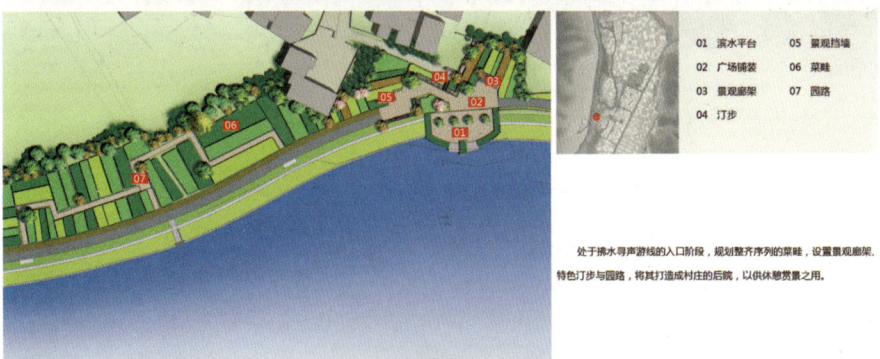

01	滨水平台	05	景观挡墙
02	广场铺装	06	菜畦
03	景观廊架	07	园路
04	汀步		

处于挑水寻声游线的入口阶段，规划整齐序列的菜畦，设置景观廊架、特色汀步与园路，将其打造成村庄的后院，以供休憩赏景之用。

图 5-118　观澜小筑节点平面图

图 5-119　观澜小筑节点意向图

01 景观大树
02 景观挡墙
03 特色种植
04 色叶树种

　　至于乡间桥头，田林减退，群山掩映中的溪水款款而现。或紫或粉的片花与苍翠的大树更是为这美添了几分恬静与明丽，仿佛一位老人静静地安守着一种淳朴的乡味。

图 5-120　桥头堡景观节点平面图

图 5-121　桥头堡景观节点意向图

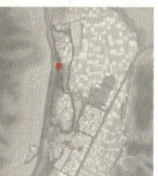

01 景观置石
02 铺装
03 竹廊
04 景观大树
05 湿地景观
06 六角竹亭

　　位于龙王溪沿线道路进入湿地的入口处，将作为滨水侧湿地主入口进行打造。设计保留利用原有的六角竹亭，适当拓展湖面并设置竹廊架，打通视野将滨水景观纳入湿地景观中，满足休憩与赏景的需求。

图 5-122　生态湿地节点平面图

图 5-123　生态湿地节点意向图

图 5-124　绿野乡村路线平面图　　01 生态水塘节点　　02 栖柳新语节点　　03 大竹园村文化展示节点　　04 田园风光　　05 林家村健身场地

图 5-125　绿野乡村路线意向图

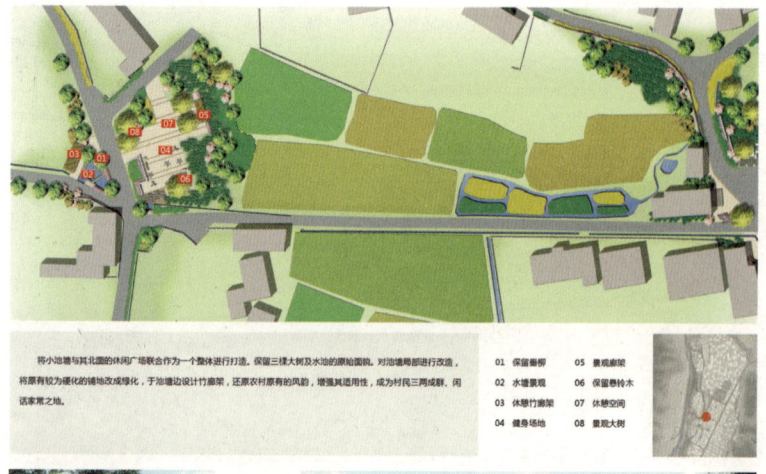

将小池塘与其北面的休闲广场联合作为一个整体进行打造。保留三棵大树及水池的原始围栏。对池塘局部进行改造，将原有较为硬化的铺地改成绿化，于池塘边设计竹廊架，还原农村原有的风韵，增强其适用性，成为村民三两成群、闲话家常之地。

01	保留番柳	05	景观廊架
02	水塘景观	06	保留泰铃木
03	休憩竹廊架	07	休憩空间
04	健身场地	08	景观大树

图 5-126　栖柳新语活动场地平面图

图 5-127　栖柳新语活动场地意向图

01	花境	05	生态水塘
02	茭白地	06	水生植物
03	汀步	07	竹林
04	亲水平台	08	水杉林

该处水塘位于两条主要游线的交叉口，保留原有的水塘，补种湿生植物，于路口点种景观大树，搭配茭白地及地被草花，打造一个较为生态的水塘景观。

图 5-128　生态水塘节点平面图

图 5-129　生态水塘节点意向图

图 5-130　生态水塘节点意向图

图 5-131　生态水塘节点意向图

■ 案例四：横溪坞村

（1）项目概况

横溪坞村位于孝丰镇西北部，孝丰镇位于安吉县的中部偏西，距离安吉县递铺镇 12.6 公里，距湖州市 85 公里，距杭州市 80 公里，距上海市 226 公里，西北与安徽省交界，北与递铺镇、皈山乡、郭吴镇相连，东与上墅乡相连，南与报福镇接壤，西与杭垓镇交界。横溪坞村距离镇中心 5 公里，有一条乡道对外联系，交于 204 省道，规划的申嘉湖安高速从村庄过境。村域面积 8.5 平方公里，是典型的江南花园式山区村，清代诗人王显承曾赋诗美景"斜穿大岭出林间，旋入横溪一径涧，尽显象牙山下好，小桥流水碧湾湾"。

横溪坞村现状有 8 个自然村，周边分别紧邻赋石村、大河村、潴口溪村、清水口村、城北社区和孝丰社区，入村道路由 204 省道分两个入口进入，经城北社区至横溪坞村。村庄由一条主干道串联，中心村及大多数自然村集中分布在道路两侧，部分自然村农户较为分散。

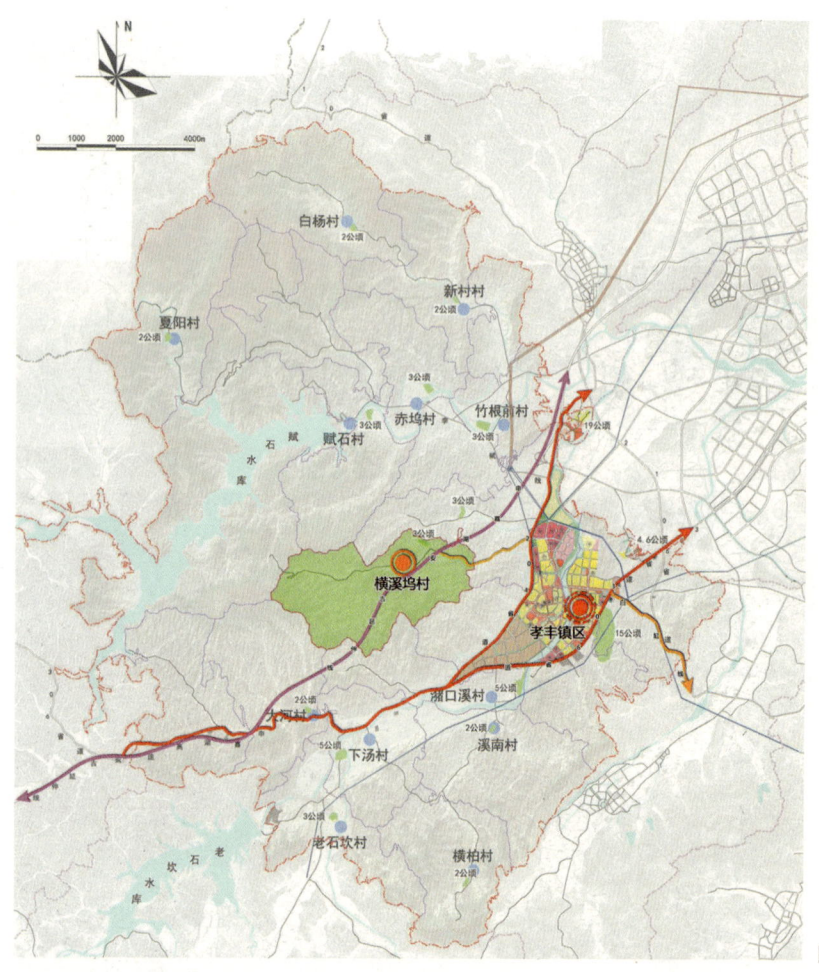

图 5-132　横溪坞村区位

横溪坞村美丽宜居示范村建设项目以"创建安吉美丽乡村精品示范村"为背景，贯彻浙江省农房改造建设示范村建设要求，优化村庄空间布局，提高农村居住环境。结合农房改造工程，横溪坞村将突出乡村休闲、养生养老的特色，塑造良好的村庄整体风貌和环境设施。

（2）现状分析

横溪坞村进出只有一条村道，现状道路为沥青路面，局部破损，路幅 5—5.4 米不等，随着人居旅游项目、美丽乡村精品示范村的创建，车流量的增多，路幅因地制宜做加宽处理。横溪坞村农作物种类多样，未形成规模，荒废的土地也比较多，路边的植物种类季相不丰富，部分比较凌乱，主要以绿色为主，且中心村段被柏树遮挡，无法露出山景，建议农作物规模化，四季轮作，村口黄花梨大面积种植，和绿道景观相得益彰。横溪坞村现状沿线建筑以 2—3 层建筑为主，存在少量的一层居住建筑，其余一层建筑以附房和工业厂房为主，各个年代、各个色系的建筑均有，立面难以统一，但建筑质量和立面保持较好，建议维持现状，适当改造。横溪坞村大小水库比较多，水质优良，但没有被很好地利用，随着横溪坞村的整治，绿道系统和田园风貌适度联系其间。

（3）设计定位

横溪坞村由场地本身特质挖掘出三个主要记忆场景为山水场景、生活场景、耕耘场景；提炼出三个主题文化为生态、生活、生产，从项目的角度把横溪坞村美丽乡村建设规划分为三个主题阶段，进而每个主题阶段有相应的文化内容和景观特色，从而使场地本身的独特气质得到更详细的阐述，使得横溪坞这条狭长的景观带成为生态养生休闲长廊，引领生态、健康、休闲的生活方式。其中"稻香田园"主题为慢行系统、渠道、果蔬、田园风光的结合，骑行在河道和田园之间，桃李、麦浪、板栗林、色叶植物、竹林雪景四季的变化，让骑行变得有趣。"花居石韵"主题依水而栖，依石而建，结合庭院花卉、道路绿化、围墙彩化等，打造一条充满诗意、宜居的公共生活廊道。"水韵绿堤"主题结合场地自身山水资源，竹林、板栗林、白茶等生态景观优势，依托天然居等旅游项目，营造一段绿意盎然、富于野趣的水景观。

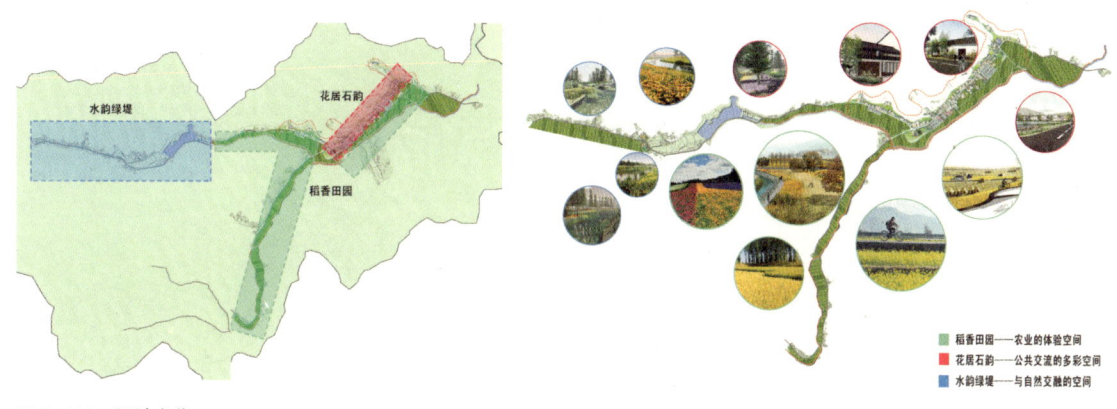

图5-133 设计定位

图5-134 功能分析

图 5-135　交通分析

■ 自行车道
　　自行车已经成为都市健身、健康养生、
时尚游玩的体验方式，越来越多的人加
入了骑行的队伍中。与亲密朋友一起吹着
风欣赏美景，去感受大自然的魅力，骑自
行车到达想去的美景，相信这是一个会充
满欢笑、时尚健康的不错体验。

（4）规划设计

　　"稻香田园"段结合绿道与农业文化展示功能，空间相对单一，多以骑行、参观、体验
道路为主，只在景点适当位置设置节点，结合绿道设驿站空间。其中中心村段为"稻香花田"，
和中心村打造的美丽宜居相得益彰，结合黄花梨、宿根花卉类的片植，营造花田景观。村委
通往天然居处的农田，结合旅游景点、水文化、绿道做活"稻香文韵"。淡竹坞和上横溪段山、
田、路和村庄有高差，打造农作物和梯田的景观，寓名"梯田闻香"。

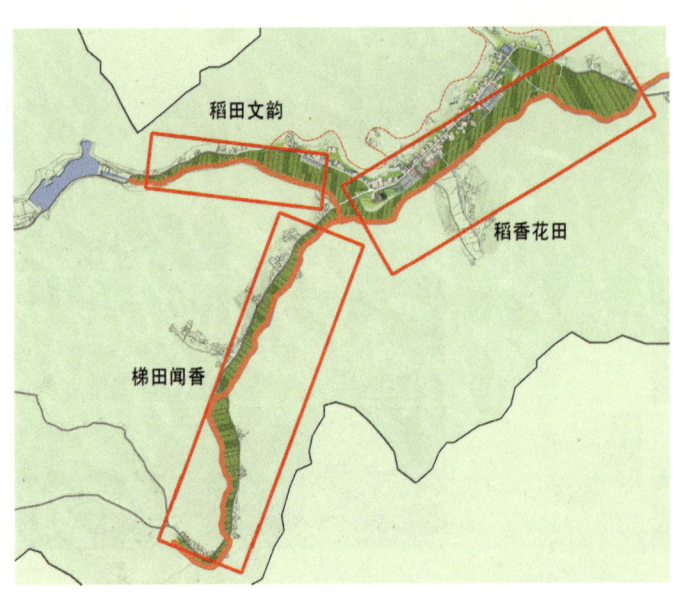

图 5-136　稻香田园平面图

图 5-137　绿道主入口效意向图

图 5-138　绿道驿站平面图

图 5-139　绿道驿站意向图一

图 5-140　绿道驿站意向图二

图 5-141　绿道驿站意向图三

图 5-142　稻香花田意向图一

图 5-143　稻香花田意向图二

图5-144　梯田闻香意向图一

图5-145　梯田闻香意向图二

石阶、稻田、油菜花

图5-146　梯田闻香意向图三

图5-147　稻田文韵意向图

"花居石韵"段将横溪坞村的公共生活廊道打造成诗意的栖居，采用"水—花—石—村落"的主题元素，分为"花样湿地"、"石阶春晓"、"乡村故事"、"文体中心"四个片区，结合多种生活休闲空间，为村民打造一片家门口的诗意的自然空间。"花样湿地"视野开阔，通过竹子、茅草打造的竹棚、栈道、芦苇荡中的亭廊，营造一种动态与静态融合的灵动空间，为游客和村民提供了活动区域，人们小聚于一片水光山色之中，沏一壶白茶，畅所欲言，足慰平生。"石阶春晓"保留村庄原始状态与肌理，高低错落的层次中，叠加的是种种朴实的记忆，方正的石材砌起的围墙，山间的绿竹扎起的凉棚，河滩的石子铺设的路面，庭院内种植着桃李等果树，道路边是宿根草花和竹篱笆，透露出自然山体，这些都是乡村往事，一段记忆，一种生活。"乡村故事"悉心取材于村落本身的瓦缸、石槽、青石磙，营造场所，唤起人们对于乡村的印象。"文体中心"对景观删减和改造，梳理大树和灌木，将景观水池简化，露出花架和景观亭，增设候车廊架和休息座椅等，方便村民参与文体活动。

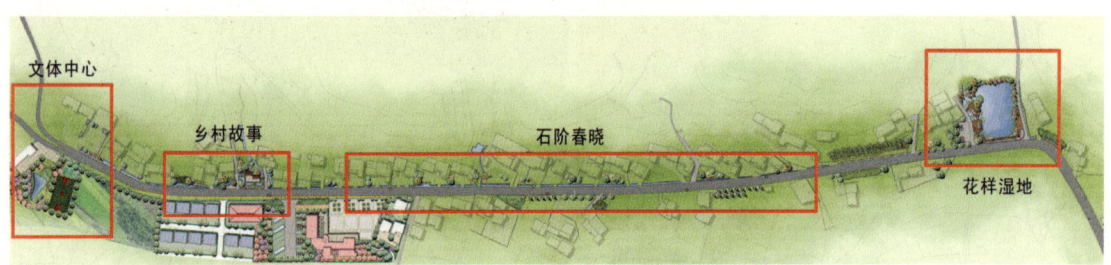

图 5-148　花居石韵平面图

图 5-149　花样湿地平面图

图 5-150　花样湿地意向图一

图 5-151　花样湿地意向图二

图 5-152　石阶春晓意向图一

图 5-153　石阶春晓意向图二

图 5-154　乡村故事平面图

图 5-155　乡村故事意向图一

图 5-156　乡村故事意向图二

图 5-157　文体中心平面图

图 5-158　文体中心意向图

　　"水韵绿堤"段在水家坞水库下游设置"碧潭叠趣"节点，依托天然居项目的开发，利用这样的地理和自然优势，青山绿水之间的垂钓、嬉戏、趟水、抓鱼，都将给家庭旅游带来欢乐。而方家塘自然生活片区，居民相对集中，处于天然居项目和大脚岭自然村之间，在此处设置一个"乡村公园"，满足村民对文体活动的迫切要求，给村民带来便利。而大脚岭山下陆续种植黄栀子，形成"栀子花开"的景观，与地势较高、排水流畅的地形相结合，一方面具有一定的经济效益，另一方面也形成良好的景观效果。

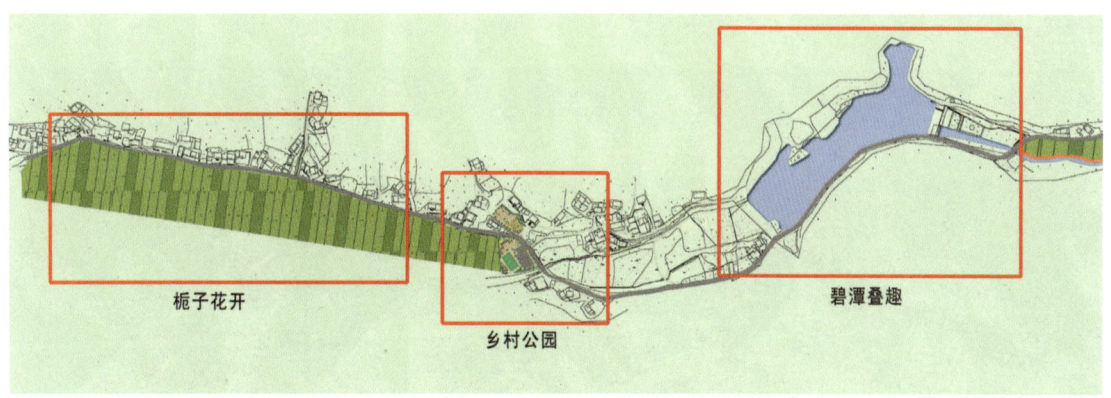
图 5-159　水韵律堤平面

图 5-160　碧潭叠趣意向图

图 5-161　碧潭叠趣意向图

图 5-162　乡村公园平面图

图 5-163　乡村公园意向图一

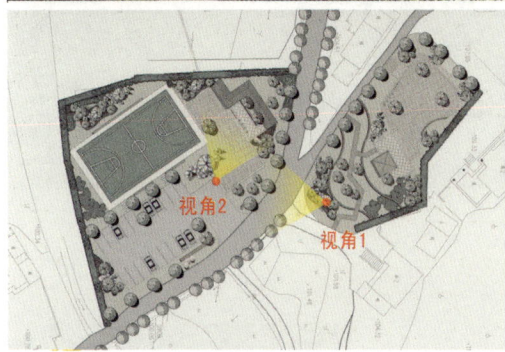

图5-164　乡村公园意向图二

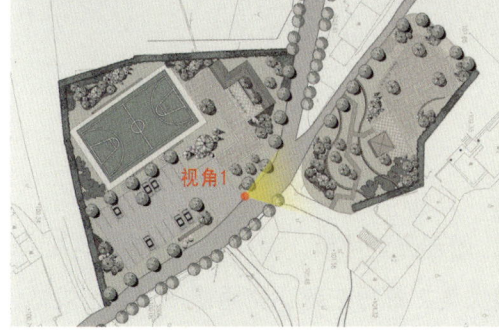

图5-165　乡村公园意向图三

图 5-166　乡村公园意向图四

图 5-167　栀子花开意向图

■ 案例五：港口村

（1）项目概况

　　港口村位于中国竹乡安吉南大门，东濒余杭区，西连天荒坪镇，南与山川乡为邻，北面为递铺镇，04 省道过境与临安市相连，是一个环境优美、翠竹茫茫、交通便捷、通信发达，竹制品、个私经济高度发展的竹乡乡镇。

港口村自然气候温和，生态环境良好，属于亚热带季风气候，归属于Ⅲ类气候区，光照充足、气候温和、雨量充沛、四季分明，年平均气温 15.5℃，无霜期平均 226 天，年平均降水量为 1540 毫米，年降水量集中在 4—10 月，占其年总降水量的 75% 左右。港口村地形以山涧河谷缓坡地形为主，土壤适合竹林生长，西苕溪直流东坞里港和五云港两条山溪型河流交汇穿村而过，毗邻的中国大竹海著名景区与周围山体丰富的竹资源对村落自身特色有较大影响。港口村两边农田、山体、村庄生态环境较好，没有过多的开发与破坏，溪流水景及遍山毛竹景观是基地的景观基础，赋予了基地空间不同的景观特征。港口村具有较好的文化资源，位于港口村的竹文化陈列馆是港口村乃至安吉县与外界文化交流的一个重要窗口，它的建成将有效地宣传港口村璀璨的竹文化和竹精神，此外奥斯卡最佳外语片《卧虎藏龙》的拍摄地大竹海景区每年吸引大量游客前来观赏游玩，这些文化资源对于提升港口村经济、文化发展起着重要作用，对于凸显竹乡品味，提高承接功能也有着不可低估的作用。

（2）上位规划

天荒坪镇按照"一核、一轴、双心、三片、多方位"的规划，"一核"为风情小镇核心区，"一轴"为大溪峡谷，"双心"为镇区主中心和镇区次中心，"三片"为北部片区、中部片区、南部片区，"多方位"为多个旅游先导区和旅游拓展区，其中包括港口村项目。天荒坪镇的发展定位是国家级水电基地、长三角乡村旅游优选地、县城南部分区综合服务中心、县城旅游服务次中心、功能完善和特色鲜明的风情旅居小镇。

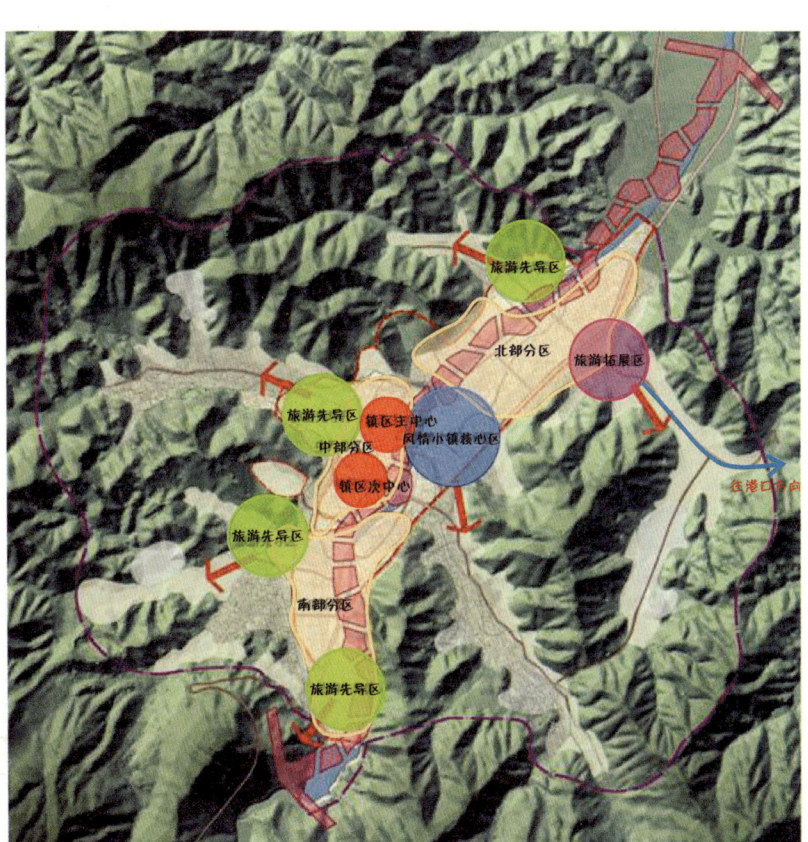

图 5-168 上位规划

（3）现状分析

　　作为天荒坪风情小镇的南大门，港口村挖掘自身竹文化，通过产业园形式来提升价值，港口村近几年在村庄建设和发扬文化方面提高了很多，但我们在村庄发展中也看到了现状存在的不足。首先是村民建设缺乏统一的标准，布局凌乱，房屋样式各异、部分破损，居民住宿建筑新旧不一，沿路旧房改造力度不大。其次是道路之间缺乏联系，部分道路路面状况较差，呈现脏、乱、差的情况，缺少维护，严重影响美丽乡村的整体形象，急需拓宽和改造。再次是公共区域景观建设已完成，但缺乏后期的养护，村民宅前绿地、节点绿地建设欠缺，部分地段环境较差，部分农田已经荒废、杂草丛生，急需清理整治。最后是村庄产业规划缺少统筹安排，产业用地布局比较随意。

　　港口村村域形态呈梨形，东西窄，南北宽，村域范围内大部分都为山体，只是在山涧河谷周围分布着不多的平原缓坡用地，可建设用地较少。从地形分析图来看，港口村村域地势南高北低，最大高差超过 800 米，村庄坡向主要以东西向为主，北向较少，且较为平缓的可利用土地较少，村域 65% 土地面积坡度高于 25%。现状村域内的自然村也大都位于山涧河谷周围。其中位于村域南部的喻家坞、坞山关、沿山三个自然村和位于村域北部的东山自然村，现状村庄建设用地多为山坡地，用地较为局促；位于村域中部的港口、东山、炭窑湾、梅家坞、

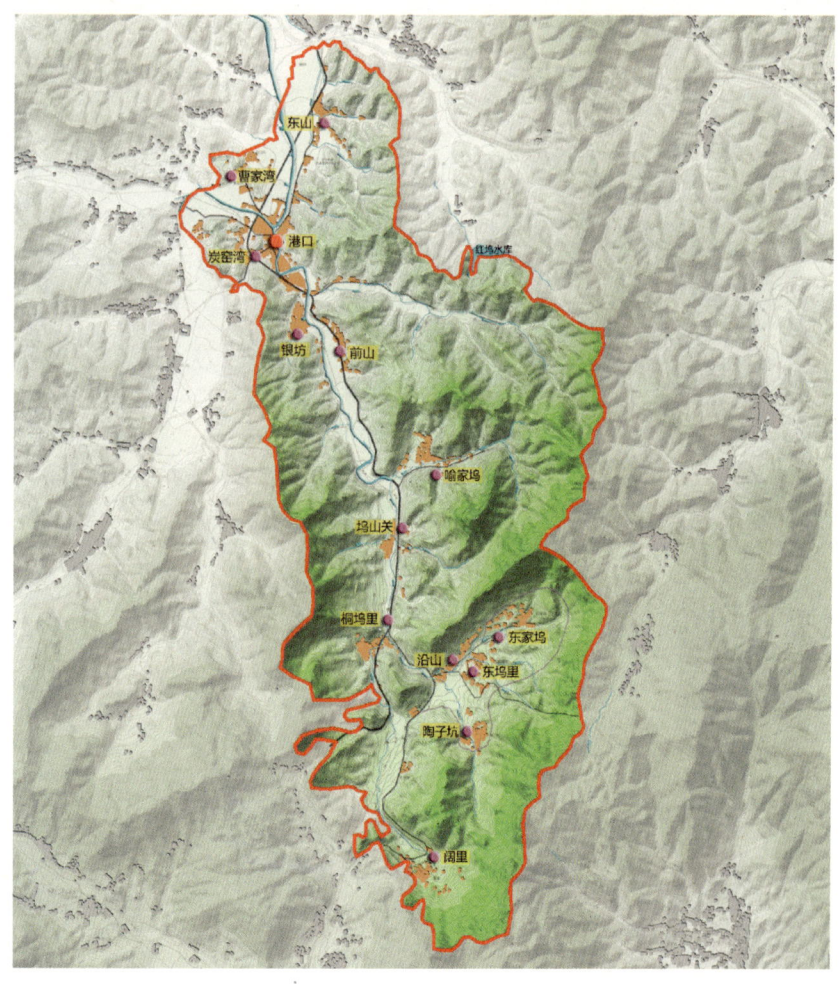

图 5-169　现状分析

银坊、曹佳龙 6 个自然村建设用地较为平坦，用地也较为集中，其中港口和银坊自然村规模较大，沿村域主要道路布局，村庄发展余地较大。

现状交通设施用地包括对外交通用地、村域主要道路用地及区域性公共停车场地。规划港口村的主要交通道路有霞大路、港口路、港大路等。村域对外交通主要是新修建的霞大线，现状建设道路路面宽为 12 米，绿化防护带宽为 5 米，村域内部道路主要在现状的基础上加以梳理改造。主干道按村庄三级公路的标准设计，路面宽 7 米，路基宽 8.5 米，其余道路宽度 4—6 米不等。

（4）设计定位

港口村在总体设计中遵循以下原则：首先是统筹安排、突出重点，为方便当地居民、游客的出行，在路线组织、景观上的氛围、空间上的感受等方面，道路两侧的建筑、植被有机联系，统筹考虑设计范围内的空间布局，并确定重点景观节点，在满足功能需求的同时突出抓好重点特色区块的建设；其次是因地制宜，创造特色，沿线着重打造体现"浙溪新洲头，美丽翠港口"的总体特征，构建紧扣具有当地特色的乡土景观氛围，按照资源以及用地类型的不同，结合已有的景观，充分利用平地、河流环境下形成的独特绿化景观等自然资源，因地制宜地进行设计；最后是生态优先，持续发展，在不破坏原有生态环境的前提下，合理、有效地利用现有资源，通过确定科学、合理的开发深度和时序，强化对土地、河流、植被的保护，实现设计范围内资源的永续利用和可持续发展。此外，港口村在设计中还坚持"人本、功能、生态、技术、经济、可持续、地方性"的目标。"人本"即以人为本，亲人宜人；"功能"即实用、简洁，摒弃表面文章；"生态"即优美健康，人与自然共生；"技术"即运用当地乡土材料，保证方案有坚实的技术支持；"经济"即遵循投入产出规律节约成本，避免浪费；"可持续"即尊重资源的回收再利用和衍生发展的可能性；"地方性"即显现地方精神，增强地域特征。

图 5-170　设计定位

港口村的设计定位为"山容水意，醉美竹乡"，让乡村回归乡村、延续自然村落，保持田园风光，通过港口村建设演绎丰富多彩的创新产业，建设长三角经济圈精品示范村，以现代农业和旅游服务业为主导，建设"经济繁荣、生活富裕、环境优美、民主和谐"的美丽乡村精品示范村，农民自愿、方便生产生活、适度整合集中，打造美丽的竹乡小镇。设计保留原始风貌，凸显竹乡特色，尊重传统村庄文化和生态脉络，以都市农业产业发展为支撑，植入区域需要的创新功能，使村庄聚落再现文化上的繁荣、生态环境的优美和农村经济的新引擎，体现自身和区域的带动示范作用，塑造安吉精品村建设发展的新名片。

（5）规划设计

港口村规划结构为"一带三区多点"，"一带"即生态旅游观光带，"三区"即入口观光展示区、风情小镇服务区、休闲度假养生基地，"多点"即多个自然村与霞大线结合的景点。

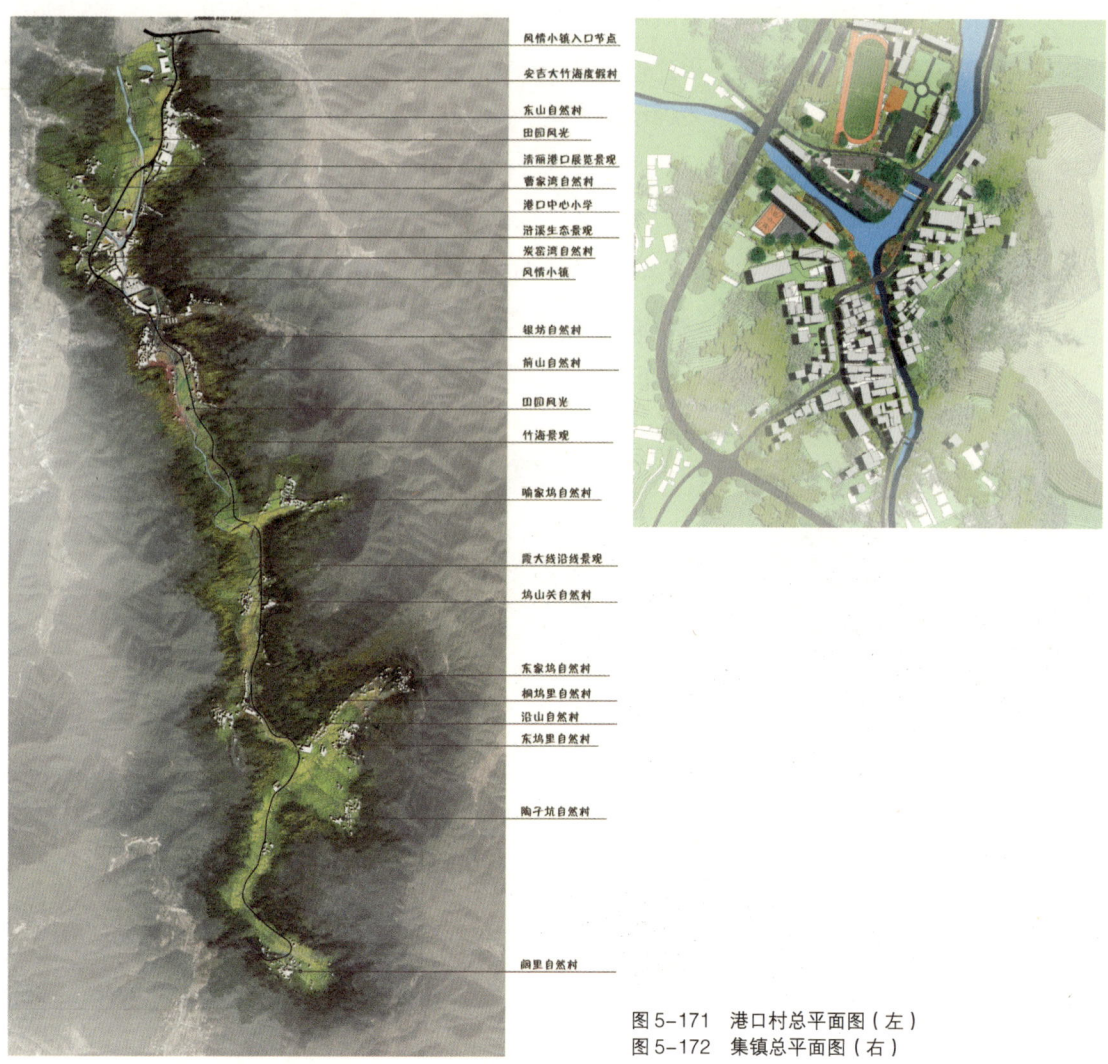

图5-171 港口村总平面图（左）
图5-172 集镇总平面图（右）

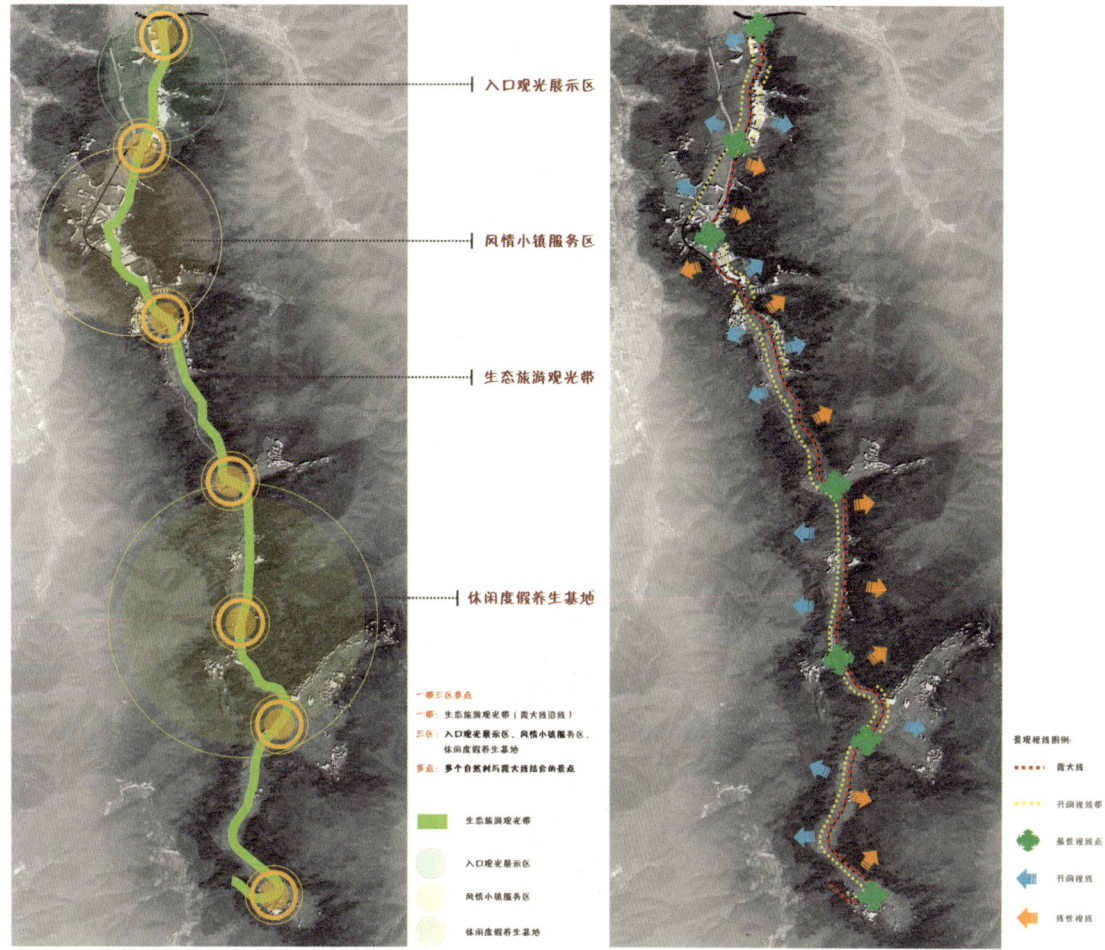

入口观光展示区

风情小镇服务区

生态旅游观光带

休闲度假养生基地

一带三区多点
一带：生态旅游观光带（霞大线沿线）
三区：入口观光展示区、风情小镇服务区、
　　　休闲度假养生基地
多点：多个自然村与霞大线结合的景点

█ 生态旅游观光带

█ 入口观光展示区

█ 风情小镇服务区

█ 休闲度假养生基地

图 5-173　规划结构

景观视线图例：
▬▬ 霞大线
▬▬ 开阔观线带
✦ 最佳观线点
⬅ 开阔视线
⬅ 线性视线

图 5-174　景观视线分析

（6）详细设计

原先公交车站整体风格过于现代，新风貌公交车站，在造型上加以设计，以木质与竹材料为主，以体现原生态为基础的特色。

修整原有树池，在树池里种植花草地被，保留原有水杉，将原有人行道铺装进行整改。

原风貌图

新风貌效果图

原有河道两岸的护栏给予改造式保留，为打破统一、呆板的原始造型，设计在原有结构基础上采用木材质以及毛竹进行改造，并且形成韵律感。

在公交车站边增加绿化种植，起到遮荫的效果。

图 5-175　意向图一

将原有植被灌木进行替换，种植竹子及自然生态花草，对后面建筑进行部分遮挡。

将原有木平台加大，并延伸，并且结合原有平台设置下层平台，提升其亲水性。

原有河道两岸的护栏给予部分保留，为了打破统一、呆板的原始造型，设计在原有结构基础上采用毛竹材质进行包装，且在竹栏杆里度水泥，提升其持久性，并且形成韵律感。

河道沿岸增加绿化，种植竹子，打破其竖向关系，且起到水与竹的关系。

新风貌效果图

原风貌图

设计在原有河道沿线种植水生植物，增加保护，在视觉上不仅提高了河岸沿线的观赏价值且起到净化水体的功能。

图5-176　意向图二

设计保留原有护栏的基础造型并做出相应的有序性调整，在颜色上采用原木色真石漆，直观上减少了水泥护栏的呆板、僵硬的感觉，并且在一定距离内进行打破，与石板台阶相连可供游人直接通往滨水木栈道。

设计对原有场地进行梳理、平整，结合原有水系两岸已有的踏步、台阶，相应做了挑台以及滨溪游步道，增加游人的亲水性，步道材质采用合成板材，保证长期在水中浸泡。

原风貌图

新风貌效果图

设计将原有溪水的河床进行平整、梳理、清淤并增加卵石且种植部分水生植物体现景观性与生态性。

在建筑外立面上设计采用当地乡土原材料—毛竹进行立面上的修饰与包装，形成整体统一的风格，在原有建筑的压顶上统一采用陶土青瓦，氛围上营造原乡情怀的滨水小镇。

图5-177　意向图三

在建筑立面上结合商业性质增加广告题材，将建筑重新进行粉刷。

在原有木廊基础上增加竹元素，采用竹帘垂挂，做立面上的修饰与建筑相呼应。

房檐转角处和路边增加照明设施。

针对建筑阳台外立面采用当地乡土材料—毛竹进行包装改造。

原风貌图

新风貌效果图

公园花坛贴面将原来的光面烧成火烧面，种植丛状竹子替换原有乔木，体现竹乡特色。

建筑边角增加部分绿植节点，种植竹子及地被增加绿化效果，且起到遮挡建筑不足之处的功能。

在公园边围增加小品，在增加美观的同时以防车辆胡乱停放。

图5-178　意向图四

在道路转角处增加植物，达到美化景观的效果的同时，
又起到修饰建筑不足之处的功能。

在原有木廊的基础上增加竹元素与景观灯，将原有廊顶
进行修整。

人行道与道路接壤处采用竹篱笆进行修饰，基底种植有
色花带并沿用毛石进行修边。

增加上层立体绿化，达到
美化景观的效果，且遮挡大面
积裸露在外的墙面。

在窗户上拿掉原有铝合金高架外套，
改做竹制外套，体现竹乡的味。

将集镇整体墙面进行涂料翻新。

原风貌图

新风貌效果图

对沿街商铺广告牌进行梳理，在色调上与
建筑外立面设计相协调。

将原有影响街道整体美观的
铝合金卷帘门替换成竹制门帘。

在建筑外立面上设计采用当地乡土原材料—毛竹进行立
面上的修饰与包装，形成整体统一的风格。

图 5-179　意向图五

保留原有山体植物并进行梳理，且增加竹林。

将原有挡土墙材料替换成仿夯土技术结合自然石砌
成，增加竹篱笆进行空间围合。

在道路边上隔出部分种植野趣花草，对其进行修边
处理。

对部分老式建筑进行涂料翻新
且隐藏雨水管。

原风貌图

新风貌效果图

建筑边线与道路接壤处采用毛石挡墙与有色种植进行修边处理。

建筑立面上延用毛竹进行修饰改造。

图 5-180　意向图六

将高层建筑进行更新粉刷，窗框采用木头材质进行包装。

将原有围墙进行整改，采用竹元素进行包装，顶上采用毛
毡进行遮盖，底层将原有水泥改成自然石贴面。

设计对道路两边进行景观处理，增加地被及种植有色植物
对原有裸露土地进行绿化，对原有花坛植物整改并增加竹篱笆
进行空间围合，前景种植一丛竹子，改善层次关系的同时又起
对高层建筑的部分遮挡作用。

在建筑外立面上设计采用当地乡土原材料—毛竹进行
立面上的修饰与包装，形成整体统一的风格。

原风貌图

新风貌效果图

增加竹片墙来美化景观，同时遮挡
裸露在外的白墙。

在庭院内部种植乔木，起到遮挡效果。

原有住户庭院挡墙进行立面修饰，采用仿夯
土技术处理结合自然石堆砌，顶上采用毛毡进行
遮盖，使之从感官上贴近乡土自然。

图 5-181　意向图七

修整整体驳坎，采用自然石堆砌，在原有建筑的毛石基座处种植爬藤植物进行绿化。

将原有河床进行梳理，在其的基础上增加从老街延伸到新农居点的一条水边栈道，增加游人的亲水性，材料选用合成板材，以防在水中长期浸泡，将栈道左侧原有山体进行梳理整合。

原风貌图

贯通河岸边道路，且增加水生植物，对驳坎进行保护，起到净化水体的功能。

建筑上保留原有老式建筑并进行修葺、平整、重新粉刷。

设计将原有河床进行平整、梳理、清淤，增加一级叠水，并增加卵石，达到水体流动变化的美景，同时起到蓄水的作用。

新风貌效果图

图 5-182　意向图八

设计将原有河床进行平整、梳理、清淤，并增加卵石且种植部分水生植物，如：鸢尾、旱伞草等，既可以净化水体，又能体现景观性与生态性。

将原有桥梁进行整改，采用竹板进行修饰与包装，将栏杆采用竹子进行围合，在竹子内度水泥，增加牢固性和持久性。

与交通部门沟通，将道路沿线原有的安全防护设施整改成毛石结合木头的防护挡墙，并加以地被及有色花卉进行绿化延伸，沿路增设照明设施。

原风貌图

将原有菜地进行梳理，增加有色乔木进行美化，在沿岸增设竹栏杆，起到安全的作用，又美化环境。

保留地块新式建筑，对老式建筑进行修葺整改，对裸露在建筑外立面的雨水管进行遮掩。

新风貌效果图

图 5-183　意向图九

将建筑墙面进行粉刷，与建筑另一面色调统一。

增加自然石挡墙，种植有色植物与高大乔木美化景观，将原有菜地进行梳理。

原风貌图

将原有白墙重新整改，采用仿夯土技术修缮，顶上加盖毛毡，达到景观性与生态性，挡墙前种植竹子美化景观，且遮挡建筑不足之处。

将菜地用竹篱笆进行围合，路边种植生态地被进行收边处理。

新风貌效果图

图 5-184　意向图十

在建筑边角种植绿化，部分区域种植大片竹林，对裸露在外的墙面进行遮饰与遮挡。

将原有建筑重新粉刷，屋面进行修补。

将原有院墙采用仿夯土技术进行重新整改，下层采用自然石堆砌，隔上加盖毛毡，门头采用竹子进行重新设计。

原风貌图

恢复原有田园场景，展现农耕文化，在道路与农田交界处采用毛石矮墙结合竹篱笆进行收边。

在农田内整合出部分绿化空间，种植少量当地乡土乔木—水杉。

新风貌效果图

图 5-185　意向图十一

种植大量乔木及竹子对建筑立面进行遮饰及修饰。

将原有院墙采用竹材质进行包装与整改，更新设计院墙门头。

将建筑墙面进行粉刷，采用竹材质包装原有窗框。

恢复乡村田园风情，展现当地农耕文化。

原风貌图

路边大面积绿地种植野趣花草，对排水沟进行梳理，提升景观效果，美化视野。

沿道路两旁种植乡土花草，并用毛石对其进行围合，起到收边的作用。

新风貌效果图

图 5-186　意向图十二

恢复原有生态山体，增加自然石砌挡土墙，以防山体流失，在原有较好的植被基础上，增加野趣、美观的下层植被，提升其空间感。

在自然石挡土墙前增加野趣植被，起到收边的作用。

修整原有农田田埂，堆砌自然驳墙，有效利用原有农业布局，打造农业观光区块。

在建筑上进行较小幅度改动，利用景观上植物的种植进行修饰遮挡。

原风貌图

保留原有乡土感，增加野趣的植被景观，将原有侧石抬高，使用本土石材砌挡，保留原有题石铭牌，利用当地竹元素增加一圈竹篱笆，展现竹乡的氛围，提升响家坞自然村路口的标志性。

新风貌效果图

图 5-187　意向图十三

对现有道路进行修边，使用自然石堆砌倒边及利用当地竹元素安放竹篱笆，前景种植蔬菜及自然花草体现乡村的氛围。

将现有地形进行规整，种植茶园，扔掉原有乡村的"脏、乱、差"。

合理布置停车位，局部采用石头，植被进行修边。

在建筑上进行小幅度提升，结合竹元素进行装饰，家家户户院墙采用石材、仿夯土技术、毛毡进行整治，大面积利用景观来修缮建筑上的不足，体现乡村的浓郁氛围。

原风貌图

新风貌效果图

原有田埂破坏严重，设计将其重新规整，材料使用自然石材堆砌，用以维护田埂的塌陷，在原有地形的基础上，拉升其田园层次，体现高低错落的田园风光，有效规划农业用地。

图 5-188　意向图十四

保留原有植被，在原有植被的基础上增加绿化，借以遮挡部分建筑的不足，部分建筑上增加竹元素，体现竹乡的氛围。

部分低矮建筑采用仿夯土技术进行粉刷，局部采用乔木及下层野趣花草进行遮挡及完善。

将整个茶园重新梳理，体现乡村的整洁、美观。

将建筑上原有的栏杆用竹材质进行包装，局部增加竹构架，对多栋建筑墙面更新粉刷。

将原有挡墙进行修缮，在边角增加竹篱笆及野趣花草，在增加美观的同时提升乡土味道。

原风貌图

新风貌效果图

改善原有田埂，使用自然式堆砌，保证其实用性及乡土性。

图 5-189　意向图十五

建筑在保留其原有的乡土味道的同时，将原有屋面进行修补，使用仿夯土技术修缮其部分破损立面，在窗户边增设窗框，材料上采用竹元素。

建筑边角进行修缮，恢复原有菜地种植。

利用原有院墙元素，修缮破损面，将原门及门头进行更新设计和整改，在院墙内地面铺设毛毡材料，体现生态乡土。

原风貌图

新风貌效果图

将整体景观进行提升，地面材质采用乡土化材料，增加部分竹篱笆，美化环境，建筑立面上摆挂小品，营造浓郁的乡土氛围。

将现有排水沟进行梳理，两边绿化带可种植蔬菜，方便村民的同时亦可美化景观。

庭院内部增加乔木及野趣进行美化遮挡。

图 5-190　意向图十六

建筑上采用夯土技术以及竹元素来营造乡村的氛围，部分建筑局部增加竹构架，利用景观的营造来修缮建筑的不足之处。

将原有道路进行整合，使用乡土铺装材料。

种植一丛竹子和野趣花草，用以遮挡裸露在外配电房及配电站。

将原有田埂进行整治，采用自然石材堆砌挡土，恢复原有农田进行合理规划，局部种植水杉，起到美观及遮挡的作用。

种植小菜园，及增加部分农作小品装饰，体现乡村田园风光，对道路进行修边。

原风貌图

重新设计公交车站，在建造材质上采用乡土素材，例如竹子、木头以及青砖，来提升设计感。

新风貌效果图

与交通部门沟通，将原有安全防护栏拆除，改作生态自然石堆砌的防护挡墙，既美化环境又起到安全的作用，道路边上种植野趣花草进行收边处理。

保留原有竹林及茶园，对其进行梳理及改善。

图 5-191　意向图十七

现状建筑部分较新，改造只将老旧建筑进行提升，种植竹子及乔木、地被，结合植物来遮挡部分较为丑陋的建筑。

扩大绿化面积的同时，种植竹林，美化景观的同时遮挡远处的烂尾楼。

作为港口的一个形象入口，需增设标识系统，在材料上使用乡土石材、木材及竹子。

新风貌效果图

原风貌图

重新规划车行路线缀绿道设计位置，使之更为顺畅，将大面积的绿化边围使用乡土石材进行修边，整体种植使用生态、野趣的植物来体现乡土气息，整体营造一种整洁、美观的景象，让人眼前一亮。

图 5-192　意向图十八

原有标志构筑物影响了整体的美观性，本次设计将其采用石材及竹元素的结合进行更新设计。

在霞大线沿线两边采用野趣花草进行收边处理，将排水沟梳理美化，增加竹林，在底下铺设茭白，减少踩踏，提升整体环境的同时减少维护。

原有水塘边栏杆较为丑陋，采用仿木涂料进行整改，使其融入整体景观。

新风貌效果图

原风貌图

拔出原有观叶绿化带，种植乡土植物，采用竹篱笆进行围合，避免行人进行踩踏，增加部分乔木，提升绿量，营造整体的乡村氛围。

图 5-193　意向图十九

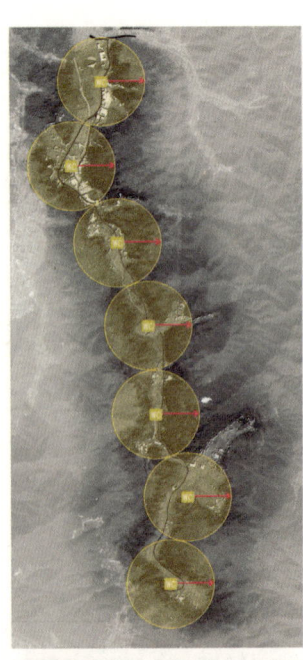

以景观建筑物形式出现，主要结合重点地段及景观节点设置。

公共卫生间图例：

 公共卫生间

 服务范围

→ 服务半径

图 5-194 公共厕所意向图

环卫设施（公交车站、公共自行车站、服务驿站）的设计以传统的新型材料与乡土材料为主要建筑材料，突现浓浓的乡土气息，将仿木铝合金结合传统瓦片、青砖、竹工艺来作为营造环境的原材料和装饰元素，既能达到整体美观的效果又能保证工程的耐久性。

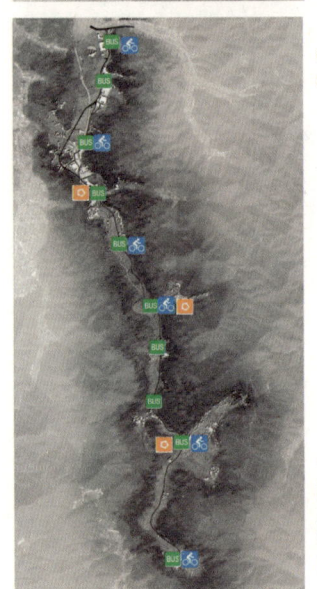

公交车站

旅游服务设施图例：

BUS 公交车站

自行车站

服务驿站

服务驿站 自行车站

图 5-195 公共设施意向图

垃圾箱

果壳箱

指示牌

总览图

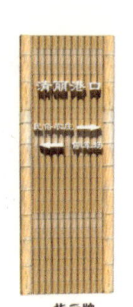

指示系统

图 5-196 环卫设施意向图

（7）材料选用

港口村在建设中以三种本土材料为主。

第一种是竹，毛竹生长周期短，3—5年即可成材，而港口村盛产毛竹，当地对毛竹的加工业也相对成熟，材料取之本土、用之本土，大大减少了运输、采购材料的成本，自2000年开始，港口村的毛竹材料得到了充分开发和利用。

第二种是仿夯土技术，港口村设计中就如何运用现代建筑材料和技术建造出既符合夯土墙原始风貌的装饰效果，又能够避免原始夯土墙的强度差、抗震抗折抗裂性不好、不耐水不防水等问题做出解决方案，通过对夯土墙筑墙技术的深入研究，结合现代的装饰砂浆科技成果，研发出新型的装饰砂浆铸造夯土墙装饰技术，根据当地的泥土色彩进行调配，保留夯土模板的裂纹手工夯实的痕迹，墙体强度高、耐冲击、耐水，装饰效果与原始夯土墙无二，利用现代夯土技术改良和提升的本土建造工艺。

第三种是自然石砌筑，港口村设计中选用当地乡土毛石作为基础料，用于挡墙、路面铺装、花坛整理等处，毛石用于砌体排水性好，石砌体结构抗压比砖砌体好，作为铺装材料防滑耐磨、景观效果好，不仅自然环保、经济实用性高且维护成本较低。随着时间的推移，毛石裸露在户外的部分会"越老越旧"越显自然生态。

图5-197　本土材料竹

图5-198　本土材料夯土

图5-199　本土材料石

■ 案例六：西亩村

（1）项目概况

西亩村位于安吉西北部天子湖镇，原是西亩乡政府所在地，12省道绕集镇通过，美丽的西苕溪与西亩溪水融汇流入太湖，交通便捷，地理位置十分优越。西亩村是安吉白茶产地之一，出产优质白茶，村庄以第一产业为主，企业分散，结合村庄环境打造绿色低碳的生活模式。

图 5-200　西亩村区位　　　　　图 5-201　西亩村印象

（2）上位规划

根据天子湖镇总体规划，西亩村未来定位为美丽发展区中心，力争打造天子湖镇南部乡村生活风情区，以天子湖镇风情发展轴为依托，与周边西港村等融为一体，共建乡村旅游发展带。西亩村应依托自身优势景观资源，走生态、绿色、协调的小城镇发展之路。

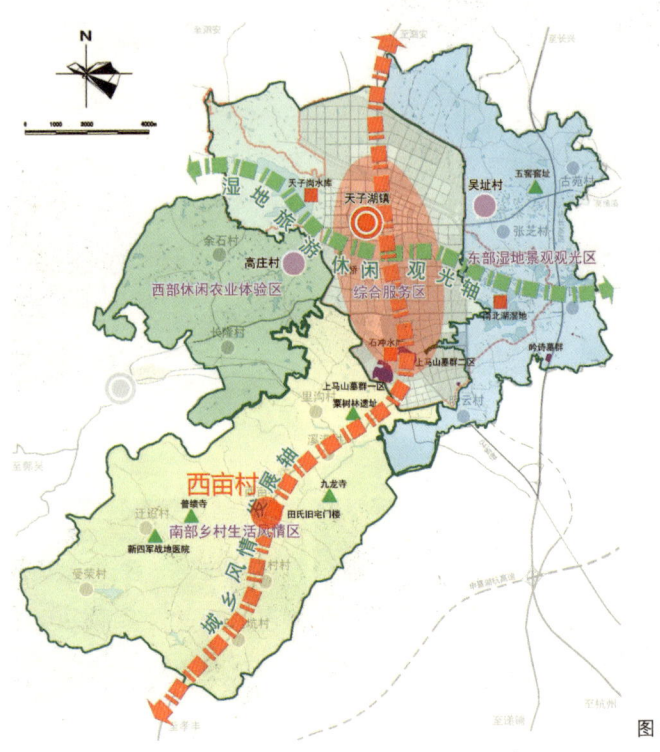

图 5-202　上位规划

（3）现状分析

目前，西畲村保持着"山、水、田、居"四大元素有机结合的整体格局。

西畲村整体环境卫生状况较好，基本能保证主要道路地面卫生清洁，但人流集中处等重要公共区域节点地面、部分道路绿化带、人行道、背街小巷等消极空间仍有垃圾溢流、清扫不及时、维护不彻底等问题，保洁力度有待提升。西畲村环卫设施不够完善，缺少垃圾中转站，缺少独立的公共厕所，垃圾桶布点不合理且数量不足，垃圾堆放点卫生情况较差。西畲村村域范围内仅有一条水系——西畲溪，东侧已做滨水景观处理段，卫生状况较好，水质较好；西侧未做驳岸处理、景观设计段，靠近居民生活区，卫生较差，水质较差；村内民宿内有小型池塘水体，自行维护较好。

西畲村村庄道路交通网络较完善，主干道包含12省道、204省道，次干道包含西北线，其他村级道路5条，基本形成两纵一横的道路结构，村庄道路总体平整度较好，局部坑洼，村内道路未进行"白改黑"工作，但局部摆摊影响了交通秩序，次干道受路幅影响导致秩序较差，道路设施也有所欠缺，村庄内集中停车场未硬化，部分道路停车未划线。

（4）设计定位

西畲村规划建设以"西地之村、倚水田居"为发展目标，有"山、水、田、居"的景观格局，本次小城镇规划建设，兼顾乡镇发展，统筹村民生活，结合白茶等资源，把西畲村打造成为环境优美、乡风和谐的美丽小城镇。通过美丽乡村建设，使西畲村整治区内的环境质量全面改善，城镇秩序高效有序、井然和谐，乡容镇貌大为改观，特色凸显，镇区形象焕然一新，打造成为干净整洁、兼具门户形象的美丽小城镇，打造天子湖镇小城镇建设的优秀样板。

（5）规划设计

西畲村主要采取三大规划设计策略。一是显山露水，严格保护城镇背景山的天际轮廓线，严禁控制建筑物遮挡背景山脊线，通过滨水道路的打造强化人与水的视觉联系；二是田乡交融，提升田园景观品质，形成田与村共生共长的和谐格局；三是营造风貌，对不同路段及片区的主题定位进行求同存异分区控制，对综合要素进行细节引导，对历史街区进行保护与再利用；四是理顺交通，完善道路系统，增加交通设施，完善村庄步行系统，增加停车场，解决停车难问题；五是提升产业，提升环境品质的同时，着力引入特色化的旅游文化产业，培养最符合西畲村发展的功能业态。

西畲村规划设计根据总体风貌将全村分为两个片区，分别为居住商服区和村庄协调区。居住商服区集中在村庄主要道路两侧，是集商业服务、行政办公、居住生活、交通运输等功能为一体的中心区域，主要设计诉求为商业与居住较好衔接；村庄协调区，是居住生活区域，临水分布，主要承担居住生活、村民活动相关功能，主要设计诉求为环境提升、生态绿色。

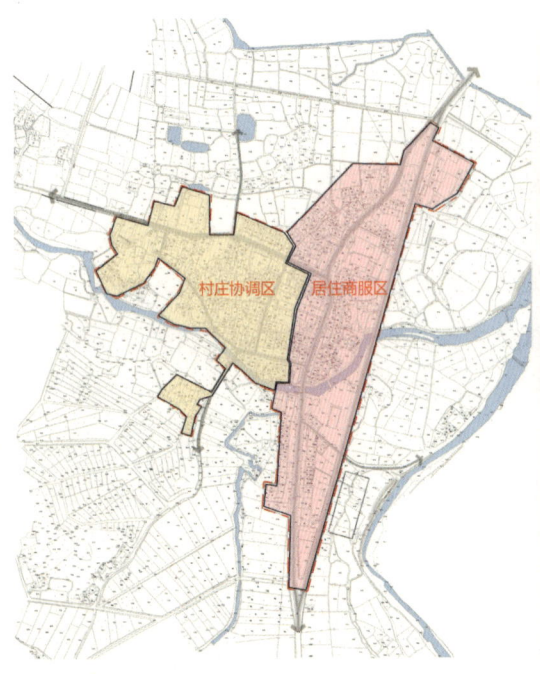

图 5-203　规划结构

图 5-204　居住商服区

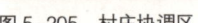

图 5-205　村庄协调区

西宙村规划设计　　　　　　　　　　　　　　　　　　　表 5-2

类型	功能准入	风貌重点	建筑引导	环境引导		
				道路交通	环境小品	绿化景观
现代商服区	商业服务 居住生活 公共服务	现代活力时尚	1. 建筑高度：原则上20米以下，局部（核心区域）可建30—40米高层； 2. 建筑色彩：以暖黄色为主，适当使用灰红色系、粉赭色系，禁止使用亮艳色系色作为建筑主色调； 3. 建筑围墙：新建地块禁止设置地块围墙，现有围墙建议破墙开店； 4. 建筑退让：主要街道、公共空间周边等区域要求建筑贴线，居住区需留出安全通道	1. 道路红线宽度因地制宜。 2. 合理布置机动车、非机动车停放空间	街道等公共空间布置街道家具、环境设施等环境小品	1. 道路沿线以乔木为主，避免对街道两侧视线遮挡； 2. 必要街道可设置花箱等设施美化分割区域
村庄协调区	居住生活 配套服务	低碳绿色现代	1. 建筑高度：20米以下； 2. 建筑色彩：以暖黄色系、白、灰为主，禁止使用大面积中高艳系色； 3. 建筑节能：就近运用回收或可再生建筑材料，综合采用自然采光与通风、保温、热回收、雨污水回收、屋顶光伏等低碳技术； 4. 建筑围墙：建议采用通透式围墙； 5. 建筑退让：主要街道、公共空间周边等区域要求建筑贴线，居住区需留出安全通道	1. 道路红线因地制宜。 2. 合理布置机动车、非机动车停放空间，以生态低碳为宜	公共空间、主要出入口布置供居民交流、休憩类家具小品和景观小品	增加绿植、增加建筑垂直绿化、屋顶绿化，提高森林覆盖比例，增强其碳中和能力

（6）建设整治

1）首先是环境卫生整治。

①地面卫生：采用管控分级，重点保洁道路为204省道，不低于12小时保洁，垃圾密封清运率达100%，环卫设施完善、无积存垃圾，每天洒水两遍以上；一般保洁道路为除204省道、过境对外交通12省道以外的其他内部道路，不低于8小时保洁。以"五无五净"为目标，加大环卫保洁管理力度，增加保洁洒水降尘冲洗频次，落实"四位一体"保洁机制，提高保洁质量。

图 5-206　地面卫生整治

②水系环境：对日常保洁水系（镇区范围内河道、水塘）进行常规性保洁，整治垃圾倾倒、污水排放；对重点保洁水系（整治范围内的河道、水塘等）进行综合整治，包括清除倾倒的垃圾和废弃物、消除排污口、清淤、河床弹底、引水源、截污纳管和雨污分流等。通过梳理镇区水系水塘，清理淤泥和漂浮物，保持水体干净、水系畅通；水系附近禁止堆放、倾倒各类物品和垃圾，禁止任何污染水体的活动，注意保持水体卫生；梳理滨水空间，提高水岸绿化景观水平；巩固提升"清三河"长效机制，增加日常维护工作。

图 5-207　水系环境整治

③环卫设施：采用"拆"、"理"和"建"三种方式，梳理空间增加必要的环卫设施，实现镇区整治范围内整体卫生水平的提高。按照2—3平方公里布一处垃圾中转站要求，及中转站服务半径在800—1000米左右的标准，结合上位规划垃圾中转站布点要求，在整治范围东北方向规划新建一座垃圾中转站。根据建成区每500米设置一座公共厕所的要求，结合西亩村发展现状，规划新建两座公共厕所，位于北入口景观节点和村委景观公园处。生活集中区按50—100米、100—200米距离配置垃圾桶，实现垃圾分类收集；并根据人流密度，在主要道路两侧及重要节点处布置垃圾桶。

图 5-208　环境设施整治

2）其次是城镇秩序建设整治。

道路交通秩序整治：划定路边停车位，新增集中停车场，对原有停车场进行路面平整硬化；对部分路段进行"白改黑"、沥青重新铺设、局部修补，村庄内部道路凹陷处水泥填补，对窨井盖等路面设施修补；划定货运交通管制区，增加指示牌指导交通；增设人行道，路灯设施优化提升，道路交通划线。

3）再次是乡容镇貌建设。

①沿街立面改造：遵循"重点路段重点改造、次要路段简单改造"的原则，划分出两级建筑立面改造的控制指引要求，204省道作为村庄主要道路，基于其现状建设条件，本次整治中的规划为重点改造路段，围绕西亩溪的立面改造为简单改造，配合滨水景观面的营造。重点改造节点可根据实际需要和建设难度，采取拆除、改造等具体措施来实现。

沿街立面改造　　　　　　　　　　　　　　表 5-3

	街道名称	整治内容
重点改造	204 省道	对沿街建筑立面进行整体风貌的调整，空调外机、门牌广告牌整治，打造西亩村主要的城镇形象和特色展示界面
简单改造	围绕西亩溪道路立面	立面进行清洗、修补或者重新粉刷，空调外机、门牌广告牌整治，局部美化提升

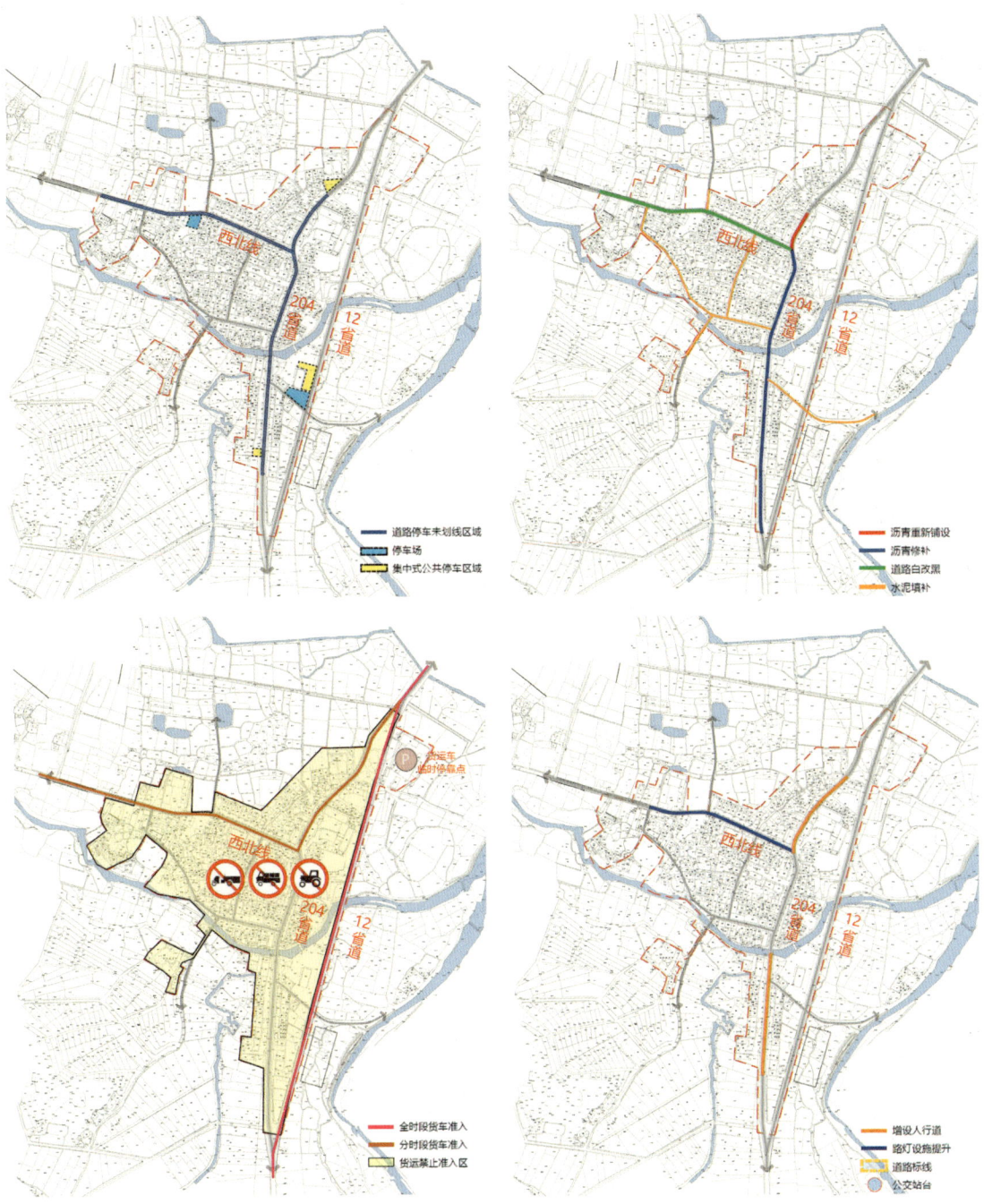

图 5-209　道路交通秩序整治

　　简单改造段总体采取简约风格的建设改造方案，与周边水、田环境相融合，以白色、灰白色为主，适当使用灰红色系、粉赭色系，建议采用通透式围墙，将零散的空调外挂机用白色外机罩、木架等包裹，从而使建筑外立面显得整洁有序。

　　重点改造段总体采取新中式风格的改造方案，体现西亩村江南风韵，与整体景观环境相协调，总体运用黑白灰的传统建筑色彩关系，以白色为主，同时局部可增加木色等其他颜色，可结合实际可操作性，考虑是否将屋顶颜色更改，总体运用黑白灰的传统建筑色彩关系；以白色为主，同时局部可增加木色等其他颜色；可结合实际可操作性，考虑是否将屋顶颜色更改。

商贸生活段

滨水文化段

商贸生活段 ➤ 结合现有建筑和现有功能进行整治，体现西亩村主要商业街道的商业氛围和生活氛围，注重乡镇农耕文化元素的表达。

滨水文化段 ➤ 结合西亩溪现在自然条件和部分已建设条件，将滨水景观文化路线延续起来，注重沿途的建筑景观立面和谐，与自然景观的搭配融合。

图 5-210　立面改造

②园林景观提升：在本轮建设中，需完成植物配备、场地梳理、景观建设，提升标示性和文化性，加强设施投入，完成水系驳岸整治，实现园林景观提升。

01/南入口景观节点
　　在西亩村村庄南入口处，建设集村庄标识、交通指引、景观提升为一体的景观入口节点，规划用地面积500平方米。
　　建设内容：
　　（1）新增村庄标识（塑石）
　　（2）交通指引牌
　　（3）铺装硬化
　　（4）植被景观表现

02/北入口景观节点
　　在西亩村村庄北入口处，建设集村庄标识、交通指引、景观提升、休息空间、公共厕所为一体的综合性入口节点，规划用地面积2800平方米。
　　建设内容：
　　（1）整治原标识标牌（塑石）
　　（2）交通指引牌
　　（3）铺装硬化
　　（4）植被景观梳理
　　（5）新建公共厕所
　　（6）凉亭整治

03/村委公园
　　在西亩村村委西侧，集合现有绿地小空间、篮球场、新增一座公共厕所等，建设成为居民休闲生活的一个休憩场所，规划用地面积1350平方米。
　　建设内容：
　　（1）公园标识（塑石）
　　（2）交通指引牌
　　（3）铺装硬化
　　（4）景观表现
　　（5）新建公共厕所

04/西亩溪滨水景观带
　　在现状水系景观建设基础上，进行滨水游步道整治、植物景观整治、设施小品设置，同时注意空间亮化处理，打造滨水文化休憩空间。
　　建设内容：
　　（1）驳岸整治
　　（2）滨水游步道整治
　　（3）植物景观整治
　　（4）设施小品配置

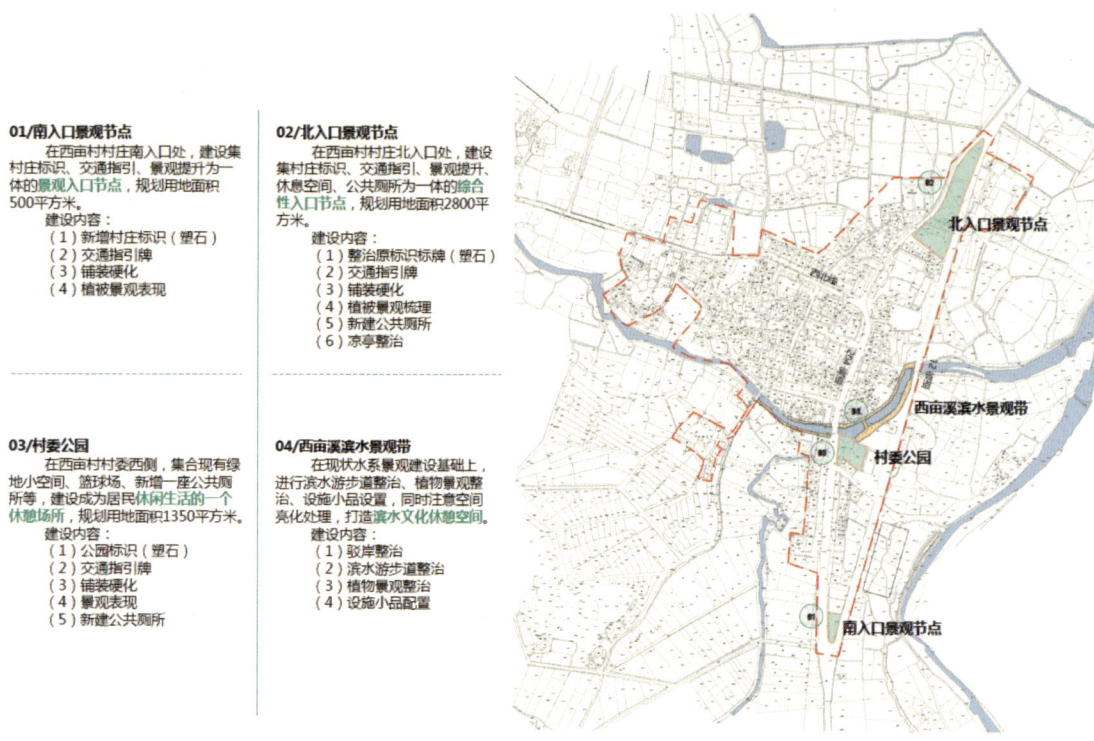

图 5-211　园林绿化提升

③道路景观提升：204省道做道路沿线景观重点提升，商贸区景观提升主要内容包括增加道路绿化、破损空间修复、丰富商铺周边植物景观层次，广告标识整治；西北线、西亩溪北侧道路做道路沿线景观一般提升，道路景观整治提升内容包括植物绿化提升，周边闲置空间改造利用，生活性道路增加休憩景观座椅、特色景观小品等。

图5-212　商业性道路景观提升

图5-213　生活性道路景观提升

■ **案例七：碧门村**

（1）项目概况

　　碧门村区位优势明显，交通便捷，04省道穿村而过，成为碧门村联系北面的安吉县城和南面的杭州市的主要交通脉络，碧门村为行政村，包含一个碧门中心村以及四个自然村，即青山村、黄母口、浒溪口、沿景坞。

（2）现状分析

碧门村的水系主要为港口溪、港口溪支流及农田水网。港口溪穿过青山自然村，沿碧门中心村西侧东南向而行，溪水充沛，滨水两岸水渠引入农田农居，满足村民日常农田灌溉、浣衣洗菜等功能，是承载村民生产生活的重要资源，也是碧门村独特的水景系统，景观条件优越。对于灌溉渠的局部节点放大，打造特色景观节点，与山水民居相结合，在提升项目景观品质的同时，改善居民的生活品质。

碧门村文化体系主要包含竹文化，碧门村以家庭作坊形式进行生产的竹加工业兴盛，拥有独特的产住关系，产品主要以竹筷、竹席、竹扫帚等竹日用品为主；九弄十八井文化，其典故从明朝便流传下来，说的是在家的妇人希望外出的丈夫归来，便请风水先生所设之局，如今九弄已不复存在，而十八井却依稀可辨当年模样。

图 5-214　竹文化

图 5-215　九弄十八井文化

（3）设计定位

将碧门村建设成为一个产业转型整合、山水田园精致、悠然人居生活的美丽乡村，将景观融入生活，保留当地生活的气息，满足村民日常需求，还原生活原本质朴的模样。

（4）规划设计

碧门村形成"一带、一线、双廊、三片区、多节点"的总体布局，形成两山夹带、带型山谷的景观格局。其中"一带"指浒溪支流港口溪的水系流经五个自然村，溪水的两岸应打造成主要的景观带。"一线"指省道穿村而过，外地由南向北去往安吉主城区、灵峰景区等为必经之地，是碧门村对外的主要交通脉络。"双廊"设计中打开了两个视线通廊，使房屋不会影响主要道路对山体景观的视线。"三片区"分别指青山片区、中心村与黄母口片区、浒溪口与沿景坞片区这三片主要居住区。"多节点"指本次规划节点沿一带一环展开，设计入村村头节点，提升两岸滨水景观带，整治村内环境，加入新的产业。

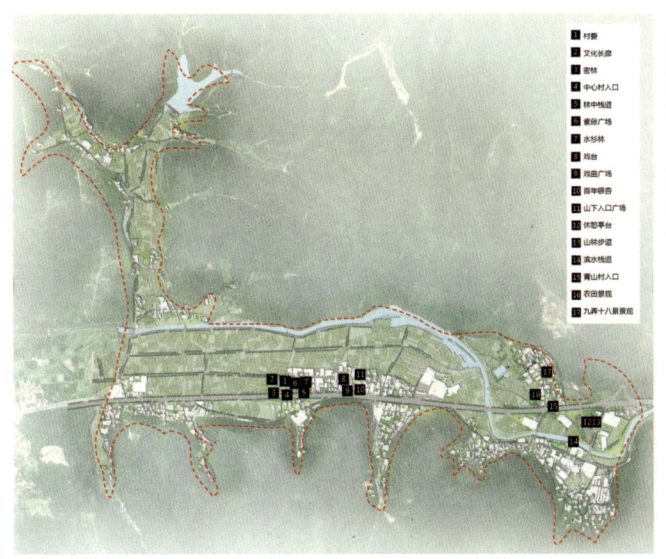

图5-216　碧门村总平面图

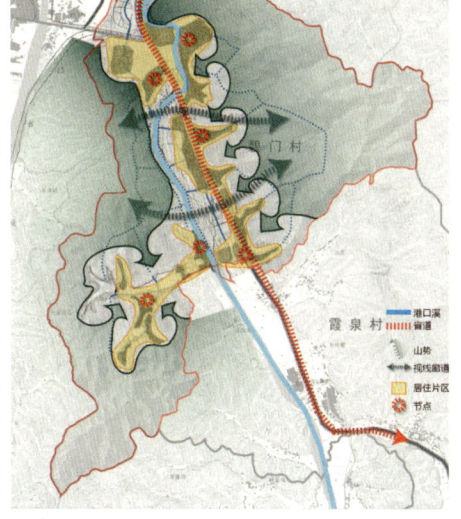

图5-217　规划结构

同时根据碧门村各自然村的特色、区位关系、相互间联系状况，分为以下三大功能区：悠然人居生活区（碧门中心村）、人文景观重塑区（青山自然村）、山水田园休闲区（青山自然村），展现碧门村现代文娱、康体休闲及历史文脉三个方面的特色。

碧门村的交通形成4个层级，第一层级为04省道，是对外的主要交通，连通北部安吉县与南部杭州市；第二层级为村级主干道，是双向车行道，为村内各区域的连通主路；第三层级为村级次干道，可以通行单车，主要为行人提供步行，形成巷弄景观；第四层级为滨水登山步道，形成景观游步道，位于山水田园游览区；中心村与青山片区入口打造入口景观节点。

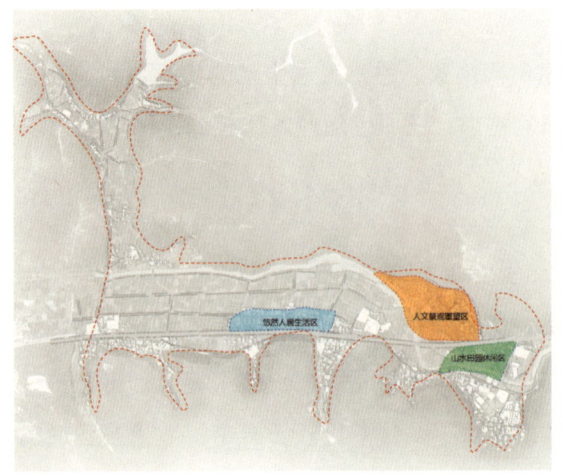

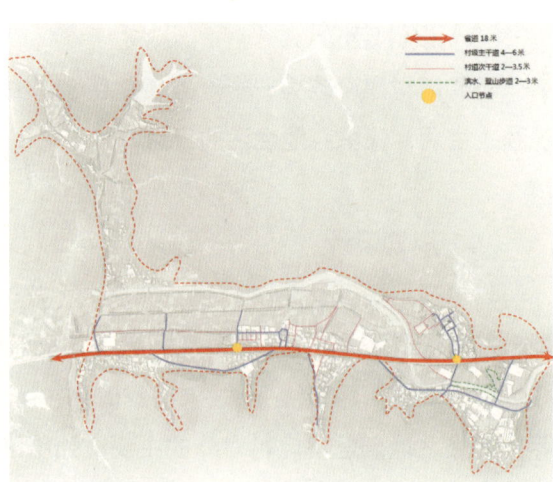

图 5-218　功能分析　　　　　　　　　　　　图 5-219　交通分析

图 5-220　九弄十八井区平面图

（5）详细设计

九弄十八井区：该区域以村内主路两侧为主进行景观营造，结合"九弄十八井"的历史典故，利用院墙整治营造巷弄空间的整体氛围，以井为核心景观要素，按照所在空间以及井的功能，或迁移或在原址上进行分类设计建设，其中观赏展示用的水井与植物、旧物、建筑、围墙相结合来塑造景观，集聚休闲、日常洗漱用的井与竹构架、挡墙、座椅组合形成聚集人气的公共空间。

图 5-221　巷弄空间意向图

图 5-222　九弄十八井区意向图

山体公园及滨水景观带：该区域主要满足村民及来客休闲生活、亲水娱乐的基本需求，将其打造为村民聚集、社交、休闲、健身的河滨生态公园。其中山体公园围绕山体设置登山步道、休憩亭廊与山下集散广场，形成完整的山地公园体系。滨水景观带沿溪岸种水杉林，遮挡过于生硬的建筑体量，使其融入山水且富有韵律感，利用场地已有条件设置埠头与滨水栈道，以便具备更好的对田园山林的观赏性与通达性。

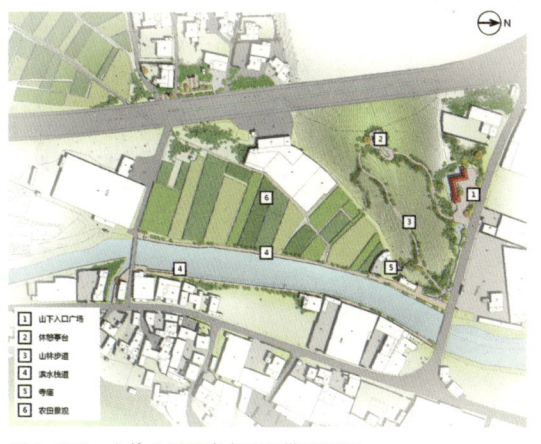

图 5-223　山体公园及滨水景观带平面图

图 5-224　山体公园意向图　　　　图 5-225　滨水景观带意向图

碧门中心村：中心村以品质人居为主题，利用原有场地资源进行村落文化展示空间、水杉界面空间、戏台文化主题空间以及古银杏展示空间这四大主题空间的打造，并以人行慢行系统及巷弄空间将各个主题空间串联成一个整体。

图 5-226 碧门中心村平面图

图 5-227 水杉界面空间意向图

图 5-228 戏台文化主题空间意向图

图 5-229　古银杏展示空间意向图

　　同时，碧门村将乡村本土元素融入公共设施设计，将美丽乡村的韵味渗透进细节，带来质朴、天然、独特的气息。

图 5-230　导视牌意向图

图 5-231　景观小品意向图

图 5-232　路灯意向图

■ **案例八：郎吴镇**

（1）项目概况

郎吴镇是浙江省湖州市安吉县辖镇，地处安吉县西北部，与安徽省广德县毗邻，北接天子湖镇，东连天子湖镇，南靠天子湖、皈山乡、孝丰镇，属半山区。郎吴镇交通便捷，通信方便，是一个历史悠久、名人辈出、边贸经济繁荣的集镇，是浙皖边境贸易重镇。全镇面积 49.5 平方公里，其中集镇区面积 24 公顷，辖 7 个行政村 96 个村民小组，山林资源丰富，盛产树木、毛竹、茶叶、青梅、笋干、板栗等。

（2）上位规划

上位规划中郎吴镇建设目标为"昌硕故里、生态名镇"，功能定位为休闲旅游、生态养老、人文产业（扇业及相关产业）、现代农业与商业贸易的现代山水城镇。

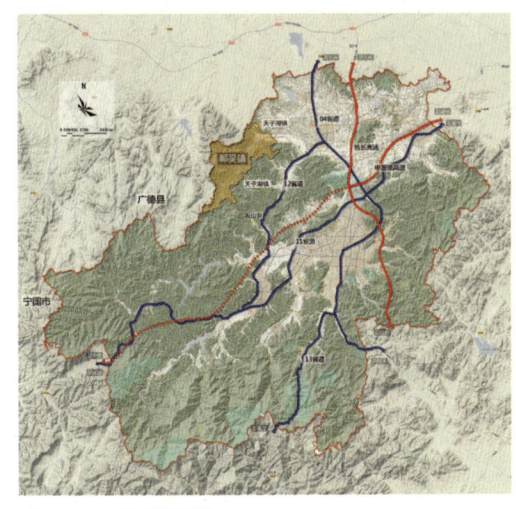

图 5-233　郎吴镇区位

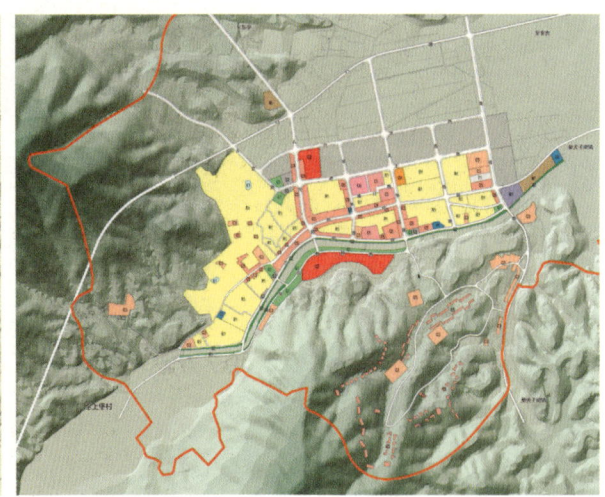

图 5-234　上位规划

（3）现状分析

鄣吴镇具有四大特色。

一是生态小镇，鄣吴镇地形西南高，东北低。西南乌石山海拔641米，东北部鄣吴村海拔70米，镇域有一水，源自金鸡岭，古名"金鸡岭水"，现名鄣吴溪，溪流两岸，古树参天，风景优美，艺术大师吴昌硕曾有诗赞誉"浮云参野色，斜谷走溪声"。

图5-235　生态小镇

二是古村小镇，鄣吴古村落位于鄣吴镇区西部，成功入选第六批"中国历史文化名村"、第三批"中国传统村落"名录，古村落建筑粉墙黛瓦，砖雕门楼，古朴典雅，基本保留了原本"八府九弄十二巷"的布局，村内水渠、古井、堰坝、水塘保存完好，具有重要的历史价值，2016年鄣吴村荣膺联合国教科文组织遗产保护奖。

图5-236　古村小镇

三是竹扇小镇，制扇产业作为鄣吴镇经济的特色产业，已有七十多年的历史，主要利用当地丰富的毛竹资源和大师故里独特的书画优势，将文化与经济有效融合而形成的产业。产品远销日本、韩国、新加坡等国家和我国港澳台地区，国内市场1/3的扇子产于鄣吴，鄣吴镇已成为全国著名的"扇子之乡"。

图 5-237　竹扇小镇

四是历史人文小镇，南宋初年，江苏淮安望族吴谨携家人为避战祸随宋高宗南渡，迁居于此，后人口繁衍，香火兴旺。鄣吴镇历史遗存丰富。镇区内保留有吴昌硕故居、吴昌硕修谱大屋等历史古建和遗迹三十余处；鄣吴镇人文历史悠久。作为书画大师吴昌硕的故里，连续四年成功举办"昌硕文化旅游节"。鄣吴金龙已被列入第四批省级非物质文化遗产目录。

图 5-238　历史文化小镇

鄣吴镇环境卫生现状较好。道路较为整洁，部分路旁空地有杂物、建筑材料堆积，安置小区内有垃圾、杂物堆积，环卫设施破旧，景观效果差，公共厕所服务范围不足。镇中水体状况良好，景观有待加强，污水设施已规划未建设。

鄣吴镇道路交通现状待改进，部分路面情况较差。由于道路目前还有大部分在建或刚刚建成，其路面及路边还未清理，稍显凌乱，某些早年间建成的路面现在又呈现破败状况，需要进行维护治理；停车场空间分布不均匀，同时停车空间多为临时停车场和路边空地，需要加强正式停车场的设计和建设，提高镇区的车辆容纳能力；昌硕古文化街交通管制缺失，步行街有机动车通行停靠，旅游集散中心有揽客车辆停放现象。

鄣吴镇乡容镇貌现状差距较大。首先，新集镇内建筑新旧不一，相互混杂，昌硕路沿街的建筑建设年代相对较早，外观较陈旧，风貌不佳，与新建建筑形成鲜明的对比；相较之下进士路沿街有许多新建建筑，外形仿古，建筑体量较大，风貌较好，鄣吴村内昌硕路以北建筑多为白墙黛瓦的建筑风格，整体建筑风貌较为协调，昌硕路、古鄣路区块内，建筑年代较近，建筑、屋顶色彩多为红白两色。总体而言，新集镇内存在部分建筑的建筑质量低下、年代差异较大，风貌不协调的问题。其次，低小散产业亟待梳理，城镇秩序有待提升。新集镇上沿昌硕路民居及鄣吴村内存在一些家庭作坊及散布企业，产业类型大致为制扇、食品加工等，虽然降低了生产成本，但是产业附加值不高，易造成噪声和水体污染，需要进行妥善安置；镇区内"房乱建"现象较少，一些危旧房需要清理；昌硕路沿线和鄣吴村内"线乱拉"现象明显，对镇区形象造成较大负面影响；农贸市场内存在商铺占据公共通道摆摊的现象，影响了农贸市场内部的交通顺畅和消防安全。再次，园林景观有一定基础，但特色不足，缺乏维护，连续性差。彰吴溪沿线早年已建设滨水休闲步道，然而设施缺少维护，步道路面多有损坏，利用率不高；鄣吴村内有一定景观基础，但是景观体验不连续且特色不足，没有形成完整饱满的历史文化名村形象；昌硕广场建设标准高，现状内沦为停车场所，两边商铺人气不足，未对外展示出昌硕故居的门面效果。

（4）设计定位

鄣吴镇规划建设以"昌硕故里、山水鄣吴、人文名镇"为发展目标，通过整体风貌的引导和控制、乡容镇貌的整治引导和重塑，城镇空间功能的改造和提升，展现"美丽鄣吴"的城镇形象。鄣吴镇力争实现"最佳宜居，魅力宜文，活力宜游"，"最佳宜居"即建设完善的城镇功能，形成舒适的生活环境；"魅力宜文"即创造人文休闲生活方式，形成文化创意产业集聚；"活力宜游"即通过传统、文化、山水相融，将村庄全域建设为旅游胜地。

三年内鄣吴镇建设目标是"生态人文名镇，示范风情小镇"，应与"三改一拆"、"五水共治"、历史文化名村保护等相结合，针对交通体系不完善、城镇空间不完整、城镇功能不完善等问题，以环境卫生、道路交通、景观整治、风貌协调、功能完善为重点，形成整洁、有序、协调的城镇空间，力争浙江省小城镇环境综合整治示范镇，打造湖州市小城镇环境综合整治标杆镇，巩固安吉县小城镇环境综合整治样板镇。

（5）规划设计

鄣吴镇主要采取三大规划设计策略。一是加强引领，多规融合；二是整治水体，整洁环卫；三是整顿秩序，杜绝五乱；四是管控风貌，提升生态。

鄣吴镇采取点、线、面结合的管控措施，以景观节点体现文化特色，街巷、滨水体现步行导向、近人尺度，以风貌分区体现不同功能导向下的管控要求，提出"两带四片区，两心多节点"的城镇规划建设体系结构。

图5-239　鄣吴镇总平面图

图 5-240　规划理念

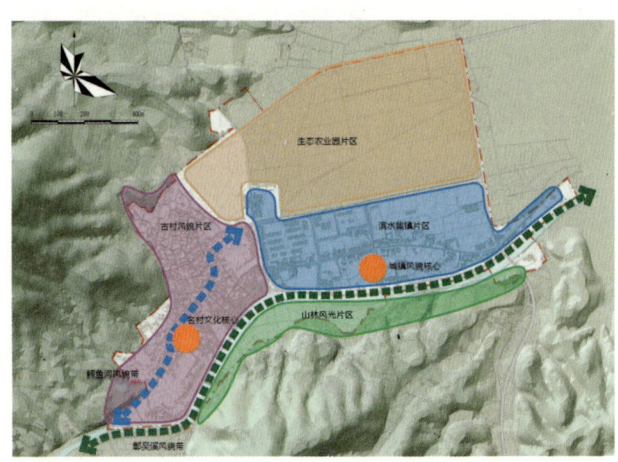

图 5-241　规划结构

图 5-242　地面卫生

"点线面"可详解为"面上美观、线上亮化、点上出彩",其中"面"以区域的视角综合审视本区的优势资源,发掘内部山水体系景观资源优势,有机改善现状街道、滨水等区域。"线"为规划对分区规划中所确定的路网结构,原则上应作为本次规划设计的初始条件予以遵循。同时重点细化道路水系线形、宽度及相互关系、深化落实各类设施配套标准和位置等内容。"点"为规划梳理道路交叉口混乱现状,有效改善节点环境,突出道路交叉口空间景观效果,形成点状公共设施景观。

"两带"即鄣吴溪风貌带和鲤鱼河风貌带,"四片"即古村风貌片区、山林风光片区、滨水集镇片区和生态农业园片区,"两心"即名村文化核心和城镇形象核心,"多点"是指八府广场、鄣吴月亮塘、吴昌硕故居、鄣吴吴氏修谱大屋、鄣吴余氏门楼、鄣吴胡氏门楼、鄣吴金氏民居、鄣吴大队大会堂、鄣吴狮子台门楼等。

（6）建设整治

1）首先是环境卫生整治。

①地面卫生:扩大道路清扫保洁范围,增加清扫次数,提高保洁质量,分阶段提高道路清扫机械化程度,扩大道路洒、洗面积,逐步形成"降尘与冲洗相结合,人扫与机扫相补充,清扫与保洁一体"的道路清扫保洁模式。

②水系环境:对溪流、水塘、水渠等进行清淤,淤泥和工业污泥、污水处理厂污泥无害化处理率达到100%;结合水体和两岸风貌,提升滨

水风貌，塑造景观，对郭吴溪、鲤鱼河、月亮塘的滨水景观进行设计改造；规划范围内河道保洁要求每日轮回保洁，河道水面没有漂浮物，达到全面覆盖、水体洁净的目标。

③环卫设施：新建星级旅游公共厕所四座，分别位于龙口桥南、鱼池路、古郭路路口，昌硕广场东和郭吴村西，加强公共厕所运维工作加强公厕管理，建立清洁、考核制度。

2）其次是城镇秩序建设整治。

道路交通秩序整治：对进士路进行重新规划定线，对不合理交叉口进行修改；打通玉华路，新设香雨路，完善路网结构；对不规范通车停车行为，加强管理，划定停靠区域，将停车场作为重点单元融入新一轮规划。

3）再次是乡容镇貌建设。

沿街立面改造：以美化街道、亮化景观，展示人文魅力为主要目标，做到统一建筑形式，沿街建筑延续商住一体的建筑功能，形式上多使用较窄的门面和出挑的屋檐，设置座椅和临时摊位，创建宜人的步行尺度，建筑风格以徽派建筑为主，材料以木材、涂料和青砖为主；做到增加建筑装饰，规整立面杂乱的开门开窗，修缮建筑物的屋脊、屋面、屋檐，整治太阳能热水器装置；做到丰富建筑色彩，回避城镇灰墙土瓦的单调乏味，结合多元色彩和诗画意境，对建筑外立面进行相应的涂刷和铺装，并将屋檐窗瓦和立面进行修缮，花草点缀于建筑物立面的局部细节中；同时，进行老式卷闸门整治、设计统一店招、种植景观树种。

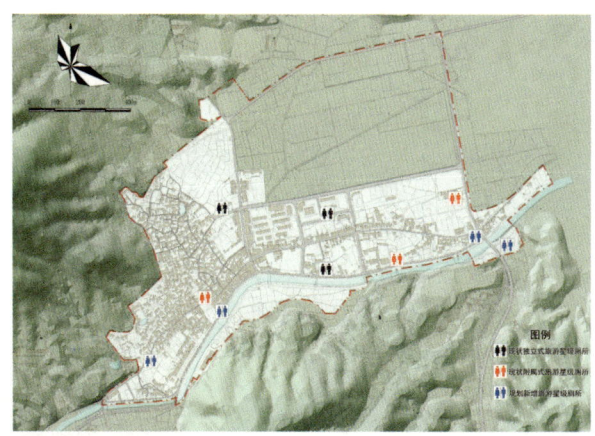

图 5-243　环卫设施

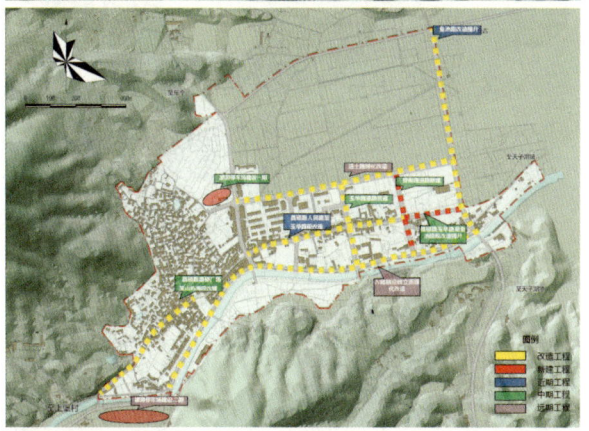

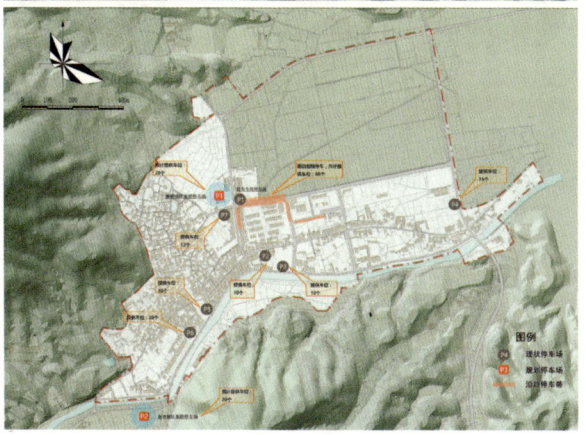

图 5-244　道路交通秩序整治

图 5-245 立面改造意向图

图 5-246 立面现状一

图 5-247 立面现状二

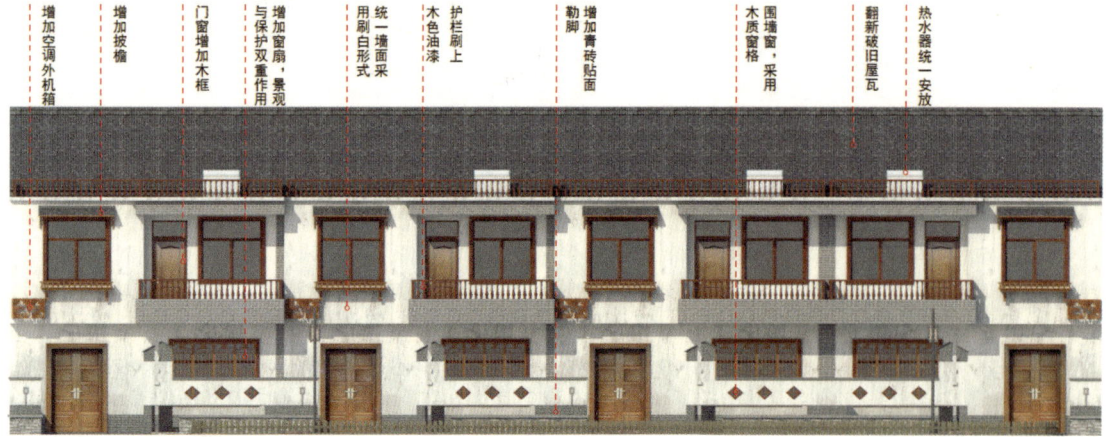

图 5-248 立面改造一

窗台种植养殖鲜花 | 地面铺设青砖 | 庭院种植景观树种 | 安放路灯 | 修补翻新破损路面 | 打造院前景观，种植景观树设置小品

图 5-249　立面改造二

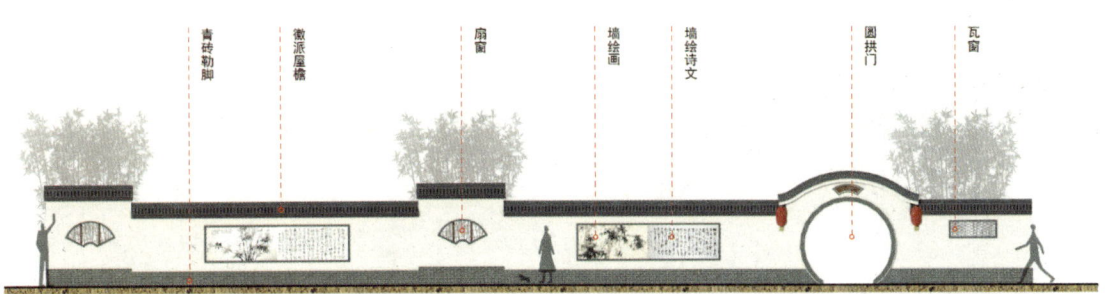

青砖勒脚 | 徽派屋檐 | 扇窗 | 墙绘画 | 墙绘诗文 | 圆拱门 | 瓦窗

图 5-250　围墙改造一

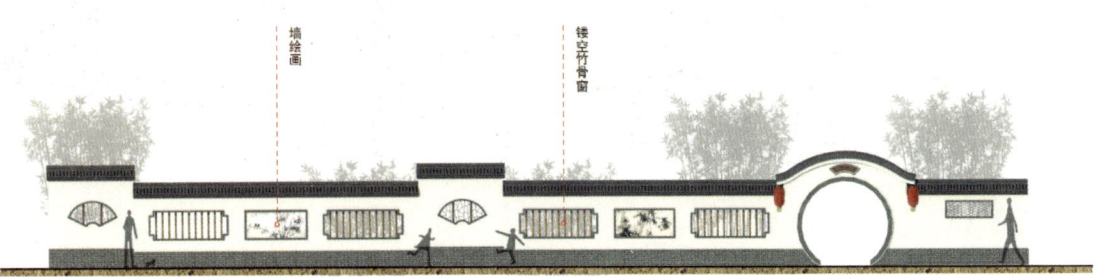

墙绘画 | 镂空竹背窗

图 5-251　围墙改造二

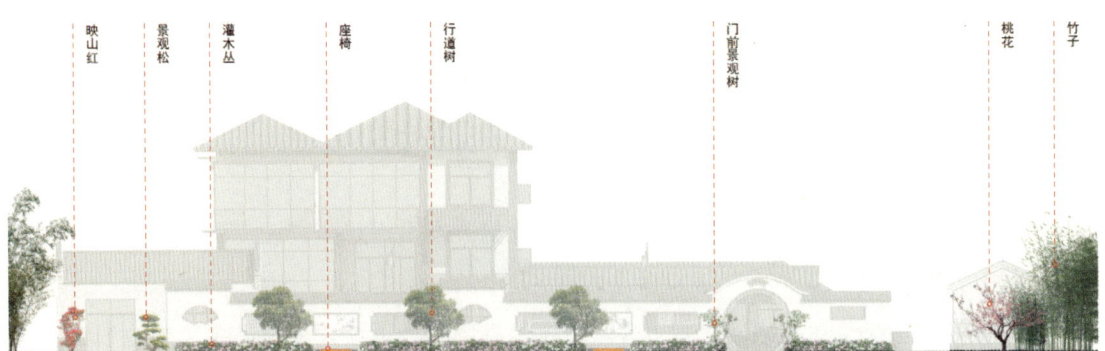

映山红 | 景观松 | 灌木丛 | 座椅 | 行道树 | 门前景观树 | 桃花 | 竹子

图 5-252　景观改造

地面翻新
路面设置景观
围墙改造
墙面喷绘彩画
打造庭院景观，种植景观树设置小品

图 5-253　综合改造一

恢复原乡墙面景观融入鄣吴人文诗画
增加景观小品
翻新墙瓦
增加护栏
设置石凳
增加青砖插排
增加标识标牌
清洁卵石路面
设置仿古路灯

图 5-254　综合改造二

（7）重点建设项目

鄣吴镇重点建设"六个一"工程，包含"一条溪水廊道"即鄣吴溪两岸景观绿化提升及沿河绿道建设工程（一期）及古鄣路改造提升工程，"一条人文道路"即昌硕路改造提升工程（人民路以东），"一个古韵村庄"即月亮湾改造提升工程，"一条历史老街"即昌硕路改造提升工程（人民路以西），"一批城镇形象入口"即集镇入口节点建设工程，"一批公共服务设施"即新增旅游星级公厕、生态停车场工程。

1）"一条溪水廊道"——鄣吴溪两岸景观绿化提升及沿河绿道建设工程（一期）及古鄣路改造提升工程

现状问题：鄣吴溪景观资源丰富，现状沿溪设有栈桥、堤坝、景观小品，但由于缺少人为保洁景观效果较差。鄣吴溪北面驳岸设有沿河绿道，但相对较窄，南面驳岸主要以自然形

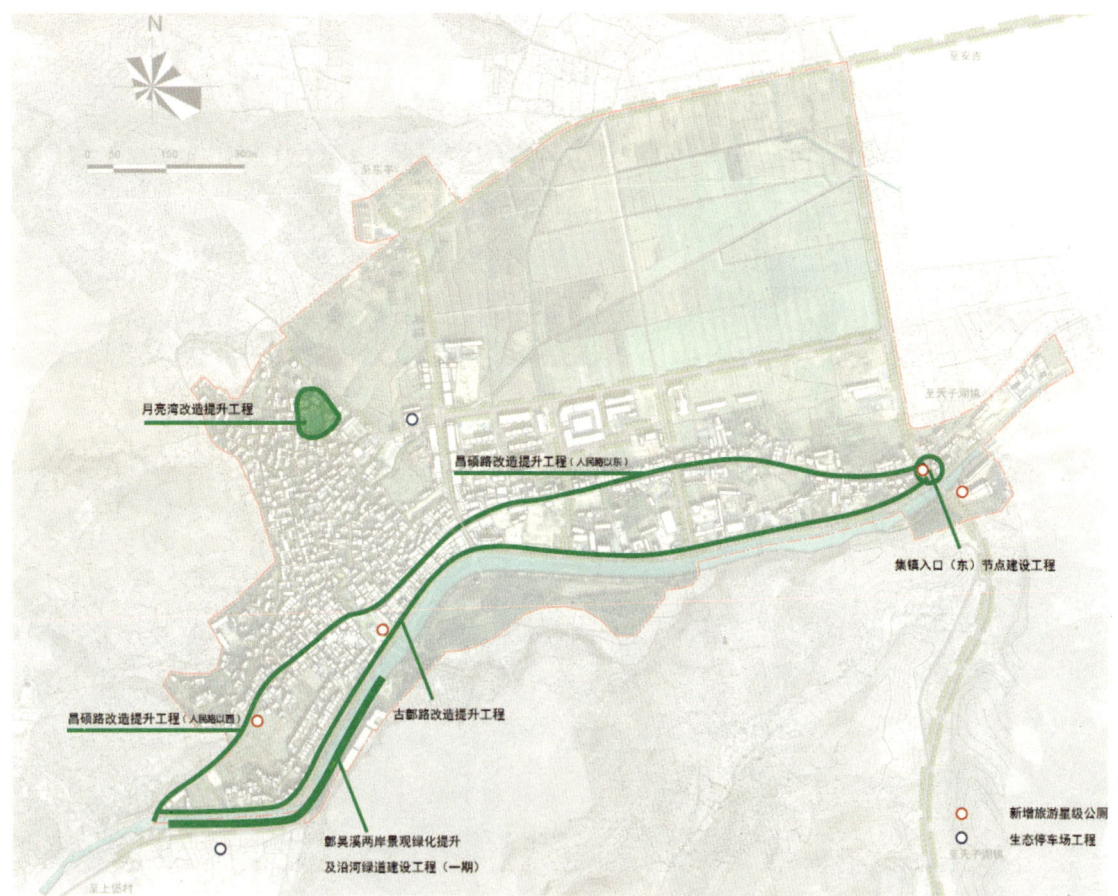

图 5-255　"六个一"工程

图 5-256　一条溪水廊道

图 5-257　古郫路西侧沿街段　　　　　　　　　　　　图 5-258　古郫路南侧水渠

图 5-259　郫吴溪东段一

图 5-260　郫吴溪东段二

图5-261　郸吴溪东段三

图5-262　郸吴溪中段（人民路正对面）

式存在。古郸路位于郸吴溪北侧，道路较新，道路北侧建筑部分已经过立面改造，但整体景观还需提升改造。

　　规划建议：加强沿河景观开发利用，对现有的步道进行提升，对有空间地段适当拓宽路面，打造一条舒适的滨水休闲步道。在沿溪步道及道路上设置景观小品吸引游客驻足观赏，同时设置休憩座椅供游客休闲，对古郸路沿线建筑改造增加文化元素。

　　建设主要方向：驳岸改造提升、增加景观小品、布置休闲设施、打造景观节点、设置标识标牌、提升建筑风貌。

2）"一条人文道路"——昌硕路改造提升工程（人民路以东）

现状问题：昌硕路东段现状主要是住宅建筑，建筑风格凌乱。建筑立面上存在老式卷帘门、铁栅栏，同时防盗窗、空调外机、雨篷、广告牌也存在与周边环境不协调的问题。道路上空蜘蛛网式的电线随处可见，造成了昌硕路沿街杂乱无章的视觉效果。昌硕路沿街还缺少垃圾箱、停车位等基础设施。

规划建议：根据《浙江省小城镇环境综合整治技术导则》提出的要求，对现状老式封闭的卷闸门、铁栅栏进行拆陋。两侧建筑进行整体立面改造，玻璃门窗进行清洗、修缮或更换，

图 5-263　沿街立面改造一

图 5-264　沿街立面改造二

保持建筑物立面清洁、整齐。对沿古鄣路建筑物的空调机位、店铺招牌进行统一，对沿路开敞空间设置停车位、垃圾箱等。昌硕路是通往昌硕故居的主要道路规划，应增加人文元素，使游客进入道路后就能感受到昌硕故里的文化气息。

业态选择：保留昌硕路现状商业类型，同时可适当增加创意书吧、创意餐馆、创意咖啡吧以及结合一些当地相关的产业店铺，提升整合鄣吴镇的产业结构。

建设主要方向：立面整洁、整体风格趋同、增加空调外机箱等设施、店招等标牌统一设计、沿路增加景观植被、弱电下地。

图 5-265　昌硕路交叉口节点一

图 5-266　昌硕路交叉口节点二

图 5-267　昌硕路开敞空间

图 5-268　昌硕路停车场

3）"一个古韵村庄"——鄣吴村、月亮湾

①鄣吴村

基本概况：鄣吴村是一代宗师吴昌硕的故里，地处安吉县城西北部半山区，交通堪称便利。这里历史悠久，文化积淀深厚。鄣吴村明以前称"鱼池乡归仁里"，因鄣吴村地处古鄣郡（汉建制）之南，又是吴氏族人的居住地，故明以后称"鄣南吴家村"，俗称鄣吴村。鄣吴村依山傍水，风景秀丽，因村后高山林立，村前溪边古木参天，日照短，故又有"半日村"之雅名。2006 年鄣吴镇被评为"全国环境优美乡镇"，鄣吴村被评为浙江省小康示范村。2008 年被评为中国美丽乡村特色村，2009 年评为浙江省十大生态旅游名村。

村庄特色要素：

水：作为鄣吴村明清风貌主要特征之一的穿村小溪是除绕村而过的金鸡岭水以外，与村民生活关系最密切、最重要的一条水系。

水井：村内原有水井多处，最有名的是一处有"一品泉"碑刻的水井。现尚有古井 4 处。

院墙：村庄内部保留有故居大院影壁、故居大院院墙、吴氏宗祠后墙、狮子坛门楼院墙等，墙院多数都有保留碑刻、石雕、木雕、砖雕，都能体现村庄悠久的历史文化底蕴。

街巷及道路铺装：鄣吴村由于居住集中，人口众多，房屋鳞次栉比，因此自古以来即街巷交错；穿村小溪一带为"主城区"，素有"八府弄口"、"九弄十二巷"之称。

村庄改造方向：保留原有古村落格局、整治破损建筑、贯穿村庄交通路线、修复村庄生态景观、根据村庄特色打造旅游节点。

图 5-269　鄣吴村

②月亮湾

现状问题：现状月亮湾周边建筑整体风貌不协调，建筑色彩多样，建筑高度错落，部分建筑存在外立面脏乱差，屋檐破损等现象。同时月亮湾绿化景观有待改善。

规划建议：根据现状月亮湾水景优势加强对周边景观打造，沿水潭设置景观小品与休闲座椅等供游人休憩游玩。

业态选择：适当设置商店、纪念品店等。

建设主要方向：建筑立面改造、增加景观小品、布置休闲设施、设置标识标牌。

图5-270　月亮湾

4）"一条历史文化街"——昌硕路改造提升工程（人民路以西）

现状问题：昌硕路西段未经过改造，主要是住宅建筑，建筑质量较差，层高多为一、二层。建筑立面存在破损等现象，道路路面及两侧缺少景观设计，空中蜘蛛网式的电线随处可见，沿街脏乱差的现象突出。

规划建议：以历史文化保护规划的方式进行整治提升，建筑进行全面整治，延续已改造路段建筑风格，包括对屋顶、墙面、门窗等方面的改造，对沿街开敞空间进行规划设计，布置景观小品，休憩座椅，增加标识标牌，同时完善公共服务设施，布置公厕、消防栓等。

业态选择：昌硕路西段作为鄣吴镇历史文化街区，既属于传统的生活街区又将承担旅游文化展示的功能。因此沿街应该增加纪念品、民宿、字画等商业。

整治主要方向：立面整洁、保障整体风格与东段趋同，增加空调外机框等设施，设计徽派仿古标识标牌、店招等，沿路增加铺面及景观植被，电线上改下。

青砖勒脚　墙面彩绘　增加空调机箱　卷帘门彩绘　整治前廊

图 5-171　一条历史文化街一

5）"一批城镇形象入口"——集镇入口

①集镇东入口

现状问题：集镇东入口作为鄣吴镇主要入镇口，现状景观风貌有待改善，建筑立面视觉效果较差，存在老式卷帘门、铁栅栏，同时防盗窗、空调外机、雨篷、广告牌也存在与周边环境不协调的问题。除此之外，入口道路还存在停车位等配套设施缺乏现象。现状用地范围6047.38 平方米。

规划设计：作为入镇的形象，集镇东入口应加强对建筑外立面改造，包括防盗窗、空调外机、雨篷、广告牌等。将鄣吴镇历史文化以雕塑小品等形式放置于入口醒目位置，增加昌硕故里的文化知名度。同时还应对入口绿化景观进行梳理，增加景观观赏效果。规划用地范围 6047.38 平方米，建筑面积 1054 平方米。

岸边种植景观树

归仁里居
主要功能是茶室、
餐厅、旅游纪念品售卖、
书吧等

龙口桥
材料：耐候钢板
做法：在原有水泥
桥身外包耐候钢板，采
用钻石切面做法焊接

归仁里广场

瞭望塔

图 5-272　一条历史文化街二

业态选择：以生活性业态为主，同时可兼顾茶室、餐厅、旅游纪念品售卖、书吧等业态。

建设主要方向：建筑立面改造、雕塑设计、增加景观小品、布置休闲设施、规划停车场等配套设施、设置标识标牌。

②集镇西入口

现状问题：集镇西入口作为西面来向的主要入镇口，景观形象有待改善。过桥段现状未经设计，杂乱无序，与对面鄣南诗村入口形成明显的视觉反差。入口建筑也缺乏古村古韵的建筑风格。

规划建议：作为历史文化保护村的入口，鄣吴村的第一印象，西入口应对整体环境进行提升以达到整洁的基本效果，对开敞空间进行景观设计，增加古村落文化小品及特色标识，对入口建筑改造以达到与鄣吴村古建筑相融合的效果。

图 5-273　西入口

图 5-274　北入口

建设主要方向：入口脏乱差整改、入口雕塑形象设计、增加景观小品、布置休闲设施、规划停车场等配套设施、设置标识标牌。

③集镇北入口

现状问题：集镇北入口作为北面来向的主要入镇口，景观形象有待改善。现状的风车景观与鄣吴村历史文化村形象不相符合，同时大片的空地处于闲置状态，可进行景观改造。

规划建议：作为历史文化古村的入口，北入口应对整体环境进行改造以达到整洁、美观的基本效果，对开敞空间进行景观设计，增加古村落文化小品及特色标识。

建设主要方向：入口脏乱差整改、入口标识设计、增加景观效果、布置休闲设施、设置游步道。

■ 案例九：良朋镇

（1）项目概况

良朋镇位于安吉县西北部，东北与高禹镇交界，东南与递铺镇接壤，西南毗连鄣吴镇，南接皈山乡。距湖州市 67 公里，距上海 229 公里，12 省道、204 省道分别贯穿全镇南北和东西，距杭长高速安吉北出口仅 3 分钟车程，交通便利。良朋镇下辖 11 个行政村、两个居委会、192 个村民小组，人口 2.3 万。

图 5-275　良朋镇区位

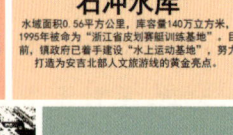

图 5-276　良朋镇印象

（2）上位规划

上位规划力求塑造良朋镇"承传统文化、扬文化之风、现代化气息浓郁"的中国美丽乡村形象，形成"一主两次"的布局结构，形成以镇中心地块为主的主中心居民点和位于镇西路东侧和04省道西侧的两个次中心居民点，引导农民集中居住，保护和优化生态空间。

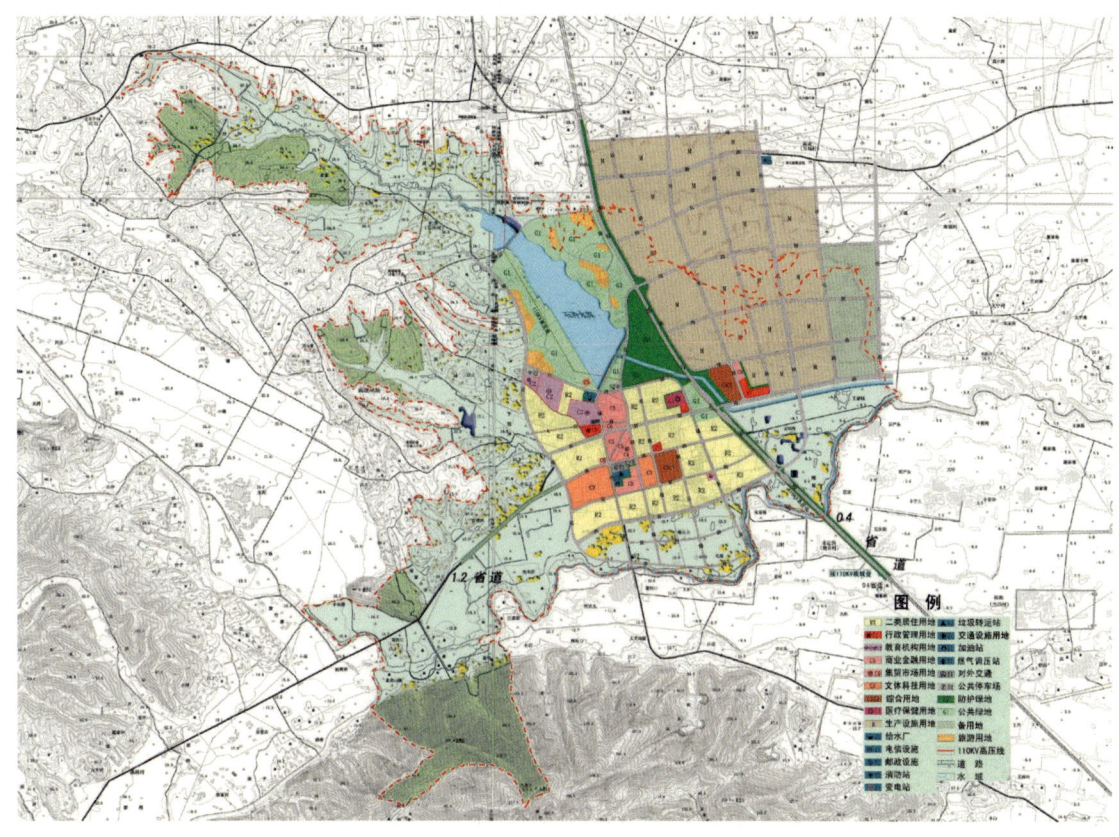

图5-277　上位规划

（3）现状分析

良朋镇对外交通较为单一，交通区位上不显优势，主要依靠12省道、204省道和马良线对外联系，分别通往高禹镇、西亩村、递铺镇。另外，对外交通204省道穿越集镇，对集镇区城镇秩序造成一定影响，12省道从集镇区南侧擦过，马良线沿着集镇东侧而过。

良朋镇为安吉北部典型的平原圩区镇，土壤肥沃、四季分明，适合水稻、桑树等经济作物的生产。全年平均降雨量1469mm，年平均气温15.43℃，为亚热带季风气候。区域内地表水发育良好，水塘众多，其中石冲水库位于良朋村域境内，为良朋村提供了良好的水资源。

良朋镇内有山林面积10万余亩，其中竹林面积达到4万亩，年产毛竹200万支，水田近2.3万亩，是一个集山区、丘陵、平原为一体的农业大镇，按照建设生态良朋的发展思路，十分注重生态环境的保护，为农业、观光农业的发展提供了良好的环境条件，目前已形成了以优质米、笋竹、茶叶、蚕桑、水产、畜禽饲养等为主导产业的农业产业构成。

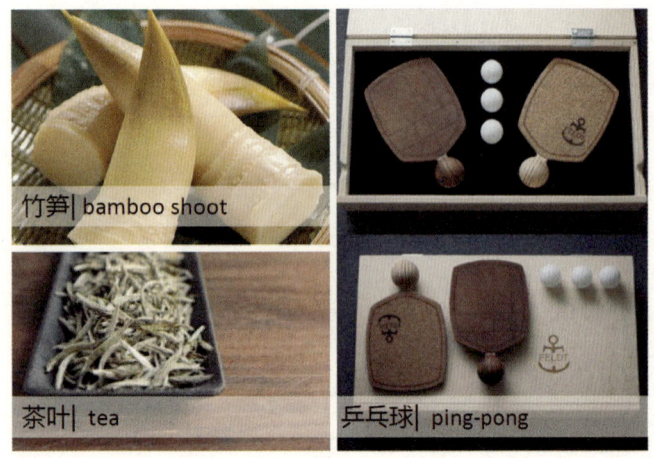

竹笋| bamboo shoot

茶叶| tea

乒乓球| ping-pong

图 5-278　产业现状

　　天子湖良朋工业园区紧靠 04 省道和正在建设中的杭长高速公路，规划面积 1 万亩，已有 13 家企业落户园区，全镇现有个私企业 300 余家，其中重点骨干企业 9 家，文体用品、化工、竹制品、铸造、茶叶加工等产业初具规模。其中乒乓球年产量约 2 亿只，占全世界总产量的 60% 以上，使得良品镇成为名副其实的文化产业镇。

　　镇内环境优美，旅游资源丰富，碧波粼粼的石冲水库与政府所在地集镇紧连，面积 4 平方公里，水域面积 0.56 平方公里，库容量 140 万立方米，镇政府已着手建设 "水上运动基地"，努力打造安吉北部的文体旅游亮点。良朋镇民风淳朴，艺术大师吴昌硕早年在此避难，村中男女老少钟情于书画，书画之风盛行，家家户户门前屋后种植花木，已成为村庄环境建设示范村、生态县建设示范村、省级全面小康示范村，是理想的休闲、度假之地。

　　但是目前良朋镇还存在以下三方面缺陷。第一是环境卫生方面，农贸市场、车站等公共区域环境卫生较差，垃圾收集处理不及时，环卫保洁频率较低；道路地面存在卫生死角，部分市民环境卫生意识不强；公厕、垃圾收集点和中转站等配置不足，环卫基础设施建设不完备；池塘水体缺乏管理，呈现富营养化污染现象，未形成长效可行的环境卫生管理机制。第二是城镇秩序方面，行车秩序混乱，机动车与非机动车乱停乱靠问题普遍，现状道路网结构不够完整，道路通行效率有待提高；部分道路交叉口存在高峰拥堵问题，道路断面设计不够合理，造成人车混行；缺乏集中停车场，造成停车难；交通信号灯、标识等指示系统尚未完善，交通违法行为监管及惩治力度不够；局部区域工商业经营秩序、架空线缆秩序、房屋建设秩序较差。三是乡容镇貌问题，城镇风貌缺乏总体控制，存在杂乱穿插的问题，城镇快速建设过程中对整体风貌把握缺乏统一的规划指导；建筑风格简单雷同，缺乏地域文化特色；部分建筑外立面质量较差，且构件元素混乱，维护力度不足；绿地景观、公园广场空间较少，城镇建设密度过大；部分路段建筑屋顶混乱，屋顶形制、建筑风貌被忽略，未能正确定位城镇发展目标，挖掘城镇建设特色。

（4）设计定位

　　良朋镇规划建设以 "文化之乡、宜居良镇" 为发展目标，全镇文化底蕴丰厚，依托乒乓球生产、皮划艇基地等文体资源，兼顾乡镇发展，结合众多水系等自然资源，把良朋镇打造成为环境优美、配套齐全、宜居宜游的美丽小城镇。通过美丽乡村建设，使良朋镇整治区内的环境质量全面改善，城镇秩序高效有序、井然和谐，乡容镇貌大为改观，彰显地域特色，镇区形象焕然一新。

（5）规划设计

良朋镇主要采取三大规划设计策略。一是通过串点成线、织线成网来提升形象；二是通过主题引导、分区控制来营造风貌；三是通过四分管理、多元开发来优化发展。在具体做法上通过"重点整治＋有序建设＋综合管理"多角度结合，从过程阶段到成果阶段，形成动态性与全面性相结合的小城镇规划建设手段，是小城镇建设成果维护的有效制度保障。

图5-279　设计策略

良朋镇规划设计根据总体风貌将全镇分为四个片区，分别为集中部商业、教育、医疗等功能于一体的现代商服区，主要设计诉求为品质提升，商业与居住衔接；以生活居住为主的品质居住区，主要设计诉求为设施齐全，景观环境优美；东部因拆迁安置形成的拆迁安置区，主要设计诉求为老镇更新，文化传承；西北部依托镇区形成的村庄协调区，主要设计诉求为生态绿色，特色风貌。

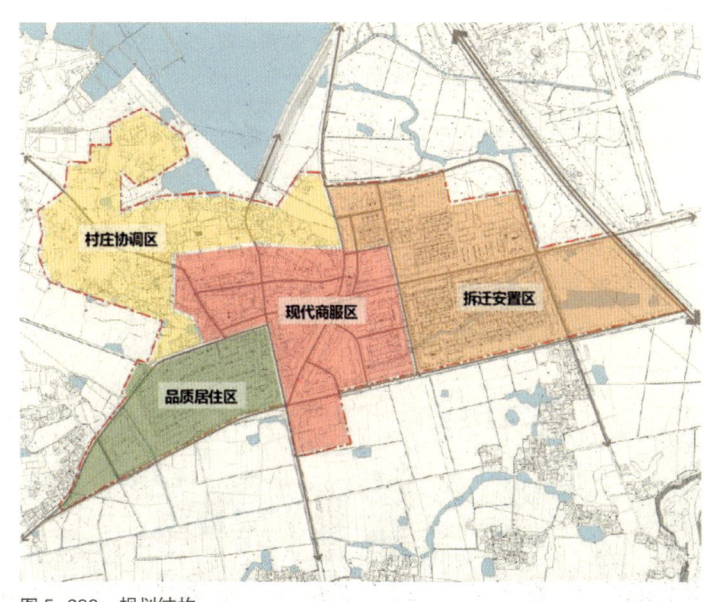

图5-280　规划结构

类型	功能准入	风貌重点	建筑引导	环境引导		
				道路交通	环境小品	绿化景观
现代商贸区	商业服务 居住生活 公共服务	现代 活力 时尚	1. 建筑高度：原则上20米以下，局部（核心区域）可建30—40米高层 2. 建筑色彩：以暖黄色为主，适当使用灰红色系、粉赭色系，禁止使用亮艳系色作为建筑主色调 3. 建筑围墙：新建地块禁止设置地块围墙，现有围墙建议破墙开店 4. 建筑退让：主要街道、公共空间周边等区域要求建筑贴线，居住区需留出安全通道	1. 道路红线宽度因地制宜 2. 合理布置机动车、非机动车停放空间	街道等公共空间布置街道家具、环境设施等环境小品	1. 道路沿线以乔木为主，避免对街道两侧视线遮挡 2. 必要街道可设置花箱等设施美化分割区域
品质居住区	居住生活 配套服务	低碳 绿色 现代	1. 建筑高度：20米以下 2. 建筑色彩：以暖黄色系、白、灰为主，禁止使用大面积中高艳系色 3. 建筑节能：就近运用回收或可再生建筑材料，综合采用自然采光与通风、保温、热回收、雨污水回收、屋顶光伏等低碳技术 4. 建筑围墙：建议采用通透式围墙 5. 建筑退让：主要街道、公共空间周边等区域要求建筑贴线，居住区需留出安全通道	1. 道路红线因地制宜 2. 合理布置机动车、非机动车停放空间，以生态低碳为宜	公共空间、主要出入口布置供居民交流、休憩类家具小品和景观小品	1. 道路绿化以乔木为主，加以花卉点缀 2. 空间节点绿化应强化功能需求、体现城镇特色
拆迁安置区	居住生活 配套服务	优美 宜居 特色	1. 建筑高度：20米以下 2. 建筑色彩：以黑、白、灰为主，禁止使用大面积中高艳系色 3. 建筑节能：就近运用回收或可再生建筑材料，综合采用自然采光与通风、保温、热回收、雨污水回收、屋顶光伏等低碳技术 4. 建筑围墙：建议采用通透式围墙 5. 建筑退让：主要街道、公共空间周边等区域要求建筑贴线，居住区需留出安全通道	1. 道路红线因地制宜 2. 合理布置机动车、非机动车停放空间，以生态低碳为宜	公共空间、主要出入口布置供居民交流、休憩类家具小品和景观小品	增加绿植、增加建筑垂直绿化、屋顶绿化，提高森林覆盖比例，增强其碳中和能力
村庄协调区	居住生活 配套服务	绿色 精致 活力	1. 建筑高度：12米以下 2. 建筑色彩：以黑、白、灰为主，禁止使用大面积中高艳系色 3. 建筑围墙：可设置围墙，围墙采用通透式，留出绿化空间进行遮挡 4. 建筑退让：主要街道、公共空间周边等区域要求建筑贴线，居住区需留出安全通道	1. 道路红线因地制宜，街巷道路以小尺度为宜，与传统风貌相协调 2. 合理布置机动车、非机动车停放空间，以生态低碳为宜	结合现有空地及院落，增加富有特色的家具小品及景观设施小品，与传统风貌相协调	1. 主要街巷两侧放置花卉盆栽点缀 2. 增加空间节点绿化，保持小尺度的宜人环境

图 5-281 现代商贸区

图 5-282　品质居住区

图 5-283　拆迁安置区

图 5-284　村庄协调区

（6）建设整治

1）首先是环境卫生整治

地面卫生：采用管控分级，重点保洁道路为上马山中路（中段、西段）、政府东侧道路（南段）、良泗南路、牛头山西路（中段）、良朋路（南段）、集贸市场东侧道路，重点保洁区域为集镇商业商贸区块，不低于 12 小时保洁，垃圾密封清运率达 100%，环卫设施完善、无积存垃圾，每天洒水两遍以上；一般保洁道路为除重点保洁道路外的其他道路，不低于 8 小时保洁。以"五无五净"为目标，加大环卫保洁管理力度，增加保洁洒水降尘冲洗频次，落实"四位一体"保洁机制，提高保洁质量。

水系环境：对日常保洁水系（镇区范围内河道、水塘）进行常规性保洁，整治垃圾倾倒、污水排放；对重点保洁水系（整治范围内的河道、水塘等）进行综合整治，包括清除倾倒的垃圾和废弃物、消除排污口、清淤、河床弹底、引水源、截污纳管和雨污分流等。通过梳理镇区水系水塘，清理淤泥和漂浮物，保持水体干净、水系畅通；水系附近禁止堆放、倾倒各类物品和垃圾，禁止任何污染水体的活动，注意保持水体卫生；梳理滨水空间，提高水岸绿化景观水平；巩固提升"清三河"长效机制，增加日常维护工作。

环卫设施：按国家规范要求沿主要街道设置小型垃圾桶，垃圾桶的设置应满足行人生活垃圾的分类收集要求，在道路两侧以及各类交通客运设施、公共设施、广场、社会停车场等

图 5-285　地面卫生整治

图 5-286　水系环境整治

的出入口附近设置。逐步开展垃圾分类和减量化、资源化处理工作，垃圾分类收集点位置应固定，布置于背街隐蔽处，并搞好收集点周边环境卫生。采用"拆"、"理"和"建"三种方式，梳理空间增加必要的环卫设施，实现集镇区整治范围内整体卫生水平的提高。良朋镇现有 5 座公共厕所，根据建成区每 400—500 米设置一座公共厕所的要求，结合良朋镇建设布局、

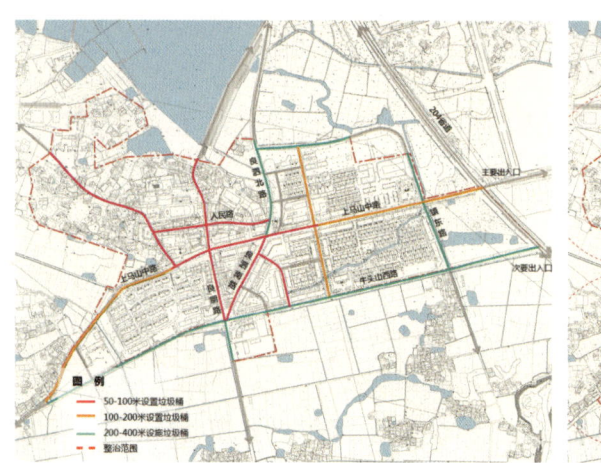

图 5-287　环境卫生设施整治一

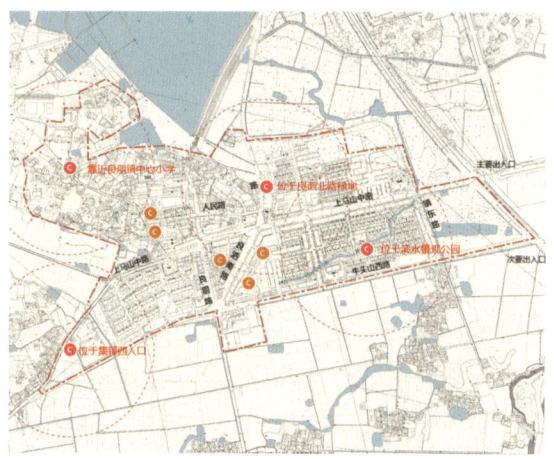

图 5-288　环境卫生设施整治二

图 5-289　公共厕所意向图

图 5-290　垃圾中转站意向图

集镇发展现状，规划新建 4 座公共厕所，整治 5 座公共厕所，共计 9 座。根据上位规划，在集镇建成区南侧约 570 米范围处新建一处垃圾中转站。

2）其次是城镇秩序建设整治

道路交通秩序整治：结合控规道路网规划，考虑近期良朋镇发展需要，镇区道路优化，提高路面质量，拆除三栋建筑，将现状警民路和上马山中路西段处合并为一条道路，拆除部

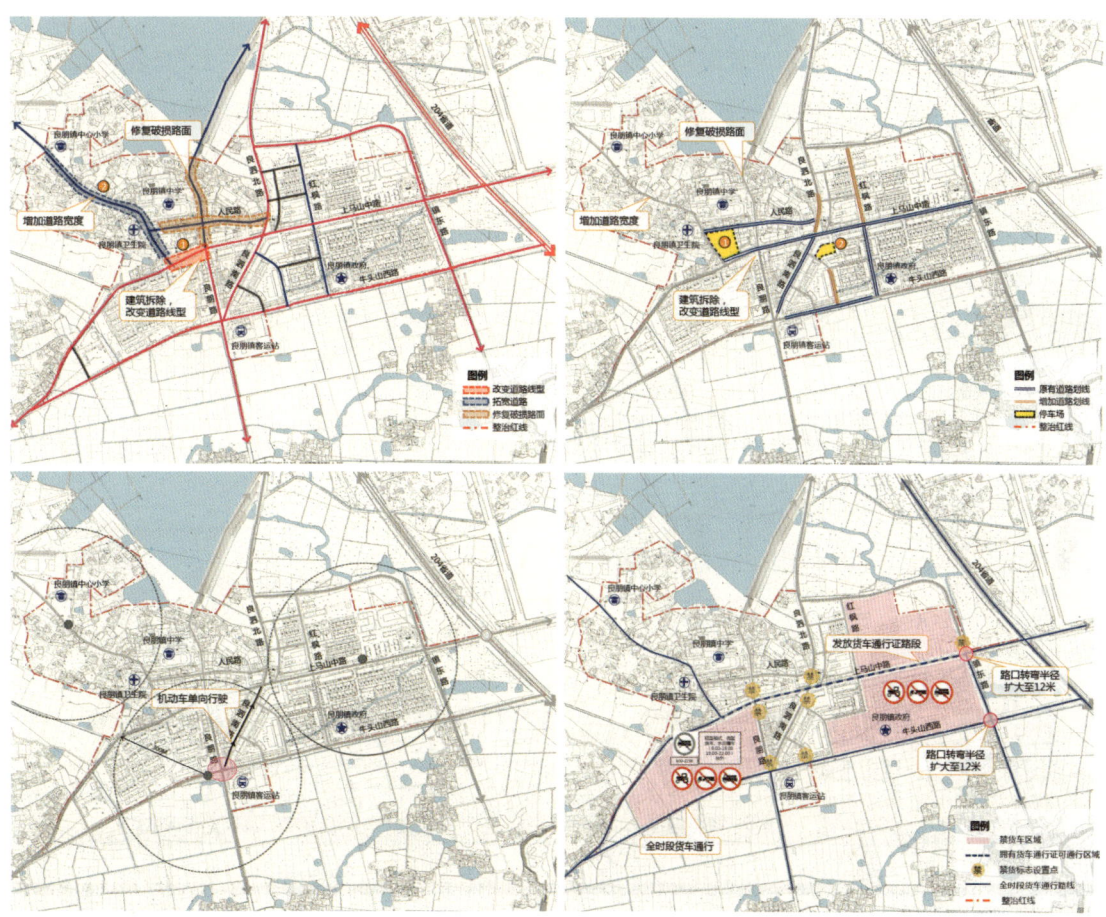

图 5-291　道路交通秩序整治

分围墙，拓宽镇区通小学道路，对人民路和良朋路北段破损路面进行修复；增加集中性停车场一处，规范停车场地一处，增加良泗北路、红枫路北段和农贸市场东侧道路的道路停车划线；路口流线优化，将良泗南路变为由南至北单向行驶，缓解路口压力，全段增加公交站点，完善公共出行，划定货运禁行区，减少交通压力，保证行车安全。

3）再次是乡容镇貌建设

沿街立面改造：遵循"重点路段重点改造、次要路段简单改造"的原则，划分出三级建筑立面改造的控制指引要求，将上马山中路、良泗南路、良泗北路、良朋路作为本次整治中的提升改造路段。其余提出重点改造、简单改造均是基于其现状使用程度、定位和建设条件来提出。重点改造节点可根据实际需要和建设难度，采取拆除、改造等具体措施来实现。

良朋镇沿街立面改造　　　　　　　　　　　　　　表 5-5

	街道名称	整治内容
重点改造	上马山中路西段、良泗南路、良泗北路北段、良朋路南段	对部分沿街建筑立面进行清洗、修补或者重新粉刷，空调外机、门牌广告牌整治，打造主要的城镇形象和特色展示界面
一般改造	良朋路北段、人民路、上马山中路东段、农贸市场东侧道路	对其沿街立面整体保留现状格局和风貌特征，以空调外机、门牌广告牌整治为主
简单改造	政府西侧道路、小学南侧道路	拆除蓝屋顶、对严重影响风貌的建筑立面进行清洁、修补和局部美化提升

改造过程中总体采取新中式风格的改造方案，体现良朋镇文化与古韵，运用黑白灰建筑色彩关系，以白色为主，同时局部可增加木色等其他颜色，基本以白色涂料、清水砖饰面为主。建筑造型基本保留原有形体关系，局部增加一些构件来丰富建筑点线面的构成，为了契合新中式建筑风格，又经济实用，采用贴面砖的形式改造立面。

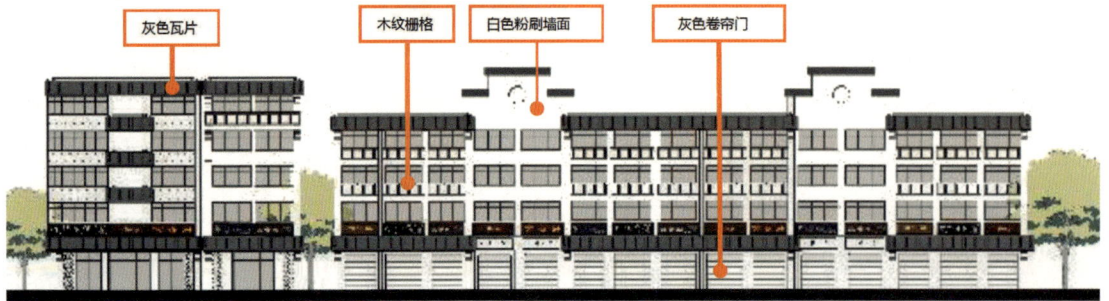

图 5-292　立面改造

园林景观提升：在本轮建设中，需完成植物配备、场地梳理、景观建设，提升标示性和文化性，加强设施投入，完成水系驳岸整治，实现园林景观提升。

图 5-293　园林景观提升

深抓美丽乡村经营，
积极发展美丽经济

6.1 积极探索多元村庄经营方式，三大产业融合升级

安吉在不断的实践探索中，走出了一条生态经济化、经济生态化的道路，集中发展传统特色产业，积极探索生态循环农业、新兴生态工业、休闲旅游产业的产业转型升级模式，实现了三大产业的融合发展、农村经济多点开花、农民收入节节高涨，为安吉百姓走出了一条美丽的致富之路。

6.1.1 传统特色产业

（1）发掘安吉传统特色产业，激活美丽乡村特色经济

安吉身为一个千年古县，随着历史长河的漫漫路程，依靠劳动人民的智慧和力量，发展出多个传统特色产业，其中最著名的有白茶、冬笋、椅业和竹业。随着美丽乡村建设的展开，安吉人民立足根本、保存优良传统，同时转变思路、学习先进经验，充分发掘这四大传统产业，通过现代化农业、工业技术，创造更高的产业价值，并与第三产业紧密结合，形成完整的产业链。

其中，安吉出产白茶已有 800 多年历史，近年来，通过对安吉白茶的种植、营养保健成分研究，创立"安吉白茶"品牌，从一株母树发展至拥有生产茶园面积 17 万余亩，年产量 1800 吨，产值 20.16 亿元，为全县 36 万农民人均增收 5600 元，产值占全县农业总产值的四分之一，占农民年均收入的五分之二。

安吉冬笋一直是餐桌上的珍品，素有"金衣白玉，蔬中一绝"之称，2011 年安吉县成功注册了"安吉冬笋"国家地理标志证明商标，为安吉冬笋原产地的保护打下了坚实的基础，提高了安吉冬笋的知名度，增强了安吉冬笋的市场竞争力，目前安吉冬笋年产量达到 750 吨，产值 6 个亿。

安吉是国内外闻名的中国"椅子之乡"，从 1981 年成功研发出中国第一把转椅，安吉椅业已有 30 年的发展历史，随着规模经济显著、产业链完善、竞争优势突出的产业集群建成，安吉椅业目前有规模企业 700 余家，年产值超过 280 亿元，在中国每出口两把椅子，其中就有一把产自安吉。

安吉竹产业由来已久，素以"中国竹乡"闻名内外，经过产业转型，安吉竹产业已形成了从根到叶、从物理到生化利用的完整产业链，产品涉及竹装饰材料、竹日用品、竹纤维、竹工艺品等八大系列、三千多个品种，目前，全县竹产业产值达 170 亿元，以全国 1.8% 的

立竹量，创造了全国将近 22% 的竹产值，形成"世界竹子看中国、中国竹子看安吉"的格局。

安吉白茶、安吉冬笋、安吉椅业、安吉竹业以其独有的品质和先进的经营模式，赢得了社会各界同仁的认可，受到了消费者的好评，已成为安吉"美丽乡村"的"金名片"。

（2）典型案例：白茶之乡——黄杜村

图 6-1　黄杜村

图6-1 黄杜村（续）

安吉县黄杜村是典型山区村庄，也一个把传统产业特色化的中国美丽乡村精品示范村。"一片叶子富了一方百姓"是时任浙江省委书记习近平同志对安吉黄杜村的评价。

黄杜村位于溪龙乡南部，区村域面积11.5平方公里，下辖5个自然村，村民423户，1482人。全村所有农户均从事白茶种植、生产和销售，被誉为"中国白茶第一村"。

黄杜村的主要抓住了以下几大建设方向。

一是正确引导，形成共识，齐心协力抓创建。

黄杜村领导班子正确认识到美丽乡村的建设涉及百姓生活的方方面面，内容多，任务重，需要全村人民的共同努力，特别是普通老百姓的大力支持。村班子始终保持统一思想，先后召开多层次会议，深刻学习美丽乡村建设的重要性，对需要完成的重点工作、工程项目制定了推进表，并上墙警示，明确落实责任人，根据考核指标分工到人，每半月召开一次推进会，总结进展情况，解决存在的问题。同时，村委会充分利用农民学校、妇女学校等阵地宣传创建理念，召集村民代表和种茶大户进行座谈了解，倾听他们的意见，最大范围地获得党员干部和全村群众对创建工作的支持。2016年，乡村两级干部通过联户走访、走村入户等方式进行广泛动员，发放美丽乡村创建、村庄环境卫生长效管理、平安综治等宣传资料一千多份，设立了群众意见箱，有效建立了与群众的联系。黄杜村形成了齐抓共管、人人有责的建设氛围。

二是科学规划，强化效果，全力以赴抓提升。

黄杜村紧紧围绕中国美丽乡村建设宗旨和村庄环境提升的新要求，着力提升村庄品位，改善村容村貌。首先是强调规划先行。黄杜村按照适度超前、因地制宜、以人为本的原则，完成了《全村域新一轮村庄规划修编》《全村域村庄环境提升专项设计》《现代产业发展规划编制》，针对村落分布、村貌地势、人口分布等特点，整合各种可利用资源，以确保各自然村创建提升全覆盖，让全体老百姓共享创建新成果。其次是夯实基础，注重提升。黄杜村以旅游示范村创建为载体，在基础设施建设方面，先后完成了中心村区域内全面实施生活污水处理工程；加强了水利基础设施建设，对中心村至下思干 2.7 公里河道进行提升工程，对木竹塔排洪渠、杨家山山塘下游进行维修整理，完成了黄家庄至木竹塔 1.6 公里的河道整治工程，包括 1.6 公里两岸护堤砌石、加固、洗涤埠口的建造，完成了白茶园区内近 400 亩坡耕地高效接水项目，包括建造大小蓄水池 47 座，主管网支网等埋设，取水口安装；完成了观音桥至里黄杜 1.7 公里的道路提升工程，沿线完成立面粉刷及围墙提升约 45 户，总面积约 18300 平方米；建成黄杜村农电改造项目，投入 600 余万元资金，部分路段 10kV 高压线路入地工程；对集散中心、各自然村在原有基础上绿化进行提升，新建了绿化 3500 平方米，村庄绿化覆盖率达到 98%；提升亮化工程，在原有基础上对大山坞延伸段和下思干自然村新增路灯 30 余杆；同时加强了长效管理，垃圾分类处理全覆盖，村民垃圾分类自觉已成习惯，日产分类垃圾及时得到清理，建立健全保洁队伍和长效管理督查队，保证全村综合环境逐步提升。

三是整合资源，彰显特色，形成合力抓发展。

黄杜村把美丽乡村建设作为产业发展、带动村民致富的新动力，挖掘文化特色，拓展多元化发展。

首先，黄杜村全力发展主导产业。全村持续加强白茶的生态保护，大力推动白茶产业发展，新增套种保绿面积 1500 亩，启动了"生态茶园、休闲茶园"建设，在完成生态修复基础上，通过在茶园种植山核桃、银杏、广玉兰等遮阴植物，有效提高茶农的经济效益和白茶品质；同时，进一步完善了园区的配套设施，提升品牌建设，注重食品安全，目前全村通过有机产品认证 14 家，绿色食品认证 21 家，荣获中国驰名商标 3 家，省级 5 家，市级 11 家，白茶企业通过 QS 认证的达到了 27 家，完成浙江省农产品安全追溯体系建设 7 家。

其次，黄杜村积极探索茶旅发展之道。近年来，黄杜村坚持立足产业优势，做优特色文章，不断激发旅游的活力和魅力，全力做足农旅相结合的乡村旅游新篇章。2013 年"帐篷客"休闲度假酒店的顺利引进，开启了旅游发展大门，形成万亩茶园的独特风光，吃、住、行、游、购、娱等要求逐步完善的基础设施。同时，黄杜村投资 275 万元建成集接待、休憩、特色展览为一体的游客集散中心，投资 175 万元完成了 5300 平方米且一次性可容纳 50 余辆大小车辆的生态休闲停车场，并对核心区域道路路面重新浇筑，拓宽完成长 500 米、宽 6 米园区进出主要道路，先后建成了宋徽宗休闲广场、白茶产业园入口、"一片叶子富了一方百姓"特色形象标志建设，全面落实旅游的标识标牌、安全警示标志导览图，完成了 5.7 公里长的自行车绿道建设，购买可供游客体验的 50 辆山地自行车，两辆旅游观光车。此外，黄杜村注重抓好乡村旅游的运营，先后举办了溪龙白茶文化节及户外休闲嘉年华等大型活动，成功举办"丰凌"杯浙江省自行车大赛，成功与浙江万是商旅牵手合作，成立"火藩"旅游发展有限公司，积极与上海盘升公司合作，引进高端休闲度假酒店项目，目前已签署意向性合作协议，前期的土地征用工作已经完成，为黄杜的旅游业发展进一步添砖加瓦。

再次，黄杜村力争做深茶文化文章。全村围绕"一村一品"发展模式，在"白茶第一村"品牌上作深文章，营造氛围，通过茶文化长廊、白茶主题公园连接黄杜进村入口和国家级标准化白茶园区，通过雕刻展示古代文人墨客颂茶的诗句、茶文化书法作品和品茶、咏茶图画，形成层层铺垫，营造茶文化氛围。白茶主题公园里，徽宗皇帝手握经卷，仪态雍容，《大观茶论》中对白茶的描述跃然石上，成为对白茶这一文化品牌最好的诠释。同时，白茶文化也走进了黄杜村的各个角落，纸杯上小小的白茶叶片、公益广告灯箱的底板上隐约起伏的茶山、茶厂农户家的墙壁上的茶文化绘图、中心村的农民公园里白茶传说雕刻，每处小小的细节都让人感受到身处茶乡的青山绿水中。

四是以人为本，注重和谐，乡风文明结硕果。

黄杜村切实按照中国美丽乡村建设中"村村优美、家家创业、处处和谐、人人幸福"的新要求，推进全村各项事业快速发展。

首先，推动社会事业繁荣和谐。黄杜村进一步丰富群众业余文化生活，组建了业余健身队、篮球队和女子排舞队，得到了群众的好评和广泛参与；成立了"老娘舅"俱乐部和"夕阳红志愿者"队伍，使全村的老年人尤其是孤寡老人、空巢老人有了一个优良的休养之所；积极开展省级文化特色村创建，建成了白茶文化长廊，科普长廊，加强公民道德和文明素质教育，提高群众科技文化素养；进一步完善农村公共卫生服务机制，提高农村公共卫生服务质量。全村各项事业健康发展，形成了良性循环。

其次，推动基层组织建设不断强化。紧紧围绕群众路线教育，认真开展学习实践科学发展观活动，每月组织学习，不断提高村班子整体素质，充分发挥基层党员作用，开展"学在农家、美在农家、富在农家"的"三在农家"主题实践活动。把党的先进性建设体现在生产力发展的链条上。村级组织工作制度健全规范，涉及规定数额以上的建设项目一律实行公开招标，党务、村务、财务本着"公平、公开、公正"原则，由村两委集体讨论决定，使村级民主管理工作有制度保障，有规范程序。近年来未发生党员干部违法违纪现象，在群众中形成了良好的口碑，树立了廉洁自律的形象。

再次，推动村民素质全面提升。黄杜村在美丽乡村创建过程中，注重提高村民素质，坚持班子带头，全民动手，呈现出一股齐心协力奔小康的良好氛围。社会各项事业步入了文明健康发展轨道，完成了省级文明村、民主法制村、市级生态村、党风廉政建设示范村等一系列创建工作。基层党员作用发挥和环境长效管理机制的建立，更是保证了美丽乡村建设的持续性和长效性。白茶及相关延伸产业为特色的村级经济蒸蒸日上，成为农民增收主要渠道。村风淳朴，邻里和睦，社会安定和谐，多年无重大刑事案件和群体性信访发生。

随着美丽乡村建设的推进，黄杜村人开拓创新、锐意进取，走生态、绿色、开放、协调发展的路子，初步实现了环境与经济双赢，白茶产业得到稳步提升。2016年村级集体收入112.1万元，农民人均纯收入3.85万元。2016年全村白茶年销售收入达2.9亿元。黄杜村相继获得省级"文明村"、省级"民主法治村"，中国美丽乡村精品村、乡村旅游示范村等称号。

6.1.2 生态循环农业

（1）发展生态循环农业，一产加快"接二连三"

安吉县大力推动生态文明建设，积极发展绿色经济，绿化面积、林地面积逐年增长，同时转变农业发展思路，实现从单一生产到复合经营，以质取胜，按照高效、生态、品质、智慧的农业发展目标，加快农业"两区"建设，大力发展生态循环农业、休闲农业，不断提升白茶、笋竹、蚕桑发展层次，初步建成西苕溪源头区、中部丘陵区、平原坝区三大农业功能区，基本建成白茶、蚕桑、休闲农业、毛竹等四个万亩农业园区，完成一批现代农业园区提升建设，赋予了更多休闲元素。"安吉白茶"成为全国首个在华东林交所上市的绿茶品牌，加快实现了"园区变景区、产品变礼品、农民变股民"的转变，以模式创新促进产业升级，开创农业发展新格局。

（2）典型案例：林下经济——刘家塘村

刘家塘村是安吉县第一批美丽乡村精品村，2008 年围绕县委县政府提出的"环境优美、生活甜美、社会和美"的发展思路，坚持"规划先导、因地制宜、量力而行"的原则，顺利通过了"中国美丽乡村精品村"建设。刘家塘村地处上墅乡的北大门，紧靠灵峰旅游度假区，杭孝公路自东向西穿过本村。全村包含一个中心村，6 个自然村，14 个村民小组，有农户 627 户，人口 2100 人，党员 74 名，面积 1.17 万亩，山林 10149 亩，其中毛竹林 3340亩，村域范围内竹林广泛分布、竹资源丰富，竹林经济是刘家塘村经济创收的重要组成部分。2016 年，刘家塘村人均纯收入 31897 元，村集体经济收入 200 余万元，较 2008 年翻了一番。

图 6-2　刘家塘村村容村貌

刘家塘村原有竹林经济以单纯的竹材经营为主,依靠面积广阔的竹林资源,成为竹材出产的大村,但是随着竹材价格逐年降低,人工成本逐年升高,竹材亩纯收入逐年降低,这种"靠山吃山"的做法已经不适合现今的竹林经营。

自 2011 年起,刘家塘村人转变观念,以毛竹现代园区建设为依托,引入林下经济理念,转变竹林经营方式,提出竹林林下经济的发展概念,并从积极研究"一竹三笋"种植模式开始,探索和创新复合种植技术,冬笋和鞭笋的效益逐年增加,林下经济发展初见成效。其后,刘家塘村人进一步扩大思路,将原来单纯的竹材经营转变为竹笋、林下套种杨桐、竹筒酒、竹林鸡等竹林复合经营,同时组织开办各种形式的竹下休闲体验活动,将林业与农业、牧业、旅游业相结合,竹林经营面积逐年增加,竹林亩产值由 1000 元增加到 6000 元,增长了 6 倍,切实实现为林农增收、林业增效的目标,使竹林经济成为村经济增长的中坚力量。从一成不变的"靠山吃山"到灵活多变的"竹林经济",刘家塘村村民用自己的双手探索出了一条生态致富之路。

2011—2016 年刘家塘村竹材经营情况　　　　　　　　　表 6-1

年限	2011	2012	2013	2014	2015	2016
竹材价格（元 /kg）	21.50	19.00	18.00	17.50	14.00	12.00
人工成本（元 / 天）	120	180	200	250	300	300
竹村亩产纯收入（元）	340	270	240	210	120	100

2011—2016 年刘家塘村竹林经营情况　　　　　　　　　表 6-2

年限	2011	2012	2013	2014	2015	2016
竹林经营面积（亩）	200	200	300	300	500	500
竹林经营模式	竹材	竹材、竹笋	竹笋、森林休闲	竹笋、林下套种杨桐、竹林鸡、森林休闲	竹笋、林下套种杨桐、竹筒酒、竹林鸡、森林休闲	竹笋、林下套种杨桐、竹筒酒、竹林鸡、森林休闲
亩产值（元）	1000	2000	2000	4000	6000	4000

经过多年在实践中探索的过程,刘家塘村立足当地具体情况,结合国内外发展经验,充分调动村民的积极性,总结出以下一些切实可行、行之有效的发展模式。

一是林笋模式。林笋模式主要以毛竹种植为主,利用春笋、鞭笋、冬笋丰产技术,推广"一竹三笋",增加三笋产量,推动三笋的产业化、品牌化经营,通过竹和笋的复合收益方式,大幅增加竹林经济效益。

刘家塘村以 200 余亩"三笋"基地为核心,联合上墅乡罗村、上墅村、孝丰镇东山社区成立安吉县硒源竹笋专业合作社,同时在全村实行"六统一"的经营模式,即统一品种、统一技术、统一肥料、统一品牌、统一加工、统一销售,强化村民的组织化程度,提高种植技术水平。刘家塘村通过分析竹笋价格趋势,以冬笋、鞭笋产量为突破口,通过竹林覆盖技术,增加土壤温度,促使冬笋早产,大幅提高冬笋亩产量,保证价值较高的冬笋和鞭笋的收益逐年递增，竹笋年产量见表。经过科学种植，刘家塘村"一竹三笋"亩产值达到2万元，亩纯利润达1万元，真正实现了从技术到经济效益的直接转换。

竹笋年产量　　　　　　　　　　　　　　　　　表6-3

竹笋	年产量（kg/亩）	竹笋单价（元/kg）	亩产值（元）
春笋	1000—2000	2	2000—4000
鞭笋	150—250	20	3000—5000
冬笋	300—500	40	12000—20000

二是林林模式。林林模式是在用材林、经济林下的行间种植杨桐、茶叶、药材、花卉、油茶、蔬果等适宜林下种植的经济植物进行林林间作，充分利用林下空间，形成以短养长、长短结合的种植方式，改良林地土壤理化结构，保证上下层林木均能良好生长，实现立体化经济种植，将有限的林地资源进行最大化利用，同时丰富农林产品品种，扩充安吉的本土品牌。

2013年，刘家塘村从安吉新国杨桐专业合作社引进优质杨桐苗，试验林下套种300亩，经过3—4年的培育周期，杨桐苗长势良好，已经进入收获期，每亩产值可以达到3000元，成为竹林种植收益之外的补充经济收益，为林农提供长期稳定的经济保障。

三是林禽模式。林禽模式是指在竹林下养殖鸡、鸭、鹅等禽类，是一种优质、高效的生态循环经济模式。林禽模式的推广，将种植业与养殖业紧密结合，充分利用林下丰富的动植物资源来发展养殖，又通过禽类粪便形成有机肥料反哺竹林，有效减少了化肥、人工饲料的用量，优化林下空间利用率，通过强化生态良性循环效果，以纯天然方式促进竹林增产、家禽增重，实现种植业与养殖业的和谐共生。

2014年，刘家塘村因地制宜地发展林地生态养鸡模式，竹林鸡充分利用竹林下的广阔空间，以林下杂草和各种虫类为主食，以玉米、稻谷等杂粮为辅食，大大节省饲养成本，同时竹林鸡的粪便作为肥料返还到土壤，大大增加土壤的有机质，促进毛竹生长。全村共养殖竹林鸡约600羽，散养在100亩竹林中，竹林鸡的单重一般1.5kg左右，单价约200元/羽，

图6-3　林笋模式

图6-4　林林模式

实现年产值 15 万元左右，亩增产 1500 元。竹林鸡作为一种原生态散养的家禽，一经推出广受游客的欢迎，打响了安吉生态旅游、绿色消费的品牌。同时，据测算，发展林下养鸡区域的林木，生长量比一般林地平均高 15%—20%，竹林为林下经济创造了赖以生长的发展环境，林下经济反过来又对树木的生长和林分质量产生明显促进作用，形成农业和养殖业双丰收，大幅提高单亩林地的产出。

图 6-5　林禽模式

四是林酒模式。林酒模式是指将优质糯米原浆酒注入优质成竹竹腔，竹中孕酒，以竹饲酒，原浆酒与竹体充分融合，汲取竹身营养成分，形成风格独特的鲜竹酒，成为刘家塘村的一大地方特色。

刘家塘村共开发竹筒酒孕育基地 50 亩，竹筒酒售价 198 元 / 节，2016 年竹筒酒产值达到 35 万元，为竹林每亩产增值 7000 元，通过这一产业创新，大幅提升单亩林地的经济效益。同时，竹筒酒基地与安吉县天荒坪镇"大年初一"风景小镇、安吉竹缘旅行社等商家合作，作为免费参观景点供游客进行参观体验，邀请游客吃农家土菜，品特色竹筒酒，提升了竹筒酒品牌的知名度，也给游客提供体验乡土风情的契机，成为安吉生态乡村游的重要组成部分。

五是森林休闲模式。竹林休闲模式是指充分发挥林区山清水秀、空气清新的绿色生态优势，合理利用森林公园、自然保护区森林景观，开展林下生态活动，开发以林下产品为特色的旅游商品，逐步形成比较完善的竹林休闲旅游精品景区。

图 6-6　竹筒酒一

图 6-7　竹筒酒二

刘家塘村以狮子石毛竹现代园为基础，建立了环绕狮子石水库的旅游环线，将林区打造成景区，将林农产品打造成旅游特产。全村一方面在竹林内部充分开发竹林涂鸦、挖竹林三宝（三笋）、竹林CS、竹林秋千等活动项目，形成丰富的林下旅游体验；另一方面利用林下无公害食品、果品等农副产品促进林区周边餐饮业、商业的发展，形成农家乐、森林人家、家庭林场等产业群。目前，竹林涂鸦使竹林每亩增产500元，挖竹林三宝使竹林每亩增产2000元，农家乐已发展18家，床位235张，已经形成完善的产业链，为当地人带来丰厚的收入。随着旅游产业逐步升级，其他竹林游相关项目、设施还在不断开发中，充分挖掘了竹下经济的潜力，形成一产与三产的完美结合。2016年，森林休闲产业预计收入达80余万，成为竹林林下经济发展的一大亮点。

刘家塘村森林休闲模式分类
表 6-4

分类	竹林涂鸦	挖竹林三宝（三笋）			竹林 CS	竹林秋千
		春笋	鞭笋	冬笋		
经营面积（亩）	20	100			500	20
亩增产（元）	500	2000			—	—

注：竹林 CS、竹林秋千还在规划建设中，效益还未显现。

林下经济是一项新兴的富民产业，投入少、见效快、易操作、潜力大。它充分利用林下土地资源和林荫优势从事种植、养殖等立体复合生产经营，从而使农林牧各业实现资源共享、优势互补、循环相生、协调发展的生态农业模式。发展林下复合经营主要经验如下。

一是利用林下土地资源，大力发展林业多目标复合经营，可有效缓解林、农、牧矛盾。发展林下经济产业是转变林业经济增长方式，促进林农增收的重要途径。开展竹林生态立体复合经营模式，开发林笋、林林、林酒、林禽、森林休闲等复合经营模式与技术，转变经营模式。依托彩色健康森林建设、村庄绿化、竹林资源等森林资源，结合乡土文化、乡村民俗等文化内涵，发展农家乐、森林人家等森林休闲产业，开发富有地方特色的森林食品、竹林鸡、竹筒酒等森林旅游商品。通过三产开发反哺一产发展，将森林旅游与森林休闲、三笋开发、竹制品加工、茶叶采摘、椅业发展等相结合，一、二、三产协调经营竹林，发展林下经济。

图 6-8　竹林涂鸦

图6-9 挖竹林三宝

图6-10 竹林CS

图6-11 竹林秋千

图6-12 农家乐

刘家塘村从 2013 年开始转变竹林经营模式，开始发展林下复合经营，竹林亩产值明显增强，从 2011 年的亩产值 1000 元增加到 2016 年的亩产值 6000 元，亩产值增加了 6 倍，这充分说明了林下复合经营可以明显提高竹林效益，增加林农收入。

二是充分利用有限的林地资源，发展林下经济，符合当前我国发展循环经济，建设节约型社会的客观要求。为了实现"以林养林"的可持续发展目标，需要立足生态，以林地生态系统为载体，通过林下土壤、空间及生物资源的循环综合利用，有效提高林地的经济产出和土地利用率，突破退耕还林后农民致富的瓶颈，达到经济、生态和社会效益的有机统一。发展林下经济进行种植养殖生产活动，不是简单地把传统的种植养殖生产活动移植到林下来进行，而是一种层次更高的生产，是生态农业。还可发展有机农业、循环农业，使林下这个复合生态系统实现结构稳定、清洁运转、良性循环。还可以与当前的休闲、观光农业、体验农业相结合，丰富现代农业的内涵。

三是以狮子石毛竹现代园为基础发展森林休闲产业，将园区逐步变成景区。同时，充分利用竹林下空间和优良的竹林生态环境，发展竹林鸡、竹筒酒等生态健康食品，竹林为林下经济创造了赖以生长的发展环境，林下经济反过来又对树木的生长和林分质量产生明显促进作用。据测算，发展林下经济地区的树木，生长量比一般林地平均高 15%—20%。林下种植、栽培、养殖还可对林木产生以耕代抚、改善土壤、扩大肥力、增加浇灌、防虫治虫等附带效应。林下经济发展反哺竹林发展，两者相辅相成，最终走出了一条近期得利、长期得林、远近结合、以短补长的新路子。如刘家塘村在竹林下养殖竹林鸡，竹林鸡充分利用竹林下的广阔空间，以林下杂草和各种虫类为主食，以玉米、稻谷等杂粮为辅食，大大节省饲养成本，同时竹林鸡的粪便又可以作为肥料返还到土壤，大大增加土壤的有机质，促进毛竹生长。一条生态循环经营发展的路子，不断推动着环境提升、竹林发展和林农增收。

四是以森林三产反哺一产，以"合作社 + 农户 + 村民"形式，逐步形成以竹林复合经营为主的刘家塘模式。上墅乡刘家塘村依托竹林资源，大力推进林下经济建设，发展林下种植、林下养殖、竹筒酒和森林生活体验，以森林三产反哺一产，以"合作社 + 农户 + 村民"形式，逐步形成以竹林复合经营为主的刘家塘模式，目前全村经营竹林面积 500 亩，亩产值 6000 元。在刘家塘村抓好一批不同类型的林下经济示范基地，培育一批典型的林下经济大户，逐步宣传发展林下经济给林农增收带来的效益，宣传林下经济大户、公司、合作社的成功经验，激发群众发展林下经济的热情和积极性。

近年来，安吉县随着"四边三化"行动、生态修复、彩色健康森林建设、长江防护林建设等林业重点工程的深入实施，林地面积迅速扩张。同时，竹林价格逐年降低，"一竹三笋"中冬笋和鞭笋价格在逐年升高，竹笋效益显现，但单一的传统竹林经营已无法适应现阶段林业发展的需求。这就要求林业发展需变单一林业为复合林业，提高林地综合利用效率，增加林农收益。

发展林下经济，倡导分类经营，根据自然条件，偏远和高山、交通不便、生产成本过高的竹林逐步退出生产经营，采用封山育林和人工促进，改造成林分质量更高、生态更安全的混交林、阔叶林；中下坡位的竹林采用"捏油、钩梢、护笋养竹、按年龄和密度合理砍伐"的粗放、生态的经营方针；交通便利、坡度适宜、山脚小面积立地条件好的竹林要高强度经营，开发笋用林或者林下套种等，获取较高效益。

6.1.3 新兴生态工业

发展新兴生态工业，二产加快转型升级。

安吉县坚持生态环保导向，大力发展装备制造、绿色食品、电子信息等新兴产业，改造提升竹、椅两大传统产业。以省级经济开发区为龙头、以天子湖园区和梅溪临港经济区为两翼的工业"金三角"成型，特别是省际承接产业转移示范区的挂牌成立，为承载"大好高"项目拓展了空间。安吉的工业形成了竹业和椅业两大传统产业发展势头良好，装备制造、健康医药、电子信息等新产业迅速发展壮大的态势。其中，竹业的立竹量、商品竹年产量、竹业年产值、竹制品年出口总额、竹业经济综合实力创下五个全国第一，打响了"绿色地板、安吉标准"区域品牌。椅业发展到七大系列 500 多个品种，年产 7000 万把，占国内市场1/3 以上份额。2010 年，安吉椅业被浙江省人民政府授予省级"块状经济向现代产业集群转型升级示范区"称号，在浙江省 42 个集群示范区中，是唯一的家具行业产业集群示范区。

6.1.4 休闲旅游产业

（1）发展休闲旅游产业，加速高端提升

安吉全力打造全省首批旅游经济综合改革试点示范县、长三角首选乡村休闲旅游目的地。随着灵峰旅游度假区全面建设，25 公里休闲产业带加快推进一批旅游综合体和高端休闲项目初显雏形，安吉县内形成了天文观象、高山滑雪、竹海熊猫、生态影视等特色景点。中国大陆首个世界著名品牌乐园凯蒂猫家园、亚洲最大的水上乐园欢乐风暴、省浙商回归旅游综合体项目"大年初一"风景小镇也相继在安吉开业。2015 年，安吉全县接待游客 1475.2 万人次，旅游收入 174.3 亿元，以美丽乡村建设为基础的乡村旅游蓬勃兴起，成功创建全国旅游标准化示范县、国家乡村旅游度假实验区和全国首个乡域 4A 级景区，进一步打响了安吉美丽乡村的品牌。

（2）典型案例：高家堂村

高家堂村位于安吉县山川乡，是湖州市最南端的一个小山村，面积 7 平方公里，辖 9 个村民小组，6 个党小组，全村人口 859 人，其中党员 72 人，山林面积共 9729 亩，村庄四周竹林环抱，生态环境良好，森林覆盖率达 88.8%。

作为大力发展旅游业的精品示范村，高家堂村主要围绕以下几方面来进行建设。

一是夯实生态基础建设。

图 6-13 高家堂村

首先高家堂村建立了卫生长效管理机制，全村共设置各类垃圾箱 116 只，并建立村庄保洁队伍，实施垃圾的分类收集管理，聘任专职保洁员每天将村庄内垃圾运往乡垃圾中转站，确保生活垃圾在村内滞留期不超过两天，切实保证卫生质量，并由村负责人和老年协会负责定期督查，实行奖惩，生产、生活垃圾处理率达 100%。同时，村里完善了生活污水处理系统，全村共有阿科蔓污水处理系统、湿地污水处理系统、太阳能微动力污水处理系统，实现了全村生活污水处理率 85% 以上。

其次，高家堂村狠抓基础设施建设，以村庄环境提升为契机，投入 300 余万元对村庄环境进行了彻底整治，全面深化村庄环境内涵，共粉刷大小房屋 120 幢，白化面积 13230 平方米；完善了道路布局，硬化道路 4.3 公里，村内主干道及入户道路硬化率达 100%；实施绿化 8000 平方米，村庄绿化覆盖率达 28%，主要道路绿化普及率达 100%；给水排水系统建设完善，完成了境内河道的疏浚整治，完善了自来水蓄水池及管网，农民饮用水普及率达 100%，生活饮用水卫生合格率达 100%；新建篮球场一个，党员活动室、老年活动室、文化活动室、卫生室均按标准配置齐全。全村先后投入 10 余万元改造了原张家堂桥梁建设，投入 70 余万元建设了首个以水循环为主题的农民生态公园，投入 30 万元进行景观巷道建设，投入 5.5 余万元建成生态型景观公园——湖滨公园。围绕着村中心的仙龙湖，一个环湖休闲带已经初具雏形，景观公园、观景亭、生态文化长廊等一一显现出高家堂村的新风貌。高家堂村基础设施的全面完善，保证了全村稳步、全面推进美丽乡村建设进程。

再次，推广新能源、绿色能源的应用。2008 年高家堂村引进太阳能样板房项目，把新综合楼建设作为新能源使用的一个亮点。同时，全村共设置太阳能路灯 27 盏，安装率

100%。高家堂村积极探索新能源应用，将节能型可持续发展作为未来发展导向。

二是整合资源提升产业。

首先是做精休闲产业，高家堂村把发展第三产业放在突出位置，以环境建设夯实第三产业发展的基础，充分借助外力，大力发展乡村旅游经济，推进乡村经营建设。高家堂村制定了村庄整体规划，建成以山村体验、自然景观为特色，集吃、住、行、游、娱等六位一体的村域大景区，进一步推进了旅游业态的多元化。村里以村集体及队组自然资源及已建基础设施折现后入股30%，合作公司投入现金形式入股70%，组建安吉蝶兰风情旅游开发有限公司，投资600万打通东篱到水墨桃园的环村公路，使得原本分散的景区连点成线，形成"一园一谷一湖一街一中心"的村休闲产业带，投资数千万元建成海博山庄酒店、水墨农庄、七星谷、环湖观光带、东篱农业观光园、竹烟雨溪接待中心、别院山川精品酒店、水墨桃林等项目，其中海博山庄是联合上海海博有限公司出资建设的高品位休闲山庄，总投资约1800万元，根据仙龙湖水库的自然环境，兼具经济性和景观特色相统一，达到人与自然的和谐。高家堂村将旅游定位为集农业观光与休闲度假为一体，以村企合作的形式带动了高家堂村产业结构的调整，促进了第三产业的长足发展，做好乡村旅游大文章。目前，生态旅游经济对村财政的贡献率达到50%以上，已成为高家堂村经济增长支柱产业。

其次是做优生态农业。一方面高家堂村大力发展生态高效竹业，形成特色鲜明、功能突出的高效生态农业产业布局，充分借助毛竹连片优势，开通林道五条，共计9.96公里，林区道路面积28.1平方米，建成了3000亩的竹用林经营示范区，与安吉毛竹现代科技园区连成一体。同时，高家堂村与世界银行合作引进了毛竹套种阔叶林项目，对环境保护和生物多样性的保护，改善毛竹林品种过于单一造成水土流失、病虫加剧、土壤结构单一等，对毛竹生产的产业化发展和可持续发展具有重要意义。村里建立竹笋示范户55户，毛竹产量从1200元/亩上升到最高产值5000元/亩，并通过示范作用，以点带面、全面推广，竹林效益不断提高。另一方面，高家堂村大力扶持和培育农产品种植加工业，成立安吉指南竹笋专业合作社，流转全村山林3700余亩，实行"统一品牌、统一销售、统一经营、统一管理"的模式，提升林农收入。同时，茶叶种植面积达300亩，年产量2.6吨，带动了村民踊跃参与竞标村集体保留林地和农户茶园的势头，全村农田全年无弃耕现象。全村加强农产品培训力度，积极为农户提供信息、技术、流通方面的服务，2012年农民技术技能培训覆盖面100%。生态农业的全面发展，既可作为第三产业的补充，增加农民收入，也成为乡村游的特色和热点，突显二、三产业结合的优势。村里积极鼓励农户同时开展生态种植、生态养殖、开办农家乐，并有机整合三大内容，让旅客亲身感受住农家、品山珍、干农活的一系列乐趣，亲近自然环境，体验农家生活。这项旅游活动深受游客喜爱，打出了高家堂村生态乡村游的品牌。

三是以人为本优化服务。高家堂村班子团结、社会稳定、生活祥和，村级组织工作制度健全规范，涉及规定数额以上的建设项目一律实行公开招标，党务、村务、财务本着"公平、公开、公正"原则，由村两委集体讨论决定，使村级民主管理工作有制度保障，有规范程序。全村社会各项事业健康发展，形成了良性循环。目前全村高中段毛入学率100%，60周岁以上养老保险基本全覆盖。在 2012 年度重阳节上，高家堂村为全村 80 周岁以上老人过集体生日，带着老年人乘坐旅游中心的观光车游览村庄，受到村民大力支持，倡导了和谐新风尚，真正将高家堂村建设为和谐之乡、幸福之乡。

在十年的美丽乡村建设进程中，高家堂村村民用自己的双手，在山沟竹海里建起了仙龙湖生态景观水库，建起了浙江省农村第一个应用美国阿科蔓技术的生活污水处理系统，建起了湖州市第一个生态公厕，建起了湖州市第一个以环境教育、污水处理示范为主题的农民生态公园，将一个普普通通的小山村，建设成了一个亲水生态村。高家堂是安吉生态建设的一个缩影，全村始终围绕"生态立村"的宗旨，村庄建设整洁有序，村民民风淳朴，生活怡静，真正实现了"蓝天、碧水、绿地"的人与自然的和谐之美，走在了美丽乡村建设的前列。2014 年，高家堂村接待国内外游客 36 万人次，乡村旅游收入 686 万元，其中接待全国所有省、市、自治区的考察团 571 批 10849 余人。以前高家堂村民的收入主要靠资源，人均纯收入一般在 1 万上下，2013 年人均收入 21196 元，2014 年达到了 27316 元，村民成了美丽乡村建设成果转化和乡村旅游提档升级的参与者和红利的收益者。高家堂村凭借优异的三产发展经验，先后获得"全国文明村"、"国家级民主法治示范村"、"国家级生态村"、"国家级美丽宜居示范村"、"国家级生态文化村"、"中国特色农庄"、"全国绿色小康村"、并成功入选"全面美丽乡村建设十大模式（生态保护型）"等诸多荣誉。

6.2　引进推进优质高端的重大休闲旅游项目，形成高端休闲产业带

安吉县以县域大景区建设来经营中国美丽乡村，已获得"全国森林旅游示范县"、"最具文化创意旅游乡村"、"国际乡村生活示范地"、"全国休闲农业乡村旅游示范县"、"长三角最佳亲子游目的地"等称号。现以乡镇村为主体的景区建设细胞工程开展得十分火热，现已创建 A 级景区 7 家。其中山川乡乡域为 4A 级景区，余村、横山坞、景溪、中张、尚书圩、高家堂六村已创建成功为 3A 级景区。

安吉政府通过招商引资，以优异的自然环境、别具特色的民俗风情、良好的政策扶持吸引了大批优质高端重大休闲旅游项目落户安吉，并积极建设和提升现有的特色景区，优化旅游环境，突出生态主题，已经初步具备高端休闲产业带的雏形。

6.2.1　旅游综合体

旅游综合体，包含"大年初一"、云上草原。

（1）"大年初一"
人间天堂·安吉大年初一风景度假小镇（简称"大年初一"）是海南飞帆投资控股有限

图6-14 "大年初一"

公司（简称"海南飞帆"）回乡投资开发建设的一个大型休闲旅游度假目的地，是浙江省重点建设项目，同时也是浙江省政府重点关注协调的重大旅游项目以及浙商回归重大工程，进入省重大产业保障项目名单。项目开发主体单位是安吉县大年初一旅业投资有限公司，已于2015年5月8日正式开业。

海南飞帆曾在海南成功投资开发了"天上人间·热带雨林度假酒店"（现君澜温泉度假村）和三亚亚龙湾云天热带森林公园以及三亚鸟巢度假村、海口开心农场度假村。其中，三亚亚龙湾云天热带森林公园以及人间天堂鸟巢度假村被冯小刚导演选为电影《非诚勿扰Ⅱ》拍摄取景主场地，其"人间天堂"度假品牌在全国已颇有名气。

小镇位于长三角几何中心，三小时交通圈覆盖湖州、杭州、上海、宁波、苏州、无锡、常州、南京以及合肥等城市；同时也位于安吉天荒坪旅游大景区内，半小时交通圈覆盖了凯蒂猫家园、欢乐风暴水上乐园、江南天池、中南百草园、竹博园、大竹海等旅游景点；整体规划由风景度假村、风情商业街、天荒坪旅游集散中心三大区块组成。

风景度假村以明清古建筑、合院式建筑为设计灵感，传承小桥流水、亭台楼阁等古建筑经典元素，同时融合现代旅居要求的建筑及装饰风格。有低层合院、多层客栈、临水别墅等多种住宿体验模式，共计1260间客房；有画舫餐厅（杭帮菜为主）、美好时光茶餐厅（粤菜）、浦源食府（江浙土菜）、可容纳千人的国际会议中心；还有水一方恒温游泳馆、Bingo儿童乐园、不见不散KTV、MY1990红酒雪茄吧、涌泉水疗城（足浴、SPA、室内外泡池）等娱乐休闲配套设施。

风情商业街是一条集餐饮、休闲、娱乐、购物为一体的特色风情街。酒吧街、戏院茶楼、美食广场、特产超市、青年旅舍等，演绎不一样的风景。

天荒坪旅游集散中心位于小镇入口附近，集旅游信息资源整合、旅游管理服务、游客投诉处理、旅游接送等功能于一体。配有大年初一旅游公司，有县内外多条旅游精华专线，把安吉的白茶文化、竹文化、金石文化、美丽乡村文化、历史文化全面展示给全球贵宾。

（2）云上草原

云上草原项目是一个集野奢酒店、高山户外滑雪场、观光、索道、极限运动小镇于一体的生态旅游度假项目，总投资11.2亿元，面积2179亩。全部建成后，预计每年将接待游客

图 6-15 云上草原

100 万人次，实现营收 3 亿元，利税 1.2 亿元。截至目前，该乡已完成山顶核心区块 850 亩土地流转工作，并确定 73.1 亩土地指标；同时，临时用电铺设、索道基站建设、道路建设等基础设施建设加速推进。

该项目位于海拔 1168 米的赤豆洋地块，包括南方最大、最稀缺的 1500 亩高山草原，它将利用"高山、高山杜鹃、湿地、幽谷、水库、竹林"等特色资源，是以云上草原景区和愚人谷度假村为重点，春赏花、夏避暑、秋登山、冬滑雪为核心的四季观光游览产品，是目前湖州地区独此一家的山丘型综合景区。

6.2.2 乡村酒店民宿

乡村酒店民宿，包含帐篷客、等风来、老树林等。安吉随着美丽乡村的深度推进，利用闲置资产和优越的自然环境经营乡村已成为必然。关于农村农民如何走出一条创新创业富裕之路，增强农民在美丽乡村建设中的获得感、幸福度，安吉县乡村走出了农民致富之路。安吉县现有农家乐 2500 余家，床位 20000 张，其中星级农家乐 560 家，民宿等精品酒店 40 家，带动 1.5 万人就业，农民增收 2 亿元。

（1）帐篷客

帐篷客藏身于溪龙乡的万亩白茶园中，这里是名俗风雅的君子之乡，盛产竹与茶，被誉为"中国白茶第一乡"和"东方大竹海"。帐篷客位于云雾缭绕的安吉万亩茶林间，清雅的徽派建筑，浓墨重彩宛如一幅江南水墨画。由远及近，几十顶白色帐篷慢慢显现，绽放在茶园之上，一望无际的绿色茶田如现实版绿野仙踪。

在度假区里，你可以选住在徽派大宅或是野奢帐篷里。所有客房都盘踞在两处湖泊周围，四周是连绵德茶园构成的天然屏障。恒温、香薰、烛光，它不像其他酒店那般将帐篷搬进酒店客房，而是反其道而行之，将"五星级"酒店搬进了帐篷。每一顶帐篷都有一个名字，如扬灵、芳芷、汀州等，皆源自《楚辞》。

帐篷房内部以木质结构为主要构件，以原木色为主要格调，加之超大落地门窗的设计，视野通透，外景一览无余，端庄又温暖。房间内台灯、椅子、纸巾盒等配件就地取材，选用

图 6-16　帐篷客

竹制品，不仅与整个房间的格调相统一，又与安吉中国竹乡的特征相吻合，颇有韵味。

帐篷客餐饮尤其要盛赞，虽然酒店体量不大，但餐饮做得极其细致。农家乐是永不过时的餐饮主调。酒店的美食皆取自山谷中的新鲜有机食材，以独特技法烹饪成一桌风味佳肴，让人感受食材本身的安吉味道。

（2）等风来

安吉等风来精品客栈是一家精品的乡村的精致装修的临水客栈，当年李安导演的《卧虎藏龙》的一处取景，就在客栈坐落处。风与竹的关系，在这里体现了完美。客栈带有一点欧式元素，所有区域充满竹子的风骨。客栈离大竹海景区开车约 10 分钟，离天荒坪江南天池开车约 20 分钟，周边风景秀丽，空气新鲜，充满阳光的下午，有咖啡和安吉白茶的香味。边上烧农家菜的老板的食材，全天然，这里都是健康的空间。

（3）老树林

安吉老树林度假别墅在安吉西侧海拔千米的原始森林大山，山脚 S14 高速公路已开通。出高速沿大山新建柏油路，一路向上约 20 分钟，井空里大峡谷蜿蜒起伏矗立在面前。老树

图6-17 等风来

图6-18 老树林

林度假别墅就坐落在这条浙江最具原生态的峡谷内,遥望莫干山,遗世独立,返璞归真。清晨,是空气的清新让您醒来;躺在床上,眺望着远山上的云开雾散。倘佯在浴缸里沐浴的是从千米峰顶接入的泉水,是负氧离子高达近万的森林灵气。极具挑战的井空里溯溪和高山上盘旋的柏油小路上山地车运动,在任意地方的停留都是美景,松鼠、小鹿会向您问候,开阔的视野让您去摒弃心中的浊气。

6.2.3　乐园类景区

乐园类景区，包含安吉竹博园欢乐水世界、凯蒂猫家园、中南百草原等。

（1）安吉竹博园

安吉竹子博览园是国家 AAAA 级旅游景区、全国科普教育基地、全国首个大熊猫落户的县级基地，是竹乡旅游的经典之作、王牌景点，是一家集竹海观光、竹文化主题体验及科普教育于一体的竹类大观园。轻舟赏竹翠，曲径闻竹香，凭窗听竹语，登高观竹浪，396 个竹子品种让你体验到"宁可食无肉，不可居无竹"的竹子意境；四只"国宝"让你感受大熊猫的迷人萌态；识竹品竹之余，或泛舟湖上，或品茗林间，或挑战自我，是深度体验的江南竹文化之旅第一站。

世界竹子看中国，中国竹子看安吉。游中国竹乡不可不看竹子博物馆，不能不游安吉竹博园。在安吉竹博园，可以一览各国的奇篁异筠，洞悉千载的竹子加工利用史。竹博园内有中国唯一的竹子专业博物馆，记述着一部五六千年的竹文化史。竹博园是集竹文化、竹工艺于一体的中国竹子博物馆和亚洲规模最大的安吉竹种园的完美结合。

竹博园景区分为东西两个区块，主要有以下一些重要节点。

游客中心严格按照国家 AAAA 级旅游景区的标准设计建造，在此能深刻感受竹文化元素。整个游客中心及热带雨林竹种区占地 8718 平方米，总投资 7000 万元。

雨雾广场是整个景区的一大亮点，它整个效果将营造出一种雨雾竹都的感觉，朦胧秀丽的感觉不乏气势恢宏，另一个重要的作用就是起到降温加湿的作用，把灰尘等有害杂质隔离在公路一侧，给景区内创造更好的环境质量，它不仅作为整个安吉竹子博览园景区的客流集散地，而且特别作为入口形象区域，起到引景、导景、前奏和标志的作用，总投资 2000 万元。

景区商场占地 1000 平方米，2016 年被评为浙江省四星旅游商品购物点，年接待游客量达到 20 万人次左右，可以为游客提供安吉县的土特产品。

热带雨林总面积 2200 平方米，最高处为 15 米，以收集、保存、研究和展示热带及高山竹区竹种资源为目标，是开展竹类植物多样性迁地保护和科学普及教育的重要场所。共保存展示竹子品种 61 种，各类热带植物 140 余种。在这里不仅可以看到许多珍奇的竹类植物，比如高大的歪脚龙竹、奇特的攀缘竹类爬竹、无耳镰序竹；来自我国台湾的花秆大佛肚竹、南美的瓜多竹等，还可以观赏到其他具有典型热带雨林特征的植物，独木成林、树包石、食虫植物、苏铁类、蕨类、兰花和凤梨类植物，如鸡蛋花、榕树、龙眼、杪椤、猪笼草等。整个温室采用竹子为骨架植物，下层配置四季温室花卉，融火山岩假山、瀑布、山洞、栈桥、溪流、特色竹亭等园林景观为一体，错落有致，具有浓郁的热带风情，一定会让您流连忘返。

玉带桥这座桥是一座钢结构人行景观桥，为中国美院风景建筑设计研究院设计，全长

197 米，横跨在浐溪之上，为联系东西园区的纽带，投资近 1500 万元，玉带桥形若蜿蜒玉带，并拥有流畅挺拔的曲线，幽雅秀美，因此而得名。

浐溪为西苕溪的支流之一，由北向南纳入苕溪主流，经湖州入太湖，流经竹博园，沿园区东侧形成一段绵延 1 公里，宽 50 余米的河边景观湿地。浐溪终年流水舒缓，溪清水洁，盛产鱼虾，蒲草丰茂，芦苇青青，野花点点。溪滩塘埭自成方圆，星罗棋布，栈道竹筏，串联其中，春日鸟语花香，夏日捕鱼捉虾，石滩摸螺捉蟹，品取鱼之乐，尝出水之鲜。

文明竹迹广场是将歌咏竹子精神的篆刻印迹雕刻在钢板上，以歌咏竹子文明的诗词歌赋贯穿整个广场，汇集了杜甫、郑板桥、吴昌硕、王安石、苏东坡等文人墨客的作品，广场上设置了很多景观台，以及众多与突显咏竹特色有关的建筑、景观、小品、碑刻等。

竹贤阁，即廉政文化主题馆，展馆一至二层收集展示了从唐朝开始的历代清廉官吏及其咏竹、画竹的代表作品，通过歌颂竹子坚忍不拔、刚直不阿、虚怀若谷的高尚品质，了解先贤们的生平事迹和精神追求，感受竹子的美学价值，达到教育的目的。

见竹思廉区块选取了与廉文化有关的十余种竹种集中种植展示，以竹喻人，达到"见竹思廉"的目的。毛石景墙由一个圆门和一个方门组成，寓意这是一段规矩墙，《荀子·礼论》中说，"规矩诚设矣，则不可欺以方圆"，《史记·礼书》中说，"人道经纬万端，规矩无所不贯，诱进以仁义，束缚以刑罚"。圆门进，方门出，没有规矩，不成方圆，它告诉我们，做人做事都要守规矩，恪守本分。

竹乃法身区块寓意青青翠竹，总是法身。佛祖释迦牟尼有"竹林精舍"，观音菩萨有"紫竹林"。在佛教里，竹子可谓"法身"，不少竹种名称有佛教色彩，如观音竹、佛肚竹、罗汉竹等。竹子高雅、淡泊、幽静的特征与佛教超尘脱俗、空灵无我的境界相通。

竹影天桥桥长 400 米，宽 3 米，是一条趣味盎然的生态绿色通道，沿路可抵达园中景点。桥身造型简洁，色彩明净，与竹林、湖面、园路交错有致。游人穿行其间，心旷神怡。

鸟艺表演中，"演员"有来自南美洲的金刚鹦鹉，澳大利亚的葵花鹦鹉，非洲的灰鹦鹉，印尼的红冠鹦鹉等。它们各有绝技，如鹦鹉骑单车、群鸟打篮球、吉祥鸟认钱、小鸟做算术、鹦鹉放飞等。游客可和鹦鹉们互动交流，拍照合影。

水竹居是一座全竹结构的建筑，可观赏修筑湖畔周围的全景，可为游客提供休息、饮茶和水上娱乐项目。

安吉竹博园大熊猫馆是目前世界一流的大熊猫专业生态展馆，整个熊猫馆面积大约 7000 平方米，硬件投资 1000 多万元。大熊猫居住的地方是严格按照专家建议设计建造的，其中各项功能齐全。比如，熊猫怕热不怕冷，160 平方米的室内馆就设置成了恒温室，室外气温一旦超过 26 摄氏度，它们就要进入室内享受空调了。另外，大熊猫喜欢爬树，偶尔也要玩玩游戏，四个 500 多平方米的室外馆安装了树架、游乐设施，专供它们健身休闲之用。万顷竹海加上花园式的熊猫别墅，"国宝"们在竹博园里必定能茁壮成长。

2016 年 10 月，小熊猫馆从四川成都大熊猫繁育研究基地引进了七只小熊猫，整个小熊猫馆占地面积约 1500 平方米，硬件投资 100 余万元。根据小熊猫的习性，在设计上主要以室外活动场所为主，其中各项功能齐全。小熊猫是大熊猫的伴生动物，有和大熊猫相类似的生活饮食习性，同时它也是可以和人类近距离接触的温顺动物，相信在竹博园必定能快乐地成长。

熊猫嘉年华可为游客提供精彩的小丑表演和供儿童游玩的电玩城，2016年重新改造装修的熊猫生活体验馆，同时配有精美的小吃和熊猫邮局。

熊猫安吉食府坐落在熊猫B馆西侧出入口，深藏竹海松林，院内松树茂盛挺拔，环境优雅，内设包厢、大厅，可容纳500人同时就餐。熊猫安吉食府不仅对景区内游客开放，还可接待景区外的游客，食府大院的正门紧邻机场路，院内设有大型停车场，交通便捷。散客餐、团队餐、喜宴酒席、大型商务宴会等都可承接。熊猫安吉食府，主营安吉土菜、特色笋宴。农家淳朴的情调，风味别致的佳肴，烹饪与艺术的完美结合，纯朴与自然的经典演绎。款款浓情、道道精致，在这里可以让您品尝到正宗的农家土鸡、溪鱼、野味、鲜笋及高山绿色蔬菜等乡村特色菜，欢乐温馨团聚，尽享家的感觉。

在竹博园的休闲、探险、拓展区，有丛林穿越、CS野战岛、篝火晚会等；更有专业的拓展团队为您量身打造拓展训练项目，激发您的潜能，在拥抱绿色的同时，挑战自我极限。

清风廊展示历代清廉官吏故事，楹联主题竹刻长廊，全长282米，通廊以竹装饰，清新淡雅，右面墙上共有近三十幅竹刻作品，有廉政人物故事版画，有名人名联。"清风廊"三字由俞建华先生题写，曾任浙江省书法家协会副主席，杭州市书法家协会副主席。以隶、行见长，现为浙江省书法家协会顾问、西泠印社社员。营造廉荣贪耻的社会舆论氛围，是安吉竹博园廉政文化普及的着力点。利用清风廊开展廉政文化教育宣传，是提升公民的社会公德、职业道德、家庭美德、个人品德，加强廉政文化建设的有效形式和重要途径，有益于提高社会公众对廉政文化建设的参与度。

正气林占地3000余平方米，我们可以穿过松林间的小路，感受松树的挺拔、正直，深深地植根于贫瘠的土地，执着、坚毅、洒脱、泰然，感悟廉的真正含义。

熊猫欢乐世界在竹博园绿荫广场上，2017年新增了熊猫欢乐世界娱乐项目。共有8个项目，其中提前开放了卡丁车体验项目，其他项目后期可向游客开放。

中国竹子博物馆是6000年竹文化的浓缩，是中国一流、世界领先的竹子专业博物馆。全馆占地12000平方米，2012年投资1500万元进行重新装修，形成了识竹厅、传统加工展厅、现代加工利用厅、全竹家具展厅、话竹厅、赏竹厅、论竹厅等7展厅和一个序厅。竹编《清明上河图》《兰亭序》，世界最粗最大的巨龙竹，实心的古里竹等，以丰富的展品，详实的史料，再通过现代最先进的光影技术，让游客亲身感受中国丰富的竹资源、悠久的竹历史和光辉灿烂的竹文化。

筱园问竹区块竹子有"日出有清荫，月照有清影，风吹有清声，雨来有清韵"四趣，此处植有多种观赏价值高的竹种，既可增进竹种知识，亦可感受竹的清丽、素雅、高洁之美。漫步筱园，神清气朗，尽脱俗氛。

图6-19　安吉竹博园

潇湘茶韵区块寓意"竹下忘言对紫茶""竹院随僧自在茶"等诗句,在此可以品安吉白茶,寻潇湘幽韵。一盏在握,满齿清香。两目所及,竹影婆娑。

（2）欢乐水世界

安吉水世界,即安吉乐翻天欢乐风暴乐园,总面积达24万平方米,是目前亚洲占地面积最大的水上乐园,水域面积更是达到惊人的4万余平方米,堪称世界水乐园之最。乐园设置了三个大型停车场,可同时提供3500辆停车位。乐园位于安吉县黄金旅游线的中心地带——浦源大道文村桥,是安吉县的几何中心位置,距未来安吉长途客运站三分钟车程,杭州、湖州的游客均可在一小时内到达,乐园距上海、南京、无锡等长三角中心城市两小时内车程。

安吉乐翻天欢乐风暴乐园由世界知名规划团队规划设计,共设置十大嬉水主题,其中乐园的核心位置漂流河里设计了海底世界,游客可以在漂流河里一边漂流一边观赏海洋生物,为国内水乐园首创。

图6-20　安吉水世界

　　整个乐园景观充分融入了竹乡安吉的当地竹元素，以熊猫吉哥为吉祥物，把欢乐贯穿整个乐园。乐园还将在夜场时间每日举办极具观赏性的激光水舞电音嘉年华，在炎热的夏夜给游客带来阵阵清凉。

（3）凯蒂猫家园

　　中国首座Hello Kitty主题乐园——凯蒂猫家园（Hello Kitty Park）是全球最大的Hello Kitty主题乐园，由上海银润控股（集团）有限公司投资、建设与管理。它位于中国浙江省安吉县，园区区域优势明显，地理位置优越，景色宜人，交通便利。安吉是联合国人居奖中国唯一获得县、中国首个生态县，地处中国长三角经济圈的几何中心与中国杭州都市经济圈重要的节点，处于以上海、杭州和南京为三角的交通圈内。杭长高速、申嘉湖高速横越其间。杭长高速（S14）安吉出口下高速后5分钟内即可抵达园区，园区内及周边拥有酒店、餐饮、商业、娱乐等多项配套设施。

　　凯蒂猫家园是中国银润集团与日本三丽鸥株式会社以品牌授权的方式合作，项目整合了中、日、美、欧等各方优秀的创意、规划、设计。园区由美国著名的游艺家园设计公司设计，园区的游乐游艺设备设施集精细化制造工艺和安全保障、人性化设计于一体。

　　凯蒂猫家园承载着全球各地无数Hello Kitty粉丝的热望，从此，中国的Hello Kitty控无需漂洋过海就能近距离拥抱Hello Kitty的梦幻世界。园内六大主题区域：友谊广场、欢乐港湾、音之村、精灵森林、蒸汽王国、凯蒂猫小院。每个区域都有独有的主题人物、主题景观、剧场演艺、互动体验、游乐设施、餐饮和商铺。园外商业区同样精彩，涵盖美食、购物、娱乐等。整个园区将创意、温馨、快乐、梦幻与环保贯穿一体。

图 6-21　凯蒂猫主题乐园

（4）中南百草原

中南百草原景区是国家 AAAA 级旅游景区，先后获得了国家级青少年户外体育活动营地、全国十大休闲农庄、全国野生动物保护科普教育基地等众多荣誉，目前已列入国家 5A 级景区培育名单。

中南百草原占地 5600 亩，拥有森林、草原、湿地、竹海、野生动物等生态资源以及餐饮、会议、住宿、娱乐、养生、拓展等众多产品，农业、林业、生态、体育、科普等与旅游完美结合，成为以植物世界、动物世界和运动世界为三大主题的综合性旅游景区，游客量连续 6 年突破百万人次，是长三角地区发展创新迅速，深受游客欢迎的十大景区之一。

植物世界由碧水晨曦、丹枫流霞、百草映雪等八景和白茶园、桂花园、紫竹园、采摘果园、淡竹林等十八园组成，植物品种有 2000 种，珍稀植物有 30 多种，景区植被覆盖率达 95%，是天然的绿色大氧吧。动物世界内有 150 种动物，游客可观赏到老虎、狮子、大象、长颈鹿等 70 种国家珍奇野生动物，同时还可以领略到狮虎献艺、海狮杂技等精彩表演。运动世界有户外拓展、森林骑马、F1 卡丁车、真人 CS 野战、攀岩、高空溜索、湿地漂流等各类运动项目 50 多种，以及大型游乐场——中南欢乐世界和儿童乐园共 21 个项目组成，游客可在此体验极致的欢乐与刺激。

除游乐、观赏项目外，景区还设有中南旅游饭店、烧烤场，供应竹乡特色菜肴和野味，鲜香可口。而坐落于涌泉湖畔的度假酒店则堪称世外桃源，绿树成荫，环境优美。

园内有全球仅存的大片原始淡竹林群落，有千年朱家古井。是省野生动物驯养基地，全国野生动物保护科普教育基地，清华大学、复旦大学 EMBA 总裁班培训基地，上海市和浙江

图6-22　中南百草原

大学、浙江工业大学等高校的生态环境教育实践基地，现为联合国环境与可持续发展教育提供活动空间，是东吴名将朱治、朱然的故里，已承办国际旅游小姐冠军总决赛、国际山地极限运动等多项高档赛事，是旅游观光、团体拓展运动、休闲度假和国际会务的好去处。中南百草原是一个奇特的全新景点，她可以和其他任何景点组合最佳旅游线路，越来越被旅游界所推崇。

中南百草原以百草为特色，以次生林植被、动植物资源和自然山水景色为依托。

中南百草原位于安吉县城递铺镇的西北，地处递铺镇马鞍山、三官、狮子山、荷花塘四村交汇处，距县城中心不足5公里，驱车至中南百草原北门仅十分钟路程。百草原现已成为小型亚热带植物园。

园内建立了日本樱花园、梅园、日本红枫园、紫竹园、白茶园、植物地球村、日用玫瑰园、桂花园、香樟园、百草园、药材园。并移植了稀有植物，如海棠木瓜、银杏、竹柏、冷杉、杜仲、虎皮榆、胡秃子、女贞等树种，加上野生动物梅花鹿、獐、黄麂及多种鸟类的自然放养成功，基本形成了良好的生态环境。

位于涌泉湖畔，建筑精美，宽敞新颖；设施齐全、环境优雅、依山傍水，为游客休闲度假理想场所。身居度假酒店如临仙境，可东视茶园、西望青山、南观碧水、北眺原野。这儿，或树摇波起，清风拂面；或风挟松香，啾啾鸟语；无市井之喧哗，似山野之情趣。同时，舒适的客房环境给游客归家的感觉，优雅干净的就餐环境让游客一品人间美食，大型多功能会议室为您轻松解决工作问题，同时不定期举行大型的丰富多彩的活动让游客乐融其中，流连忘返。

6.2.4 生态旅游景区

生态旅游景区，如藏龙百瀑、芙蓉谷、七星谷、深溪大石浪、浙北大峡谷等。

（1）藏龙百瀑

藏龙百瀑是浙江最大的瀑布群，位于浙江省安吉县东南部（又名太平天国"小梁山"），距县城 18 公里，南连临安"小九寨沟"风景区，西与世界第二、亚洲第一的天荒坪抽水蓄能电站相连，湖州通向临安的临青省道横穿藏龙百瀑景区，藏龙百瀑景区方圆 30 多平方公里，进入景区沿途两岸千米高山对峙，森林茂密，路边飞瀑流泉，可见悬崖叠嶂，奇峰林立，瞬间迎面而翠竹连绵。藏龙百瀑有三折重叠，落差为 60 多米的"长龙飞瀑"，有彩虹横卧的"虹贯龙瀑门"（人称小黄果树），更有神形皆备的"神龟听瀑"，可谓瀑瀑相连，一步一景。藏龙百瀑不仅以瀑布众多而闻名，同时还有一块万吨巨石在七千万年前就悬挂在两座悬崖之间，人称"仙人桥"，有千钧一发之险，望仙石、老鹰石、天生悬石，石石相望，形象逼真。俗话说深山藏宝，景区内有多种野生动物和近百种国家保护树种。夏天天气凉爽，宁静幽雅，有十里不打伞之奇，峡谷无蚊之妙；冬天百瀑冰凌，天造奇观，雪景迷人，堪称"江南哈尔滨"。

图 6-23　藏龙百瀑

（2）芙蓉谷

芙蓉谷景区位于安吉山川乡境内，紧邻亚洲第一的天荒坪抽水蓄能电站、中国大竹海、双溪漂流等风景区，距县城 19 公里，是新近开发的一处集佛教文化、洞、瀑、岩、植被、野生动物等自然生态景观于一体的风景名胜区。

芙蓉谷又名茅坞塘，坐落在群山叠嶂的峡谷中，主峰落伽山海拔 1169.6 米，景区内飞瀑翠雨，潭水碧绿，竹林茂盛，世尘不染，犹如仙境。游芙蓉谷，解千年气象奇观。景区内始建于唐代的石佛寺距今已有 1100 多年，且长年香火不断。每年农历六月十九观音菩萨生日，据说这天不管是久旱雨或晴空万里，中午时分，芙蓉谷里定会下起毛毛细雨，说是菩萨显灵。其实这是一种气象奇观。山不在高有仙则名，水不在深有龙则灵。芙蓉谷，以千年的佛教文化，恣意奔泻的龙潭瀑布给人留下美好的记忆。

（3）七星谷

七星谷景区位于安吉县山川乡南端，东接余杭，南壤临安，天目山脉贯穿全境，群山环绕，连绵不绝，故名山川。七星谷是高家堂风景区的主要景点之一，是游览、亲近大自然的天然之谷。区内茂林修竹、溪水清澈、风景如画、卧虎藏龙。谷中有七个错落有致的水潭，人称七星潭。当地人生意开市或外出经商都会到谷中沾点仙水祈神求财。

图6-24 芙蓉谷   图6-25 七星谷

（4）深溪大石浪

安吉深溪大石浪景区位于浙江省安吉县西南部，坐落在报福镇深溪村境内，处于海拔500米至1200米之间，高差700余米，垂直高度260米，是亚洲最大的裂谷石浪。景区交通便捷，距安吉县城仅35公里，距杭州78公里，上海、南京至此仅三个小时车程。

"深溪大石浪"景区坐落在密林悬崖群山巨石之中，特别是千古奇绝的巨石群像是由众多瀑布蜿蜒而下形成。两岸千米高山对峙，石浪高差近千米，奇石碧潭，古树参天，古藤爬满山，国家一级保护植物如红豆杉等在原始森林中遍布，空气清新。

景区夏天气温凉爽，宁静幽雅。冬天石瀑冰凌，天造奇观，雪景迷人。木桥、栈道、茅廊、索桥及汀步道、休闲亭在黄浦江源龙王山脚形成了一道亮丽的风景线，是一个集登山避暑、度假、野营和观光旅游为一体的山区型风景名胜区，是长三角旅游区中的一颗明珠。景区内建有国内领先的高山滑道车，国内首创的景区环形电影院，亚洲最大的裂谷大石浪，举世闻名的古原生态博物馆。

图6-26 深溪大石浪

（5）浙北大峡谷

浙北大峡谷景区被誉为浙江"青藏高原"。是安吉乃至整个长三角地区目前规模最大的奇特全新的旅游景点。景区奇峰怪石林立，青松苍劲挺拔，云雾变幻无穷，碧潭飞瀑密布，竹海浩瀚无边，不仅自然风光秀丽，生态景观极佳，又有佛儒文化的历史底蕴——禅中的静、清、宁与儒文化中的天人合一，交融于此山此水，自然和人文和谐一体，是静思、默修、清心之宝地。内有天然大佛、如来峰、一线瀑、石岭湖、原始森林等景观，游于此间，自然能至"闲看亭前花开花落，漫随天外云卷云舒"的心境。真正体验到无峰不奇，无石不峭，无寺不古的感觉。

浙北大峡谷位于浙江安吉县南界的天荒坪与临安市北界的太湖源接壤处。地理位置正处于世界地理位置之谜的北纬30°线上。

总面积38平方公里，距太湖源、藏龙百瀑仅8公里，景区由大汉岭马尖岗、董岭天堂街、石岭九条弯、龙须山、高山农家度假五大景区组成。景区千米以上雄奇山峰近百座。海拔800米以上原始农家度假区13个。五个高山梯田观光点，五十八涧，九十八瀑，共有大小景点203个。是浙江安吉高山休闲、度假、游览、观光、避暑胜地，地质勘察、科研考察不可遗漏的宝地。

图 6-27　浙北大峡谷

　　历史悠久的浙北大峡谷，自然风景秀丽，拥有令人赞叹不已的自然景观，同时也有着丰富的人文景观及灿烂的历史文化。公元前 22 世纪末，大禹来到浙北大峡谷，在太湖源头种下太湖柳母，从而柳树成荫，洪水不再泛滥。固称此地为浙北大峡谷。汉武帝时期，浙北大峡谷也由此而来。浙北大峡谷历史源远流长，大禹在此治水源头做证，汉武帝带兵打仗群峰可言。

深挖美丽乡村文化内涵，
全民共享幸福安吉

7.1 开展精准扶贫

7.1.1 集体（经济薄弱村）的精准扶贫

自 2009 年以来，安吉县连续制定两个《发展壮大村级集体经济实施意见》，启动"五年强村"计划，采取一村一策、逐项申报、审计考核等办法，精准帮扶。2013 年 2 月县委再次召开村级集体经济建设联席会议，全面部署了集体经济薄弱村转化工作。同年 7 月 13 日，县委常委会专题听取和研究村级集体经济发展工作，10 月 30 日单锦炎书记召集召开现场推进会，再次对集体经济薄弱村转化工作进行再动员再部署，县委高度重视对集体经济薄弱村转化工作。2015 年底，所有集体经济经常性收入 15 万元以下的村全部完成转化；2016 年底，所有集体经济经常性收入完成 30 万元以上的转化工作，实现村集体经济的良性滚动发展。

安吉在全县 23 个经济薄弱村实施 53 个项目，总投资 5913 万元，村集体增加固定收入总计 557.9 万元，平均增加 24.26 万元，充分体现"一村一策、分步实施、逐年转化"的思路，形成如下做法。

一是乡镇党委落实主体责任，有力推进转化。安吉县各乡镇（街道）、度假区党委把发展壮大集体经济作为重要任务，按照"一村一策、分步实施、逐年转化"的思路，坚持自力更生和政策扶持相结合，内挖潜力和外引开发相结合，认真分析现状，研究发展措施，及时组织推进，着力抓好村级集体经济发展。其中，开发区（递铺镇）、溪龙、孝丰等乡镇及时召开班子会议，经过协商出台相关补助政策。鄣吴镇深入分析薄弱村现状，拓展思索化思路，在联系县领导支持协调下，实施异地物业项目，增加村集体收入。章村镇专门制定下发发展壮大村级集体经济意见，出台一村一策措施，提升发展水平。杭垓镇加强与浙江大学对接联系，帮助牵线搭桥促进成项目签约。

二是结对部门发挥协调作用，合力帮扶转化。积极实施经济薄弱村结对联系制度，47 个部门与 23 个经济薄弱村开展结对帮扶，帮助引进项目，解决资金困难，增强村集体造血功能。县发经委多次深入联系村实地指导，邀请有关部门负责人现场商议开发项目可行性，并帮助村里探索以林权证抵押贷款再出借收益的办法，增加收入。县水利局到联系村开展调研，根据联系村集体经济现状，向上级部门争取项目。县文广新局投入 10 万元资金，帮助联系村提升文化展示馆，发展乡村旅游产业。县广电台投入 10 余万元帮助联系村建设美丽乡村信息服务中心。县规划局发挥职能优势，开展美丽乡村扩面提升和精品示范村创建技术指导服务。组织部、农办发挥牵头抓总、统筹协调职能，两次召集发经、国土、财政、农业、林业等相关部门，分片区召开座谈会，逐村研究发展项目推进情况，并多次赴现场实地开展指导。

三是村级组织积极挖掘潜力，奋力创新转化。各薄弱村从实际出发，坚持因地制宜、因村而宜，根据各自的区位好坏、资源多少，多途径开辟发展路子。章村镇章村村、溪龙乡溪村等村，通过改建民工出租房、老大会堂、老办公楼，盘活闲置空房，建造商业用房、店面房出租等措施，发展物业经济，增强村集体经济发展后劲。开发区（递铺镇）石鹰村成立毛竹专业合作社，流转毛竹林 8000 多亩，发展集体经济。梅溪镇板桥村改造低产鱼塘发包、流转土地建立葡萄和苗木基地收取物业管理费，增加集体收入。皈山乡观音桥村实施生态农业项目，种植反季蔬菜、有机白茶、有机水稻等，获得经济收入。据统计 23 个薄弱村实施的 53 个项目，其中发展物业经济的 10 个，盘活资产的 14 个，资源开发的 21 个，其他的 8 个。这些项目的实施不仅仅增加了集体经济，更提升了村庄的造血功能和服务水平，大大提升了村庄"持久美"的效果。

7.1.2　人（村民）的精准扶贫

2013 年，安吉县启动新一轮低收入农户调查认定和收入倍增工作，共认定全县低收入农户 13739 户、29614 人。2015 年底全县省定标准低收入农户年人均纯收入达到 9600 元，较 2013 年增幅达到 35%，同时通过临时救助、产业帮扶和纳入"五保低保"等方式全面消除"4600 元"以下贫困人口现象，共计 67 户、158 人。

安吉县将消除贫困、改善民生作为政府工作重中之重，在低收入农户帮扶工作中，安吉县建立了合力帮扶的工作机制，实行 11 个部门的信息共享，并严格落实部门、乡镇、村三级帮扶责任，力求做到信息掌握准、政策把握准、帮扶措施准，帮扶效果明显，在 2016 年全省核查中受到考核组的好评。

典型案例：送医下乡

2017 年以来，湖州安吉卫计局着力抓实抓好重点工作推进和亮点建设，在家庭医生签约、医联体建设、慢性病防控、最多跑一次等方面工作精彩纷呈，在惠民上比力度、服务上比温度、发展上比速度，把真正的满意送给群众。

不断创新，精准服务，是保持卫生计生事业强劲发展的有效方法。实施责任医师签约服务，突出服务的个性化、精准化，提升了责任医生的专病管理能力，满足了居民多元化健康服务需求。以"建机制、优服务、惠民生"为抓手，持续深入推进基层医改，积极搭建分级诊疗平台，建立紧密型医疗联合体。县人民医院全面托管天子湖镇、郎吴镇和山川乡卫生院，专科托管昌硕街道卫生院和递铺街道卫生院。县中医院把分院一并纳入省中医院"医联体"，并全面托管杭垓镇、天荒坪镇卫生院和白水湾卫生院，专科托管递铺街道安城卫生院和孝源街道卫生院。建立县乡医联体微信交流群，开展各种交流、学习、答疑，组织专家坐诊、带教培训、预约号源、双向转诊等，不断提升基层服务能力。

据了解，因病致贫返贫是现在农村很多群众贫困的主要根源，为了推进医疗扶贫，从根本上解决贫困百姓看病难、看病贵的问题，鄣吴卫生院率先开展"签约服务送健康"，利用县乡医联体"双下沉，两提升"这个机会，部署为低保家庭提供精准医疗服务，提出以县人民医院专家团队为顾问的升级版责任医生制度，针对不同疾病由特定的专家每月上门送医送检查，免去了患者行动不方便、山路崎岖、舟车劳顿之苦。

家住鄣吴镇鄣吴村的庄师傅三个月前因车祸致多发肋骨骨折，全身多处软组织挫伤，曾在县人民医院住院，自己患有高血压、糖尿病并伴有严重并发症，丧失了劳动能力；儿子患强直性脊柱炎，长期卧床，生活不能自理，每十天到医院注射益赛普一次，每月费用 2400 元左右；妻子也患有高血压、高血脂，两年前肾结石手术后只能做一些简单的家务活，全家基本没有经济来源，而只依靠政府每月一千余元的低保补贴维持。以县人民医院骨科副主任医师吕金柱、鄣吴卫生院、村卫生室组成的责任医师团队，全权负责庄师傅一家的健康管理和指导，并为他们建档立卡，实行动态管理，及时跟进，精准帮扶提供了"三个一"服务，即：每月进行一次家庭随访，一对一康复指导，每年进行一次免费体检。此外，针对他儿子的严重病情，鄣吴卫生院下一步治疗请人民医院康复科专家会诊后为其量身定做一套康复计划，并与本院组成的康复团队，免费在鄣吴卫生院做康复治疗，争取在肌肉力量恢复的情况下早日实施膝髋关节置换术以恢复基本生活自理能力。

7.2 完善设施服务利民

7.2.1 基本公共服务设施城乡全覆盖

安吉县在多年美丽乡村建设成果的总结基础上于 2015 年 3 月出台地方标准《美丽乡村村（社区）便民服务中心运行规范》等，进一步规范安吉县乡村建设服务实施标准化、规范化建设。

目前，安吉全县已实现公共服务设施全面提升。便民服务类包括服务大厅、会议室、居家养老服务中心、卫生室、托儿所、群众说事室等配套齐全，尤其是幼儿教育配套全国领先，形成独特的教育模式"安吉游戏"；文化类包括农村地域文化展示馆、文化大礼堂（乡村剧院）、村级图书室、文化长廊、乡村舞台，应有尽有，经县政府公布应予保护的古树名木和文物古迹保护维护得力；健身类包括文体活动场地、健身器材、园林设施等达到村民休闲需求；设施类通过智慧美丽乡村设施创新服务乡村生活，通过公厕、生活污水处理和垃圾收集设施等保障村容整洁；经营类包含电子商务平台、旅游集散中心、放心超市、便利店等提升产业服务水平。

经过美丽乡村建设，安吉县的市政基础设施已达到西方发达国家配备标准，村道实现全部硬化，污水处理率达到 95% 以上，卫生厕所改厕全面完成，饮用水 100% 达标，中心村垃圾分类收集 100% 全覆盖。幼儿教育、卫生室建设已做到 100% 全覆盖。产业服务村村通工程（智慧美丽乡村）全覆盖，极大地方便了企业招工和农村就业。电子商务平台全面建成，丰富和完善了农产品的产销一体化，同时在安吉县首批开展了乡镇无人机电邮服务等。

7.2.2 农村文化礼堂、农村数字影院等人文设施建设

（1）文化礼堂建设成果

安吉传承浙江经验，"送文化"不如"种文化"，通过文化礼堂的模式传承乡土文化、弘扬现代文明。农村文化建设，是一种基于对农村和农民的理解、尊重之上的引领，只有在潜移默化的熏陶中，农民的思想境界才能一步步高尚起来。安吉县按照"文化礼堂、精神家园"的定位，推开农村文化礼堂建设，结合中国美丽乡村创建，文化礼堂中融入鲜明的地方特色，展示出当地精神基因，并渐渐使之与产业发展、生态环境融合，促进延续和可持续发展。

安吉文化礼堂的建设对于美丽乡村、美丽文化建设具有非常重要的意义，一是可以传承优秀传统文化、弘扬道德文明新风，承载形式多样、内容丰富的文体活动，打造新的亮点和特色，全方位展示乡村文明建设成果；二是可以体现出农村特色，强化功能性和娱乐性，成为新农村建设地标；三是切实满足群众文化生活需求，吸引更多的人来共享美丽乡村文化建设成果，不断把文明乡风"种"进农民心田。

目前安吉已建成 91 座文化大礼堂，其中 2013 年建成 26 座，2014 年建成 25 座，2015、2016 年分别建成 20 座，这些散落乡间的"文化礼堂"彰显出书画文化、畲民文化、孝文化、商埠文化、移民文化等多种具有地域特色的文化，已经成为展示乡村文化和精神家园的重要平台，已成为浙江文化强省建设的基础工程。

（2）农村电影院建设成果

安吉大力推进农村影院建设，首先从高层面开始谋划。一是把上级政策与地方实践很好地落实。在全面实施"2131"工程，推进农村电影公益放映，解决农村群众"看电影"难的基础上，有序推进农村电影放映方式转变，鼓励农村建设数字影院，让农村影院作为农村电影放映服务承担主体，实现农村群众向"看好电影"转变。二是把农村影院建设纳入县级重大项目中。农村影院项目既是安吉美丽乡村创建文化建设的内容，又与文化礼堂建设相结合。政府专门出台政策加以引导，并将农村影院建设列入每年度政府中心工作、重点工作，纳入对乡镇、部门的考核。

其次，安吉加大资金投入农村影院建设。一是对农村影院建设设立专项补助资金。对符合要求的农村影院一次性给予 20 万元资金补助，并赠送电影院放映设备一套；对于以文化中心方式建造的影院一次性给予 40 万元资金补助；对于与文化礼堂结合建造的影院，另外再一次性给予 20—25 万元礼堂建设资金补助；对于集镇（中心镇）建设多厅（3 厅以上）城市影院的，一次性给予 100 万元配套资金补助。二是设立"以奖代补"资金。对于农村

图7-1 文化大礼堂

影院完成公益电影放映任务或开展票务管理的，分别给予场次补贴和按实际收入的1∶1
奖励补助。

再次，安吉以高标准要求农村影院建设。一是出台农村影院建设标准。基于农村影院应
当怎么建设没有具体规范的现状，安吉在农村影院建设试点基础上，组织力量制定出台了《安
吉农村数字影院建设标准》，对农村电影院基本布局、工艺与建声、功能设施、环保与安全
要求等作出具体规定。有了这个标准，使农村影院有规可依，避免了建设的盲目，保证影院

图 7-2　农村电影院

建设质量。二是严格把好设计建设关口。对所有农村影院建筑设计，要求由专业设计单位设计，设计方案必须通过相关会审；农村影院的内部装修设计，统一委托设计，并取得建设单位的认可；同时，要求农村影院建设严格履行建设项目基本程序，建设施工全部工程招投标。

最后，安吉政府为农村影院建设提供全方位服务。一是实行项目申报制度。全县新建或改建的农村影院，均由影院所在村向所在地乡镇（街道）申报，县局根据各地上报情况，结合现场勘察，确定审核通过名单。二是出台指导性文件。印发《关于加强和规范全县乡镇（村）数字影院建设工作的通知》，强化影院规划导向，落实乡镇指导管理责任，鼓励农村影院高于标准建设。三是成立专门科室。设立农村电影管理科，落实专人负责抓具体，全程跟踪指导服务农村电影院建设，协调解决建设中有关设计、施工、技术、采购及设备安装、调试等各类大小事务。

目前，安吉全县已建成 50 座农村电影院，其中 2011 年建成 3 座，2012 年建成 5 座，2013 年建成 7 座，2014 年建成 9 座，2015 年建成 7 座，2016、2017 年分别建成 19 座，形成一个电影放映进农村的网络，将文化普及到各个角落。

7.3　民生幸福、和谐建设

安吉蝉联省平安县"十一连冠"，成为全省乃至全国最适宜创业与人居的地区之一。县财政支出六成以上投向社会民生事业，社会保障、社会救助和福利体系进一步健全，拥有了县区第一所全日制公立本科大学中德工程师学院，建成全国最大、遍布最广的生态博物馆群，建成了一批不同地域特色、不同文化类型和不同展示方式的村落文化生态展示馆，实现了省地合作办医，通过了全国义务教育均衡发展县评估，拥有全省最有特色的县级体育中心和功能齐全社会福利中心。农村乡土文化得到全面挖掘和繁荣，使广大农村真正成为城乡居民共同的心灵家园，全县人民的获得感持续提升，成为全省乃至全国社会和谐程度较高的地区之一。

7.3.1 幸福指数评价体系

安吉将"人"的建设作为美丽乡村升级版打造的重中之重，突出人文关怀和价值重塑，创新建立安吉幸福指数评价体系，并以此为引领，量化提升全县幸福感，村民幸福感有了极大的提升。

7.3.2 丰富乡村文化内涵

安吉大力发展农村文化建设和传承，丰富乡村文化内涵，加大文化保护力度，特别要注意保留农村的历史文脉，传承优秀传统文化，切实加强农村优秀民族、民间文化资源的发掘、整理和保护，尤其是要作好竹文化、孝文化、昌硕文化的保护和挖掘。坚持村庄改造的高品位、高起点，做足山、水、树、花的工夫，巧妙结合当地的自然条件和文化元素，把安吉的历史文化、地域文化和现代文化进行融合，在共性中追求个性，彰显魅力，打造以生态文化为主题的多元化乡村，体现"一村一韵"。充分关注安吉移民县的历史和现状，注重挖掘、利用移民文化所积淀和传承的民俗、民情，寻找"生态游"和"民俗游"的结合点，使安吉的生态旅游更具地方特色，休闲经济更具人文含量，也使"农家乐"带有更浓郁的乡土文化色彩。

一是注重"活态"文化传承。由县文广新局牵头，各属地乡镇（街道）为实施主体，坚持乡村物质遗产与非物质遗产保护并重，传承一批具有安吉味道和地域特色的活态文化。结合全省"千村故事"编撰工作，全面挖掘、整理和记载全县各村的生态人居、经济社会、制度习俗、传统工艺、人物传记等非物质文化遗存，记载和传承安吉乡村故事。开展乡村档案建立工作，以详实的档案全面盘点和全程记录每个村的基本信息、村落选址、风貌格局、物质遗产、文化遗存、资料文献、保护利用等的文化基因和历史元素，为子孙后代留下宝贵的乡村记忆。

二是丰富精神文化生活。由县文明办牵头，各属地乡镇（街道）为实施主体，加快建设覆盖全县的公共文化设施服务网络，做到村村都有文化礼堂，以农村文化礼堂为主阵地，加大优质文化产品和服务供给，开展丰富多彩的文体活动，深入推进美丽家庭、美丽家庭示范村落等群众性创建活动，推动面子里子一起美，推动物质文明和精神文明协调发展。加强生态文明宣传教育，多管齐下保护绿水青山，形成人人崇尚生态文明的社会新风，让农村群众真正得到美的享受，形成美的素养，过上美的生活。

三是加强民主法治建设。安吉县由司法局牵头，各属地乡镇（街道）为实施主体，健全农村公共法律服务体系，进一步加强民主法治教育，不断提高农民法制意识，引导和支持农民运用法律手段、利用合法途径表达诉求，依法维护自身合法权益。进一步规范村"两委"职责和村务决策管理程序，加强对村干部行使权力的监督制约，把"小微权力"关进制度的笼子里。重视创新社会管理，按照"村民大会集体商量、村级组织自主申报、农民群众全员参与"的原则，确保农民享有美丽乡村建设的知情权、参与权和监督权；开设群众说事室、幸福促进社、书记百姓面对面等各类活动载体，完善村党组织领导的村民自治机制，扩大民主恳谈、民情沟通、民主听证等民意表达方式，畅通民意，充分发挥民智民力在美丽乡村建设中的作用。建立健全村规民约等基层规范，组织群众参与民主选举、社会治安综合治理、建设美丽乡村、参与村（居）务管理等事务，促进自我管理、自我服务、自我教育、自我监督。

四是培育醇厚乡风民俗。由县文明办牵头，工青妇等群团组织配合，各乡镇（街道）为实施主体，广泛深入开展文明乡风培育活动，围绕培育广大农民群众健康向上的精神风貌，实现"山水美、生态美"与"人文美、精神美"相得益彰。增强阵地意识、政治意识、政权意识，用社会主义核心价值观和先进文化引领农民群众，坚决取缔和依法打击非法宗教组织、邪教组织，清理和整治违规教堂庙宇，破除农村封建迷信、红白喜事铺张浪费等陈规陋习以及"黄赌毒"等不良习气。积极推进"好家风家庭"建设，制定完善村规村训，开展乡风评议，促进移风易俗，用嘉言懿行垂范乡里、教化乡民、涵育乡风，努力打造广大农民群众的精神家园，让乡风民风清朗起来。

7.3.3　提升整体乡风文明素质

深化文明乡镇、文明村（社区）、文明单位、文明家庭等文明创建活动，深入开展以社会主义核心价值体系为主要内容的思想道德教育，提升农村社会整体以及个体细胞的文明水平。大力开展"民主法治村"、"无邪教村"、"平安乡镇"等创建，整体提高农村民主法治化进程。重视发挥工会、妇联、共青团、残联、老龄委、关工委等组织的宣传教育功能，以打造中国美丽乡村为核心，创新载体和方法，增强各类群众性创建活动的吸引力和实际效果，为安吉经济社会发展提供稳定和谐的精神支撑。

在美丽乡村乡风文明建设过程中，安吉各级党组织起到积极带头作用，基层党建活力迸发，两委班子凝聚力增强，各村班子通过刻苦学习、实地调研，率先提升自身文明素养，在实干过程中比着干、争着干，积极为村民服务，掀起文明行动之风，群众威信逐步提高，形成了"干部干事创业、百姓安居乐业"的良好氛围，文明乡风得到大力弘扬。

同时，安吉乡风文明建设以群众为主体，全面启动"文明相伴·美丽相随"主题活动，编写《生态安吉县民守则》，开设学校地方课程，把生态教育作为素质教育的重要内容，普及生态文明意识和相关知识，积极开展美丽家庭创评，弘扬好家风，建立"安吉好人馆"，实施乡风文明培育行动，推动了美丽乡村建设从"风景美"向"风尚美"的转型，真正将文明之风吹入农民群众中，形成了共美共富共治共享格局。

7.4 环境保护与生态建设

7.4.1 措施

安吉县紧抓环境保护与生态建设不放松,以绿色为品牌,开展"山青水净"行动,主要推行了以下措施。

一是打好农村生活污水治理歼灭战。由县农办牵头,县环保局、卫生局、住建局负责业务指导,属地乡镇为实施主体,按照"村点覆盖全面、群众受益广泛、设施运行常态、治污效果良好"要求,继续抓好隐蔽工程、终端工程和接户工程等农村生活污水治理工程建设,做到农村生活污水应纳尽纳、应集尽集、应治尽治、达标排放,在此基础上对分散居住、未受益农户的生活污水进行因地制宜处理,对以往失效的农村生活污水处理设施完成修复改造,2016年要实现规划保留自然村农村生活污水处理全覆盖。同时,进一步推进河沟池塘的清淤和生态化治理,启动农村生活污水治理三年行动,建立了农村污水治理四级联动、四级共治、责任共担的组织网络和工作格局,对农村生活污水治理进行全面升级换代,健全、完善农村生活污水治理"五位一体"长效运维管理体系,有效破解农村生活污水长效管理难题。

二是打好卫生长效管理持久战。安吉县由县农办牵头,县美丽乡村长效管理办公室各成员单位紧密合作,以综合行政执法体制改革为契机,建立健全综合执法平台,落实一个标准管到底,推动城乡环境卫生统筹管理、精细管理。安吉县开展美丽乡村建设以来,创造性地探索了美丽乡村长效管理机制,持续狠抓农村长效管理成果,把长效管理向精细化、纵深化推进,主要采取以下具体措施:一是以自然村为单位对全县开展一次全方位拉网式的检查,彻底消除长效管理的漏洞、死角,细化深化垃圾处理、河道管理、农村管理中的系列标准,以标准化提升长效化;二是进一步加快推进农村生活垃圾分类处理扩面提质,建立了农村生活垃圾"户集、村收、乡中转、县处理"一体化处理体系,并实现垃圾的减量化、资源化、无害化处理,通过优化处理措施来提升长效管理品质;三是适当加大县、乡两级对农村生活垃圾分类处理工程建设和长效管理工作的财政补助力度,同时强化美丽乡村动态评价和过程监管,累计摘牌处理6个村,提高各村自我监督、自我管理的积极性;四是在农村垃圾管理体制机制、分类方式、管理体系等方面进行了大胆的探索与创新,例如引入竞争机制,目前全县共有5个乡镇(街道)整体采取卫生保洁外包模式,共有8家物业公司参与竞标,通过竞争保证长效管理的持久活力。

三是打好生态田园人居保卫战。由"520"办公室牵头,县住建局、环保局、水利局、农业局等单位配合,属地乡镇为实施主体,以"无违建乡村"创建为载体,深入推进农村"三改一拆",通过拆改结合、拆建结合、拆转结合、拆绿结合、拆治结合、平原绿化、"三河整治",按照"宜耕则耕、宜建则建、宜绿则绿、宜通则通"的原则,积极开展村庄生态化有机更新和改造提升,拆出了美丽乡村建设新空间,改出了"世界绿色人居"的新格局,形成整齐有序、绿意盎然、河水清澈的村庄新气象,成为全省首批"无违建县(市区)"

创建工作先进县。建立常态化管理、网格化巡查、多部门联动机制，重点解决沿路沿线乱搭乱建、山体河道乱采乱挖、废品垃圾乱堆乱放等问题，进一步推进散养畜禽整顿，赤膊墙整治、农作物秸秆和农业投入品综合治理以及食品加工小作坊等农村"十小"行业的综合治理，杜绝"垃圾乱扔、污水乱排、杂物乱摆、衣服乱晒、电线乱牵、广告乱贴"等脏乱差现象，防止各类"视觉污染"。

7.4.2 成效

安吉全县率先推行三级"林长制"，持续深化河长制和路长制，全力筑牢"三沿""四边"综合环境管控网，连续三年（2014-2016 年）获得省"四边三化"行动优秀县。

安吉全县范围内农村生活垃圾有效集中处理建制村比率常年保持在 100%，2013 年开展 7 个村农村生活垃圾分类处理试点，2014 年完成 39 个村的垃圾分类扩大试点，2015 年 44 个，2016 年新增 50 个，全县垃圾分类实施村总计 133 个，达到全部行政村的 70% 以上，全覆盖乡镇达到 11 个，计划 2017 年全县农村全覆盖。

安吉发布全国首个美丽乡村水环境地方标准《美丽乡村水环境优美村创建标准》，2014 年到 2016 年，已有 20 个村开展了水环境优美村创建活动，其中 7 个村通过验收。2016 年，完成所有规划保留自然村的农村生活污水治理，新增受益农户 11750 户，全县农村生活污水农户受益率达到 91.2%。农村长效管理精细化水平不断巩固提升。全县地表水环境功能区、集中饮用水源地、出境交界断面水质达标率均为 100%，24 个县控以上断面水质均达到功能区要求，其中 II 类以上水质断面占比 95.8%。安吉获得中国生态文明奖先进集体和全国农村生活污水治理示范县，成功创建国家循环经济示范县。

全县工业单位工业增加值能耗却从 2003 年的 2.28 吨标煤下降至 2016 年的 0.77 吨标煤。

扎实推进"尘、烟、气"等重点领域整治专项行动，PM2.5 浓度均值为 41μg/m³ 全省排名上升一位。出台《安吉县建设工地扬尘管理办法》和《安吉县 2016 年建设工地扬尘污染治理考核办法》，开展在建工程（总建筑面积 317 万平方米）扬尘治理。核发"建筑垃圾处置（运输）许可证"和"工程运输车准入证"加强对建筑垃圾运输处置管理。城区主、次道路机保洁清扫率分别达 93% 和 75% 以上，洒水作业达 6 次 / 日以上。制定安吉县《高污染小茶炉专项整治工作实施方案》，拆除改造小茶炉；制定《安吉县推进工业企业小锅炉清洁能源升级替代工作实施方案》，完成竹制品行业锅炉煤改电试点工作。完成工业企业 VOCs 治理工作。城区有证餐饮业户油烟净化器安装率达 100%，农作物秸秆综合利用率达 93% 以上。全面淘汰黄标车。

高家堂村创建为全国首个国家级生态村，全县 173 个村为市级生态村，达标率为 93%，均为县级生态村。全县所有乡镇与 2010 年创建全国环境优美乡镇均已高质量、高标准获得一致通过。

评价与展望

8.1 美丽乡村建设评价

在安吉这样一个生态优势明显、地域特色鲜明、后发优势强劲的发展中的山区县，探索建设"中国美丽乡村"，打造全国新农村建设的个性化典型，构建同类山区县科学发展的示范性模式，具有十分重要的现实价值和借鉴意义。

一是加快科学发展的重大举措。安吉作为全省典型的山区县，加快科学发展，必须依托和放大先发优势，推进错位式、差异化发展。建设"中国美丽乡村"，是基于对安吉特色优势的深刻认识，基于对新型工业化、新型城市化和新农村建设互促共建规律的全面把握，基于对新农村建设的整体提升，基于对安吉优势劣势的科学洞察而作出的重大决策。

二是新农村建设的科学实践。"中国美丽乡村"是新农村建设的科学实践。安吉制定了《中国美丽乡村建设整体规划》，出台了《中国美丽乡村实施意见》，明确了"中国美丽乡村"的实施架构、评价标准、考核办法、奖励政策和长效管理机制，使"美丽乡村"建有方向、评有标准、管有办法，把新农村建设从一个方向性的概念具化为可操作的工作。

三是建设生态文明的有效途径。党的十七大提出了四个文明建设的要求，特别是"生态文明"理念的提出尚属首次，没有现成的经验可以借鉴。浙江省提出要保持生态省建设继续走在全国前列的目标，落实生态文明理念成了题中之义。安吉是全国第一个生态县，又要打造长三角"新农村建设示范区"，将生态文明的理念落实到新农村建设过程之中，继续保持生态建设走在全省乃至全国前列，既是上级的要求，也是现实的需要，更是应尽的责任。为此，专门制定了《安吉县生态文明建设行动纲要》，在"美丽乡村"建设考核指标体系中单设了"生态文明"的 14 项考核内容。

四是展示安吉特色的有力抓手。在建设过程中，安吉又着重体现地方的生态特色和产业特点，通过对新农村建设整体化实施、品牌化经营的探索，把"中国美丽乡村"品牌打造成为继"中国竹乡"、首个"国家生态县"之后的第三个全国性品牌。这样，既把"中国美丽乡村"作为当前工作的载体和工作的方向，更把"中国美丽乡村"建设作为今后安吉经济转型和发展的助推器。

8.2 美丽乡村建设未来展望

　　通过对安吉美丽乡村建设进程的回顾，我们相信在党的引领之下，在政府大力扶持之下，在人民群众群策群力之中，安吉将继续引领示范新农村建设，并进一步加快转变农业发展方式，进一步推进现代农业建设，稳步提高农业综合产出率，做大做强特色优势产业，不断创新区域推进战略，整合重构大区域的旅游经济利益共同体，实施创新型的跨区域旅游开发和实体化运营机制，通过一批批精品示范村的创建、一条条精品观光带的建设，踏踏实实走好新农村建设的每一步，最终实现美丽乡村的深化建设。

[1] 中华人民共和国国家质量监督检验检疫总局，中国国家标准化管理委员会.美丽乡村建设指南 GB/T 32000-2015 [S] 北京：中国标准出版社，2015.

[2] 许丽萍，马全明.乡土建筑材料与乡土民居的可持续发展——以浙江安吉生态屋为例 [C].建筑环境与建筑节能研究进展——2007 全国建筑环境与建筑节能学术会议论文集，2007：518-524.

[3] 卢渊，李颖，宋攀.乡土文化在"美丽乡村"建设中的保护与传承 [J]，西北农林科技大学学报（社会科学版），2016（3）：69-74.

[4] 刘彦随，周扬.中国美丽乡村建设的挑战与对策 [J].农业资源与环境学报，2015（2）：97-105.

[5] 王卫星.美丽乡村建设：现状与对策 [J].华中师范大学学报（人文社会科学版），2014（1）：1-6.

[6] 吴理财，吴孔凡.美丽乡村建设四种模式及比较——基于安吉、永嘉、高淳、江宁四地的调查 [J].华中农业大学学报（社会科学版），2014（1）：15-22.

[7] 柯福艳，张社梅，徐红玳.生态立县背景下山区跨越式新农村建设路径研究——以安吉"中国美丽乡村"建设为例 [J].生态经济，2011（5）：113-116.

[8] 杨晓蔚.安吉县"中国美丽乡村"建设的实践与启示 [J].政策瞭望，2012（9）：42-45.

[9] 林永然，陆根尧.产业生态化与美丽乡村建设的互动发展研究——以浙江省安吉县为例 [J].兰州财经大学学报，2016（1）：23-29.

[10] 王旭烽，任重.美丽乡村建设的深生态内涵——以安吉县报福镇为范例 [J].浙江学刊，2013（1）：220-224.

[11] 苟民欣，周建华.基于生态文明理念的美丽乡村建设"安吉模式"探究 [J].林业调查规划，2017（3）：78-83.

[12] 沈文玺.美丽乡村促"三农"转型发展的案例研究——以安吉县典型村为例 [J].中国农业信息，2017（5）：48-51.

[13] 崔花蕾."美丽乡村"建设的路径选择 [D].武汉：华中师范大学，2015.

[14] 游洁敏."美丽乡村"建设下的浙江省乡村旅游资源开发研究 [D].杭州：浙江农林大学，2013.

[15] 邹志平.安吉中国美丽乡村模式研究 [D].上海：复旦大学，2010.

[16] 刘海中.安吉县新农村建设的模式研究 [D].杭州：浙江农林大学，2012.

[17] 夏淑娟.基于浙江省美丽乡村建设背景的产业型乡村绿道规划研究——以安吉县产业型乡村绿道规划为例 [D].杭州：浙江农林大学，2013.

[18] 应明飞.浙江安吉农家乐旅游研究 [D].上海：华东师范大学，2008.

[19] 潜莎娅.基于多元主体参与的美丽乡村更新建设模式研究 [D].上海：浙江大学，2015.

[20] 顾敏.建设美丽乡村背景下的安吉竹产业转型升级策略研究 [D].宁波：宁波大学，2015.

[21] 倪云.美丽乡村建设背景下杭州地区乡村庭院景观设计研究 [D].杭州：浙江农林大学，2013.

[22] 汪张杰.美丽乡村精品线规划设计研究 [D].杭州：浙江农林大学，2014.

[23] 叶敏.美丽乡村建设的路径、问题和对策研究 [D].杭州：浙江大学，2014.

[24] 陈善鹤.美丽乡村建设实践模式探索 [D].上海：华东理工大学，2014.

[25] 彭卫娟.浙江省安吉县循环经济发展的政策优化研究 [D].西安：西北大学，2016.

[26] 王方.新型城镇化背景下美丽乡村的规划与建设模式研究 [D].天津：天津大学，2014.

[27] 吴玲娜.社会主义新农村建设中的生态文明建设研究——以浙江省安吉县"中国美丽乡村建设"为例 [D].金华：浙江师范大学，2012.

[28] 中国美术学院联合设计团队.安吉天荒坪集镇余村村纪念会址整体风貌提升改造工程设计概念方案.

[29] 浙江农林大学园林设计院.黄浦江源精品观光带整体提升方案设计.

[30] 中国美术学院风景建筑设计研究院.安吉天荒坪镇清丽港口精品示范村设计.

[31] 安吉雨澄景观.孝丰横溪坞美丽乡村精品示范村景观设计.

[32] 中国美术学院风景建筑设计研究院.安吉县郭吴镇昌硕路改造提升工程.

[33] 浙江省建筑科学设计研究院建筑设计院.安吉天子湖镇良朋镇小城镇环境综合整治规划.

[34] 浙江省建筑科学设计研究院建筑设计院.安吉天子湖镇西亩村小城镇环境综合整治规划.

后 记

本书的编写团队始终活跃在安吉美丽乡村建设实践的第一线，经历了从设计创意到工程建设，再到后期使用维护的全过程，从无到有探索出一条属于安吉的美丽乡村建设之路。在这个探索过程中，逐步萌发了将这一建设实践过程走过的每一步记录下来的念头，一方面真实记录美丽乡村建设的全过程，忠实还原这一伟大实践，另一方面细致记录编写者对于新农村建设的思考历程，为今后的建设实践提供宝贵的经验。

编写团队历经数年的资料收集、整理、实地勘察收集了丰富的图文资料，又经过一年多反复的讨论修改才最终成稿，书中的每一段文字都凝聚了安吉美丽乡村建设者的智慧，每一张图纸都来源于设计实践中反复的修改论证，每一张照片都浓缩了安吉幸福美好的新生活，我们诚挚地希望通过这种文字与设计图纸、实景照片充分结合、图文并茂的方式让读者能够更详细、更深入地了解安吉的变化，了解"美丽乡村"、"美丽中国"这一建设创举。

在本书即将付梓之时，最想说的还是感谢：

感谢安吉各级政府及美丽乡村建设团队的支持，感谢参与美丽乡村设计规划的各单位的支持，感谢热爱生活、充满智慧的安吉人民的伟大创造，最后感谢所有阅读本书的朋友对于美丽乡村建设的关注。